지속가능한 발전의 원리와 적용

지속가능한 발전의 원리와 적용

김진현 著

책머리에

지난 2세기에 걸쳐 경제적 풍요로움을 추구해 온 인류는 가히 혁명적이라 할 만큼 비약적인 물질적 발전을 달성했다. 하지만 그 발전의 이면에 더불어 발생된 각종 폐해 또한 해소되어야 할 문제들임을 간과해서는 안 될 것이다.

경제발전에 따른 자연환경의 피폐화 문제 또한 인류의 생존문제와 밀접하게 관련되어 있는 문제로써 더 이상 논의의 주변에 방치해서는 아니 되는 문제라는 인식이 절박한 실정이다.

90년대 후반 필자는 이러한 인식을 바탕으로 지속가능한 발전(sustainable development)이라는 개념에 주목하게 됐고, 이 개념이 법원칙으로서 기능할 수 있다는 가능성에 관심을 두고 논문을 쓰게 됐다. 국내외적으로 이 개념은 이미 법제도 내로 흡수되어 각종 환경관련 법률의 기본원리로서 작용하고 있으나, 법적용과 정책의 집행으로 현실에 드러나는 결과는 전혀 기대치에 미치지 못하고 있음을 부인할 수 없다. 과연 이러한 필자의 개인적인 판단이 비단 필자만의 생각인지 심히 의문스럽다.

중요한 것은 애초의 취지와 원리에 부합하는 과정과 결과가 있어야 한다는 것이다. 정당하고 적합한 결과라고 인정할 수 있으려면 무엇보다 근본적인 원리에 대한 이해와 원리의 시대적 필요성에 대한 심도 있고 적극적인 긍정이 있어야 한다. 그래서 이 책을 접하는 독자들에게 이 책의 내용이 기본적인 원리와 원칙을 이해하는 데 부족하나마 도움이 될 수 있기를 바라는 바이다. 처음엔 나름대로 많은 부분의 첨삭을 생각했으나 그렇게 될 경우 애초의 취지를 흐릴 수도 있다고 판단하게 돼서 더 많이 담아내고 싶은 욕심이 생기는 부분은 다음 기회를 통하여 다시 만날 수 있기를 기대하는 바이다.

지금까지 필자의 학문적 역량과 학자로서의 인성 함양에 부단한 지도와 질책을 아끼지 않으셨던 한국외국어대학교 법과대학 이장희 교수님께 진심으로 감사의 말씀을 드리고 싶다. 또한 부족한 점이 많은 필자의 논문을 책으로 출판할 수 있는 기회를 주신 한국학술정보(주)의 채종준 대표이사님 이하 신재훈 선생님을 비롯한 실무 담당자 여러분께도 심심한 감사의 마음을 전해드리는 바이다.

끝으로 현재 필자가 연구에 전념할 수 있도록 훌륭한 연구여건을 제공해 주신 Trier 대학교 환경법 및 기술법 연구소(IUTR) 소장이신 Meinhard Schroeder 교수님께도 진심으로 감사의 말씀을 드리며, 평생을 자식의 뒷바라지를 위해 살아오신 부모님께 온 마음으로 감사하다는 말씀을 드리고 싶다.

2006년 5월 초순 IUTR 연구실에서

김진현

목 차

第1章 序　論

第1節 問題의 提起

산업혁명 이후 지난 2세기동안 인류에게는 생활의 질을 향상시키는 것이 무엇보다 절대적인 사명이었다. 그러나 그러한 노력의 결과는 물질문명의 肥大化로 나타나게 되었고, 그에 따른 과정과 결과에 있어서 인류는 대자연에 내재된 천연자원을 그들의 생활의 질을 향상시키는 데 가장 큰 원동력으로 소모하게 되었으며, 자원의 채취과정 및 이용 후의 각종 폐기물을 비롯한 부작용을 처리하는 데에도 자연환경에 의존하게 되고, 그에 수반되는 영향으로 결국에는 자연환경으로부터 오히려 우리 인류의 생존을 위협받는 상황에 이르게 되었다.

20세기를 거치면서 산업의 고도화와 함께 인류에게는 예상하지 못했던 환경적인 폐해가 발생하기 시작했으며, 뒤늦게 인류는 생활환경에 대한 위기의식을 갖기 시작하고 자연환경의 보호를 위한 전 세계적인 노력을 경주하기 시작했다.

그러한 노력의 일환으로 1989년 제44차 UN총회는 스톡홀름 회의 20주년이 되는 1992년 6월 브라질의 수도 리우데자네이루에서 환경정상회담을 열 것을 결의하고, 이에 따라 1992년 6월 3일부터 리우에서는 유엔환경개발회의의 주최로 환경과 개발에 관한 유엔환경회의가 개최되었다. 이 회의에서 환경과 개발에 관한 리우선언(The Rio Declaration on Environment and Development)과 전 세계적인 실천계획으로서 의제 21(Agenda 21)이 채택되고, 그 속에서 가장 핵심적인 개념을 구성하고 있는 '지속가능한 개발'(sustainable development) 개념이 현세대와 미래세대 모두를 위한 대안으로서 제시되었다.

하지만 그 개념에 입각한 현재까지의 실천상황은 그다지 성공적인 것으로 평가되고 있지는 않다. 그 이유는 지속가능한 개발원칙이 국제환경법상 확실한 구속력을 보유한 규범으로 성립되지 않음으로써 국제적인 이행이나 준수를 보장받지 못하고 있기 때문이며, 현실적으로 환경의 보존과 경제 및 천연자원개발의 조화와 통합이라는 관점에 있어서 선·후진국 간의 첨예한 대립과 여기서 비롯되는 기술이전 및 재정지원의 문제가 원만히 해결되지 않았기 때문이다. 하지만 인류공동유산(common heritage of mankind)의 개념이 상당히 빠른 시일 내에 관습법으로서 국제사회에 정착했듯이 지속가능한 개발원칙도 현재 상당부분 국제공동체로부터 법적 확신을 얻고 있고 지금도 각국의 관행이 계속되고 있기 때문에 조만간 더욱 완전한 구속력을 가진 관습법으로 정착될 것이 확실하다. 현시점에서는 인류공동의 유산이라는 것은 다름이 아닌 바로 인류의 유일한 삶의 터전인 자연환경 그 자체이므로 지속가능한 개발원칙을 철저히 준수하는 것이 국제공동체의 최대의 과제인 셈이다. 리우선언의 원칙 제27에서도 각국에게 환경보호와 경제 및 천연자원개발을 조화하고 통합하기 위한 국제적인 성실성(good faith)과 동반자적인 정신(partnership)을 강조하고 있다. 이것은 지구상의 환경기능 상실의 문제가 어느 한 국가나 한 지역의 노력만으로는 회복되기 어렵다는 것을 인식한 결과인 것이며 또한 그 문제를 해결하기 위해서는 막대한 노력과 비용이 투입되어야 함을 시사하고 있는 것이다. 리우선언이나 의제 21은 세계 각국의 이러한 인식과 문제해결을 위한 합의의 산물로서 환경과 개발을 통합하고 조화하기 위한 방법을 제시하고 있는 것이다. 그럼에도 불구하고 지속가능한 개발이라는 원칙이 제대로 준수되지 않는 것은 원칙자체의 구속력의 결여와 그 약점을 보완하기 위한 국제사회의 노력이 미진하기 때문일 것이다.

따라서 본 연구에서는 지속가능한 개발원칙의 규범성을 규명하고,

그 원칙에 따른 국제 및 국내적 정책의 방향을 검토하고 제시함으로써 리우선언과 의제 21에 내포된 이상을 현실적으로 구현할 수 있는 이론적 기초를 제공하고자 한다.

第2節 研究의 方法 및 範圍

본 연구는 기본적으로 지속가능한 개발원칙과 관련된 외국의 저서와 국내외 논문을 중점적으로 분석하고, 동시에 지속가능한 개발원칙과 관련된 UN문서와 다수의 환경협약의 분석을 바탕으로 기타 공식적인 자료를 보충적으로 활용하여 이루어졌다.

환경보존 내지 국제적·국내적 개발을 위해 형성된 국제적·국내적 규범이 효력을 제대로 발휘하기 위해서는 국제적·국내적인 정책이 제대로 집행되어야 한다. 따라서 본 연구에서는 국제적인 합의와 그 합의의 실천문제로서 국제적·국내적 차원의 이행을 위한 법·정책적 연구방법을 취하며, 법적인 측면에서는 각종 환경협약에 반영된 지속가능한 개발원칙의 세부원칙들을 중심으로 이 원칙들이 국제환경법상 어떠한 지위를 갖는지 분석하고 정책적인 측면에서는 의제 21과 WCED의 브룬트란트 보고서를 중심으로 개별 국가가 해당원칙을 정책에 반영하는 방법 및 절차를 제시하고자 한다. 연구의 범위는 원칙의 개념과 내용, 원칙의 적용 그리고 국제 및 국내적 차원의 이행에 대한 원론적인 연구로 한정한다. 그 외의 원칙의 개념상의 논쟁, 선진국과 개도국 간의 재정지원 및 기술이전 문제 그리고 원칙의 위반으로 야기되는 국가책임의 성립여부에 관련된 문제들은 향후 연구과제로 남겨두기로 한다.

제1장에서는 문제의 제기와 연구의 방법 및 범위를 언급하고, 제2장에서는 지속가능한 개발원칙의 개념적 정의를 비롯하여, 그 개념의 저

변을 형성하고 있는 기본적인 철학과 개념상 목적달성을 위해 요구되는 전략적인 사항들을 브룬트란트 보고서를 토대로 고찰하고 더불어 국제환경법상 지속가능한 개발원칙이 보유한 법적인 성질을 환경법 분야에서 두드러지는 입법경향인 soft law의 측면과 전통적인 국제관습법의 형성과정과는 상이한 양상을 띠며 관습법으로 형성되는 측면을 비교하면서 논의한다. 제3장에서는 실질적으로 지속가능한 개발원칙을 구성하고 있는 내용을 기본원칙과 세부원칙으로 대별하여 각 원칙의 의의와 국제협약을 비롯한 국제문서에서 이러한 원칙들을 어떻게 반영하고 있는가를 고찰한다. 제4장에서는 지속가능한 개발원칙의 적용에 있어서 선진국과 개도국 간의 입장을 살펴보고 국내 및 국제적 차원에서 이러한 원칙이 어떻게 적용되고 있는지에 대하여 사례를 통해서 고찰하게 되며 더불어 국내 및 국제환경법상 지속성의 유지와 상호간의 합치성에 대해서도 논의하게 된다. 제5장에서는 실제적으로 지속가능한 개발원칙이 국제적·국내적으로 어떻게 이행되고 준수되는가에 대해서 논의하게 된다. 즉, 국제적인 차원에서는 의제 21의 포괄적인 실행계획을 근거로 법제도 및 정책 분야를 중심으로 고찰하고, 원칙이 반영된 조약의 국제적이고 능동적인 관리와 비정부간기구 차원에서의 활동과 역할 그리고 환경협약의 국내적인 수용에 관해서 논의하며 마지막으로 제6장에서 연구결과의 전체적인 결론을 내리게 된다.

第2章 持續可能開發原則의 概念 및 法的性質

第1節 持續可能開發의 概念

1. 持續可能한 開發의 定義

지속가능한 개발개념의 정의는 1987년 세계환경개발위원회(World Commission on Environment and Development: 이하 WCED라 칭함)에 제출된 '우리 공동의 미래'(Our Common Future)라는 보고서[1]에서 다음과 같이 명시하고 있다.

"지속가능한 개발은 미래세대의 욕구를 충족시킬 수 있는 능력을 위태롭게 하지 않고 현세대의 욕구를 충족시키는 개발을 의미한다."[2]

同 보고서는 이른바 지속가능한 개발(sustainable development)의 개념을 정립하고 지속가능한 개발을 통하여 이루고자 하는 목표와 이를 유지하기 위하여 요구되는 세계 각국의 공동관심사와 이러한 관심사에 대

---

1) 同 보고서는 일명 '브룬트란트 보고서'(Brundtland Report)로 불리기도 하는데, 이는 당시 WCED의 의장직을 수행하던 노르웨이 수상 G. H. Brundtland의 이름을 따서 부르게 된 것이다. 약 400여 페이지에 달하는 이 보고서는 지구환경에 대한 공동관심사(Common Concerns), 공동의 도전(Common Challenges) 그리고 공동의 노력(Common Endeavours)의 3개 부분으로 구성되어 있다.

2) "…… development that meets the needs of the present without compromising the ability of the future generations to meet their own needs ……", Report of the World Commission on Environment and Development(the Brundtland Report), *Our Common Future*, Oxford University Press, 1987, p.43.

한 공동의 도전 그리고 이러한 공동의 도전에 집중되어야 하는 공동의 노력 등에 관련된 국제사회 전반에 걸친 선행조건들을 제시하고 있다.

이와 유사하게 유엔환경계획(United Nations Environment Programme: 이하 UNEP라 칭함)의 집행이사회(Governing Council)는 "미래세대가 그들의 필요를 충족하는 능력을 해함이 없이 현세대의 필요를 충족시키는 개발, 그리고 어떤 형태로든 국가주권을 침해하지 않는 방향의 개발"[3]이라고 정의했다.[4]

이러한 의미에서 경제학적 관점에서 지속가능한 개발을 정의하는 것도 매우 중요한 일이다. 지속가능한 개발에 접근하는 경제적 관점은 환경의 보호와 빈곤의 완화가 그 출발점이며 동시에 주된 목표가 된다.[5] 이러한 기본적인 관점에서 경제가 그 목표를 달성하기 위해서 경제는 '지속가능성'(sustainability)에 대한 다각적인 접근이 이루어져야 하는 생태경제학(ecological economics)이 되어야 한다.[6] 영문으로 표

---

3) "…… development that meets the needs of the present without compromising the ability of the future generations to meet their own needs, and does not imply in any way encroachment upon national sovereignty ……", Doc. UNEP/GC 15/L.37, ANNEX Ⅱ, 1989. UNEP Governing Council은 또한 지속가능한 개발을 "국내 및 국제적인 형평과 그 유지를 향한 진보이며 동시에 생태계의 회복력과 경제성장을 지지해주는 천연자원 기반의 합리적인 사용과 강화를 유지할 수 있는 방향으로의 진보"(Progress towards national and international equity, as well as the maintenance, rational use and enhancement of the natural resources base and that underpins ecological resilience and economic growth)라고 정의하면서 경제성장이 국제 및 국내적인 형평의 달성에 필요함을 언급하기도 했다.

4) 지속가능한 개발개념은 폭넓게 논의되어 왔지만 브룬트란트 보고서에서 정의한 것보다 더 어울리는 개념상의 정의에는 아직 이르지 못하고 있다. Konrad Ginther & Paul J.I.M. de Waart, "Sustainable Development as a matter of Good Governance", in Konrad Ginther, Erik Denters & Paul J.I.M. de Waart(ed.), *Sustainable Development and Good Governance*, Martinus Nijhoff Publishers, 1995, p.10 참조.

5) David Hunter, James Salzman, Durwood Zaelke, *International Environmental Law and Policy*, Foundation Press, New York, 1998, p.98.

기되는 "economics"(경제학)와 "ecology"(생태학)는 밀접하게 관련되어 있으며, 둘 다 동일한 그리이스 語源에서 비롯되었다.[7] 그러나 역사적으로 이 둘은 서로 다른 경로로 발전되어 왔으며 최근에 들어서야 다시 兩者를 통합적으로 고려하려는 노력이 진행되고 있다. 경제적 관점에서는 환경보호와 개발 양자 중에서 다분히 개발 측면에 비중을 두고 있다. 그러한 측면에서 빈곤이 점진적으로 감소되고 있으며, 개발을 통해서 삶의 수준이 높아지고 심지어 선진국 내의 빈곤지역의 삶의 수준도 높아지고 있는 것이다. 즉, 개발이 삶의 질을 향상시키는 데 상당한 기여를 하고 있으므로 환경보호를 이유로 개발이 침체되어서는 안되며, 또한 환경을 외면한 개발이 난무해서도 안 된다는 것이다. 따라서 개발과 환경보존은 통합(integrated)되어야 하며, 이것이 진정한 지속가능한 개발을 추구하는 것이라고 보는 것이다.[8]

이들 정의에 있어서 '지속가능한 개발'은 환경보호의 공리적인 관점을 명시하고 있다. 그것은 이 개념들이 장래에 있어서의 개발을 위한 환경적 기초를 훼손하는 한에 있어서는 현재의 개발행위들에 대한 제한을 부과한다는 것이다.[9]

위와 같은 지속가능한 개발개념에는 두 가지 핵심적인 개념이 포함되어 있다. 첫째, 욕구의 개념, 특히 가난한 사람들의 필수적인 욕구, 여기에 일차적인 우선권이 부여되어야 한다. 둘째, 기술과 사회조직의 상태가 현재와 미래의 요구를 충족시킬 수 있는 환경의 능력에 미치는

6) *Ibid.*, p.99.

7) economics는 그리이스語 "oikonomos"에서 유래되었으며 그 의미는 "house"(oikos)와 "manager"(nomos)가 합쳐진 것이며, ecology 또한 그리이스 어원인 oikos와 nomos 그리고 study of라는 의미를 가진 "logos"에서 유래됐다.

8) David Hunter, James Salzman, Durwood Zaelke, *op. cit.*, pp.99-100 참조.

9) Günther Handl, "Sustainable Development: General Rules v. Specific Obligation", p.38, in Winfried Lang(ed.), *Sustainable Development and International Law*, Graham & Trotman Ltd., 1995.

한계의 개념이 그것이다.[10]

따라서 경제발전과 사회발전 목표는 선진공업국이거나 개발도상국이거나 또는 市場指向的이거나 中央計劃的이거나 상관없이 모든 나라에서 지속가능성이라는 관점에서 정의되어야 한다. 물론 이 개념에 대해서는 여러 가지 해석이 가능하겠지만 반드시 일반적인 특징들은 공유되어야 하며, 지속가능한 개발이라는 기본개념과 이러한 목표를 달성하기 위한 폭넓은 전략적 틀에 대한 동의에서 모든 논의가 출발해야 한다.

지속가능성의 개념을 산업사회와 산업화사회에 再導入하려는 지구적 노력을 증진함에 있어서 국제사회가 느끼는 급박성은 동시대의 문명이 얼마나 인간의 생활로부터 지역적·지구적 생태계의 용량으로 옮겨졌는가 하는 것에 대한 지침이다. 현대에 윤리적 고려가 광범위한 인간 중심의 관점에서부터 모든 생명체를 포용하는 쪽으로 확장됨으로써, 지속가능성 수행의 과업은 필수적으로 육체와 정신을 통일적으로 보는 心身相關學說的(holistic) 접근방법을 취해야 한다.[11] 즉, 단지 인간생활의 지속가능성에만 초점을 맞추기보다 모든 생명체의 존재의 지속성을 보장하는 전략을 개발해야만 한다는 것이다. 현대의 법적 구조는 이런 개념들의 확장에 부응하기가 쉽지 않을 것이나, 몇몇 국가들은 이미 지속가능성의 원리를 입법 내에 흡수하고, 또 어느 정도는 법원에서 혁신적인 법적 행동을 통하여 적용하기 시작했음이 명백하다.[12] 국제환경법원[13]의 설립에 대한 생각은 환경에 대한 윤리적인 관심들이

---

10) *Our Common Future*, p.43.

11) Ben Boer, "Implementaion of International Sustainability Imperatives at a National Level", in Konrad Ginther, Erik Denters & Paul J.I.M. de Waart(ed.), *op. cit.*, p.111.

12) Gabcikovo-Nagymaros Project case(Hungary v. Slovakia), 37 ILM 162(1998) International Court of Justice: Judgement in Case Concerning the Gabcikovo-Nagymaros Project 참조.

13) 1993년에 환경문제를 위한 '임시재판부'(*ad hoc* chamber)가 국제사법재판

확장되고 심화된 표현이다. 리우회의에서 국제문서들은 모두 지속가능한 개발의 개념의 통합에 합의했다. 이것은 세계의 '환경적 명령'으로서 급속도로 전개되고 있다. 많은 국가에서 이것은 적극적으로 받아들여지고 있고, 특히 지속가능한 개발전략들이나 유사한 기구들의 창안을 통해 수용되고 있다. 따라서 정책 결정자들과 입안 결정자들이 이 개념과 그들 국가에 적용될 수 있는 방법을 이해하는 것은 필수적이다. 비록 광범위하게 동의되는 경우를 찾는 것이 중요하지만, 이 조사는 지구적·국내적 환경문제들을 소개하는 실제적 방법을 찾는 일을 과도하게 지연시킬 필요는 없다.

인간의 요구와 열망의 충족이 개발의 주요한 목표가 된다. 개도국의 대다수 사람들의 필수적인 욕구, 즉 식량, 의복, 거주지, 직업과 같은 욕구는 제대로 충족되지 않고 있으며, 이들은 또 당연히 이러한 기본욕구를 넘어서 삶의 질을 향상시키고자 하는 열망을 갖고 있다. 지속가능한 개발을 이루려면 모든 사람들의 기본욕구를 충족시키고, 더 나은 삶을 향한 열망을 만족시킬 수 있는 기회를 모든 사람들에게 확대해야 한다.

최소한의 기본욕구를 넘어서는 생활은 모든 곳에서 소비수준이 장기적인 지속가능성을 존중할 때에만 가능할 수 있다. 사람들의 욕구는 사회적·문화적으로 결정된다. 따라서 지속가능한 개발을 이루려면 환경적 능력의 한계를 넘어서지 않고, 모든 사람들이 함께 나눌 수 있는 소비수준을 지키도록 권장할 수 있는 가치체계를 널리 확산시켜 나가

소(ICJ)에 설치되었음에도 불구하고 ICJ는 국가만이 직접소송을 제기할 수 있는 당사자적격을 갖추었기 때문에 환경소송을 처리하기 위한 적절한 법정이 될 수 없다. 또한 ICJ 외에도 국제해양법재판소(ITLS), 유럽공동체사법재판소(ECJ), 유럽인권재판소(ECHR), 국제형사재판소(ICC) 등은 환경과 피해당사자를 보호하기 위한 최적의 해결책을 제공할 수 없다고 한다. Alfred Rest, *An International Court for the Environment-The Role of the Permanent Court of Arbitration-*, 21세기의 환경법과 정책의 과제, '99 국제학술세미나, 한국환경법학회 자료집, pp.5-8 참조.

야 한다.[14]

필수적인 욕구의 충족여부는 부분적으로는 성장잠재력의 완전한 달성여부에 달려있기 때문에 지속가능한 개발이 가능하려면 분명히 그러한 욕구가 충족되지 않는 지역에서는 경제성장이 이루어져야 한다. 그러나 성장 자체만으로는 불충분하다. 높은 수준의 생산활동과 빈곤의 만연은 공존할 수 있으며, 환경을 위태롭게 할 수 있다. 따라서 지속가능한 개발을 이루려면 사회의 생산잠재력을 높이고 모든 사람들에게 공평한 기회를 보장함으로써 인간의 욕구를 충족시켜야 한다.

본질적으로 지속가능한 개발은 자원이용, 투자방향, 기술적 발전의 방향설정 그리고 제도적 변화가 모두 조화를 이루어 인류의 욕구와 열망을 충족시킬 수 있는 현재와 미래의 잠재력을 모두 높여나가는 변화의 과정을 말한다.[15]

2. 持續可能한 開發의 基本哲學

1) 公平性과 共同利益

공평성과 공동이익을 확보하기 위한 부분적인 수단은 교육과 제도개선 그리고 법적 강제에서 찾을 수 있다. 그러나 자원고갈이나 환경압박과 관련한 많은 문제들은 경제권력과 정치권력상의 불균형 때문에 발생하기도 한다.[16]

---

14) *Our Common Future*, p.44.

15) Ibid., p.46.

16) 예를 들어 어떤 산업이 공기와 물을 대대적으로 오염시키더라도 막상 피해를 당하는 사람들은 가난하기 때문에 효과적으로 대처할 수 없는 경우가 있고, 숲 또한 그 곳에서 살아가는 사람들에게 다른 대체제가 없거나, 목재계약자들이 일반적으로 숲에 사는 사람들보다 더 큰 영향력을 갖고

정치적 관할권과 환경오염의 영향이 미치는 지역이 일치하지 않기 때문에 종종 공동이익을 관리하기 어렵게 된다. 초국경적 영향을 미칠 수 있는 개별 국가의 행위를 규제할 수 있는 초국가적 권위는 존재하지 않는다. 따라서 공동이익은 국제협력을 통해서만 확보될 수 있다.

각국의 경제력과 무역거래에서 나오는 이익이 한층 공평하게 분배된다면, 일반적으로 양측이 공동의 이익을 거둘 수 있을 것이다. 그러나 무역거래의 이득은 불공평하게 분배되며, 이에 의존하는 많은 개도국의 경제와 생태계는 상당한 영향을 받게 마련이다. 국제적인 차원에서 관철되는 자원의 독점적 통제 때문에 그러한 자원을 공유하지 못하는 사람들은 한계자원을 과도하게 이용할 수밖에 없다. 따라서 지속가능한 개발을 통해 공동이익을 증진시키지 못하는 이유는 국내뿐만 아니라 각국간의 경제적·사회적 正義問題가 상대적으로 무시되기 때문인 경우가 많다.[17)]

2) 世代內 衡平의 本質

세대 내 형평(intragenerational equity)은 현세대의 사람들이 자원의 개발로부터 공평하게 이익을 향유할 권리가 있고, 그들은 깨끗하고 건강한 환경에 대한 권리가 있다는 것을 의미한다. 세대 내 형평은 국내적 국제적 양면에서 볼 수 있다. 국내적 수준에서, 이것은 공통의 자연자원, 지역대기에서 깨끗한 공기, 국내 수로와 영해에서의 물 등에 대한 접근의 의미에서 한 사회 구성집단 간의 정의를 의미한다. 또한 특히 환경법을 통하여 자원의 사용의 제한이나 허용을 위해 정부가 할 수 있는 것과 관련하여, 사유재산을 제한하는 문제도 제기한다.

있기 때문에 남벌로 인한 파괴가 있을 수도 있는 것이다. *Ibid.*, p.46-47.

17) *Ibid.*, pp.47-49.

국제적 수준에서는, 세대 내 형평이란 공기, 물, 그리고 해양자원 등과 같은 국제적 자원에 대한 접근의 의미에서 국가들 간의 정의를 의미한다. 생물학적 다양성은 여기서 자원에의 접근의 문제와 관련하여 주된 개념적 문제를 제기한다. 비록 그 문제들이 근본적으로 국내적인 것으로 보이지만, 지구의 생물학적 다양성의 국제적 소유권 개념, 또는 지구의 생물학적 다양성은 소유권의 객체가 되어서는 아니 된다는 개념은 검토의 필요가 있는 문제들이다.

실질적 의미에서, 세대 내 형평은 저수입의 사람들이 건강한 환경, 음식, 거처, 문화적·정신적 필요 등의 견지에서 최소한도 그들의 기본적인 필요를 충족시켜야 한다는 것을 의미한다. 이를 이루기 위한 한 방법은 보다 부유한 국가들로부터 빈곤한 국가로 부의 거대한 이동을 보장하고, 적어도 개도국 내에서, 부유한 엘리트집단과 가난한 사람들 사이에 이를 가능토록 보장하는 것이다. 또한, 세대내의 형평은 마치 국가 간과 국가 내의 형평의 문제들이 단지 경제적 대체로서 해결될 수 있다고 기대하는 경향을 물리치기 위해서처럼, 개발모범의 재정의를 요구하는 듯하다. 그 개념은 명백하게 정치적, 경제적, 사회적 그리고 실제적 문제점들로 가득 차 있다. 만약 정부들이 생태학적으로 지속가능한 개발의 원리로서 세대 간 형평과 세대 내 형평을 신중히 채택한다면, 사회가 조직되고, 사업이 이루어지고, 사람들이 살아가는 방식에는 광범위한 변화가 필요할 것이다.

3. 持續可能한 開發의 達成을 위한 戰略的 要求

세계의 모든 국가는 현재의 환경 파괴적인 성장과 발전과정에서 지속가능한 개발의 경로로 이행해 나갈 수 있는 전략을 신속하게 입안해야 한다. 이를 위해 모든 나라의 정책이 변화되어야 한다. 이러한 변화는 자국의 발전뿐만 아니라 다른 국가의 발전가능성에 미치는 영향을 동시에 고려해야 한다.

1) 成長의 蘇生

지속가능한 개발은 절대빈곤 상태에서 살아가는 사람들, 즉 가장 기본적인 욕구조차 해결할 수 없는 사람들의 문제를 고려해야만 한다. 빈곤은 자원을 지속가능한 방식으로 이용할 수 있는 능력을 감소시키며 환경에 대한 부정적인 영향을 증가시킨다. 절대빈곤은 대개 개도국에서 발생한다.[18]

개도국에서 성장은 소생되어야만 한다. 왜냐하면 개도국이야말로 경제성장, 빈곤의 완화 그리고 환경상태 간의 연관관계가 가장 긴밀하게 드러나는 곳이기 때문이다. 하지만 개도국은 상호의존적인 세계경제의 한 부분으로, 이들의 발전전망은 선진국의 성장수준과 유형에 달려 있다. 이들 선진공업국은 중기적으로 3-4%의 성장률을 유지할 것으로 전망되는데, 만일 이 나라들이 세계경제를 확장시키는 데 일정한 역할을 하려면 최소한 그 수치만큼은 달성해야 한다고 국제금융기구들은 생각하고 있다.[19] 하지만 선진공업국들이 물자와 에너지의 사용량을 줄이면 개도국들이 상품과 광물을 판매할 수 있는 시장도 줄어들 것이다. 그럼에도 불구하고 많은 개도국의 시장은 너무 작다. 그리고 재정수입을 위해, 즉 급속한 개발로 빚어질 자금수요를 충당하기 위해 모든 개도국은 수출 특히 비전통적인 품목의 수출을 고성장시킬 필요가 있다. 따라서 지속가능한 개발을 위해서는 국제경제 관계의 방향을 재설정할 필요가 있다.

---

18) *Ibid.*, pp.49-52 참조.

19) *Ibid.*, p.51.

2) 成長의 質的 變化

지속가능한 개발은 단순한 성장 이상의 것을 의미한다. 그것은 성장내용의 변화를 요구하고, 물자와 에너지 집약도를 줄이고 그 영향에 대해서는 더 공정하게 부담할 것을 요구한다. 이러한 변화는 환경적 자본을 유지하고 소득분배를 개선하며, 경제위기에 대한 취약도를 감소시키기 위한 일련의 방책의 일부로서, 모든 나라에서 그에 필요한 조치를 취해야 한다.

성장의 질을 바꾸려면 발전문제에 대한 우리의 접근법을 바꾸어 개발에 미치게 될 모든 영향을 고려해야 한다.[20] 지역의 환경과 지방공동체의 생활에 미치는 영향도 어떤 형태로든 고려의 대상에 포함시켜야 한다. 생태계를 교란시킬 가능성이 있는 개발의 형태를 포기하는 것은 진보의 한 척도이지 발전에 대해서 역행하는 것이 아니다. 지속가능성을 고려한다면 단기적으로는 재정적 이익을 가져다 줄 수 있는 개발활동을 거부해야 하는 경우도 있는 것이다.

3) 必須的인 人間欲求의 充足

개도국 세계의 주민들의 점증하는 욕구와 열망을 충족시키는 것이 개발의 핵심적인 과제가 되고 있다. 모든 욕구 중에서 가장 기본적인 욕구는 생계유지, 즉 고용이라고 할 수 있다. 1985-2000년 사이에 개도국의 노동력은 거의 9억 명에 육박할 것이며, 따라서 매년 600만 명분의 새로운 일자리를 만들어내야 한다.[21] 이러한 규모로 지속가능한 일자리를 만

---

20) 예를 들어 수력발전소의 건설계획을 입안할 때 단순히 전력을 더 많이 생산하는 방식에만 주의를 집중해서는 안 된다. 인도에서 '침묵의 계곡'에 건설하기로 했던 수력발전소의 건설을 포기한 것은 이처럼 보존을 위해 개발에 따른 이익을 포기한 좋은 예를 보여준다. *Ibid.*, p.53-54 참조.

21) World Bank, World Development Report 1984, New York: Oxford

들 수 있도록 경제발전의 속도와 유형을 조정하고, 가난한 가구들이 최소한의 소비수준을 충족시킬 수 있을 정도의 생산성을 유지해야 한다.[22)]

에너지는 인간의 욕구를 충족시키기 위해 필요한 또 하나의 필수품이다. 하지만 에너지 소비유형을 바꾸지 않는다면, 그에 대한 욕구를 보편적으로 충족시키기는 불가능하다. 가장 긴급한 문제는 주로 땔감에 의존하고 있는 가난한 제3세계 가구들의 요구를 충족시키는 것이다. 식량농업기구(FAO)는 이미 1983년에 금세기 말에 30억 명의 사람들이 목재가 성장속도보다 빠르게 벌목되어 땔감이 아주 부족한 지역에서 살아갈 수도 있다고 언급했다.[23)]

주택 수도공급, 위생설비 그리고 보건 등 서로 밀접하게 관련된 기본적인 욕구들도 환경적으로 중요하다. 이러한 부문의 결함은 환경에 가해지는 압력을 뚜렷하게 보여주고 있다. 제3세계에서는 이처럼 핵심적인 요구들이 충족되지 않음으로써 많은 전염병이 유발되고 있고, 인구증가와 도시로의 유입은 이 문제를 한층 악화시킬 우려가 있다. 계획 책임자들은 공동체의 자발적인 노력을 지원하고, 저렴한 기술을 효과적으로 사용할 수 있는 방도를 찾아야만 한다.[24)]

4) 資源基盤의 保存과 使用效率性의 向上

지속가능한 기반 위에서 욕구를 충족시키려면 지구의 자연자원 기반을 보존하고 사용효율을 높여야 한다. 선진공업국의 현재와 같은 높은 소비수준과 개도국의 최소한의 생활수준을 충족시키기 위해 필요한 증

University Press, 1984.

22) 이와 관련된 인구와 식량의 관계는 *Our Common Future*, pp.54-57 참조.

23) FAO, Fuelwood Supplies in the Developing Countries, Forestry Paper No.42, Rome, 1983.

24) *Our Common* Future, p.55.

가분 그리고 예상되는 인구성장에 제대로 대처하려면 정책을 크게 변화시킬 필요가 있다. 하지만 자연보존은 발전목표에만 의지해서는 안 된다. 이 문제는 다른 생명체와 미래세대에 대한 우리의 도덕적 의무의 한 부분이기도 하다.

다른 대안이 없을 때 자원에 대한 압력은 증가한다. 개발정책은 생계를 지속가능한 방식으로 꾸려나갈 수 있는 선택의 여지를, 특히 빈약한 자원을 소유하고 있는 가구들에게 그리고 생태적 압박을 받고 있는 지역에서 크게 넓히는 데 주안점을 두어야 한다.[25] 어업과 열대우림의 경우 우리는 주로 자연적으로 사용가능한 생산량의 이용에 의존한다. 당연히 이러한 생산량에서 거두는 지속가능한 수확량은 수요량보다 훨씬 부족하다. 따라서 여러 조건이 통제된 지금보다 훨씬 더 많은 물고기와 땔감 그리고 임산물을 생산할 수 있는 수단으로 전환할 필요가 있다.

전 지구적 개발의 궁극적 한계는 아마 에너지자원의 이용가능성과 에너지 사용의 부산물을 흡수할 수 있는 생물권의 능력에 의해 결정될 것이다.[26] 이러한 에너지의 한계는 다른 물질자원보다 훨씬 일찍 도래할지도 모른다. 첫째, 공급문제가 있다. 석유자원의 고갈, 채탄에 드는 비용과 환경에 미치는 영향, 핵기술에 따르는 위험 등이 이러한 문제에 속한다. 둘째, 배출문제가 있다. 특히 산성오염과 지구온난화를 야기하는 이산화탄소의 누적이 가장 심각하다.[27]

---

25) 예를 들어 산악지대에서 경제적 이익과 생태계보호는 결합될 수 있는데, 이를 위해 자문을 제공하고, 장비와 시장원조를 제공함으로써 농부들이 곡물경작에서 나무재배로 옮겨가도록 도와줄 수 있다. 단기간의 가격하락으로부터 농부와 어부 그리고 삼림에 기대 살고 있는 사람들의 소득을 보호하기 위한 계획을 시행하면 자원을 과도하게 착취해야 할 필요를 줄일 수 있다는 것이다. *Our Common Future*, p.57-60 참조.

26) W. Häfele & W. Sassin, "Resources and Endowments, An Outline of Future Energy Systems", in P. W. Hemily & M. N. Ozdas(ed.), *Science and Future Choice*, Clarendon Press, 1979.

선진공업국은 자국의 에너지소비가 생물권을 오염시키고 부족한 화석연료의 공급을 소진시키고 있다는 사실을 인식해야 한다. 최근에 에너지 효율성이 향상되고 에너지 집약도가 낮은 부문으로 이동함에 따라 소비에 여러 가지 제한이 따르게 되었다. 그러나 일인당 소비를 감소시키고, 비오염적 자원과 기술로의 이동을 촉진하기 위해 이러한 과정을 한층 가속화시켜 나가야 한다. 개도국이 선진공업국의 에너지 소비유형을 그대로 반복하는 것은 가능하지도 않고 바람직하지도 않다. 이 유형을 좀 더 바람직한 방향으로 변화시키려면, 도시개발, 공업입지, 주택설계, 수송체계 그리고 농업기술과 공업기술의 선택에서 새로운 정책이 입안되고 추진될 필요가 있다.

공기와 물의 오염을 방지하고 축소하는 문제는 자원보존의 중요한 과제로 남아있다. 공기와 물의 질은 비료와 농약의 사용, 도시의 하수, 화석연료의 연소, 몇몇 화학물질의 사용 그리고 그 밖의 다른 여러 가지 공업활동에서 가해지는 압력을 받고 있다. 이러한 활동은 모두 생물권에 막대한 오염부하를 가할 것으로 예상되는 데 특히 개도국의 경우가 그러하다. 오염의 사후 처리는 너무 값비싼 해결책이다. 따라서 모든 나라는 비교적 장기적인 영향을 반영하는 배출수준을 설정하고, 폐기물의 양을 줄일 수 있는 기술사용을 촉진하고, 새로운 생산물과 기술 그리고 폐기물의 영향을 예측함으로써 이러한 오염문제를 예방해야 한다.[28)]

---

27) 이러한 문제의 일부는 재생 가능한 에너지원의 사용을 늘림으로써 해결될 수 있다. 그러나 땔감과 수력 같은 재생자원의 이용도 역시 생태문제를 유발한다. 그러므로 지속가능성은 에너지의 보존과 효율적인 사용에 초점을 맞출 필요가 있다. *Our Common Future*, p.57.

28) *Ibid.*, pp.58-60.

5) 環境과 經濟를 綜合한 意思決定

지속가능한 개발을 위한 전략 전체를 관통하는 공통주제로는 정책을 결정할 때는 반드시 경제와 환경에 대한 고려를 통합할 필요가 있다는 점을 꼽을 수 있다. 환경과 경제는 결국 현실세계의 전개과정에서 하나로 통합된다. 이를 위해서는 태도와 목표, 제도적 장치를 모든 수준에서 변화시켜야 한다.

경제적 고려와 생태적 우려가 반드시 대립하는 것은 아니다.[29] 에너지와 자원사용의 효율성 증가는 생태적 목적에 이로울 뿐만 아니라 경제적 비용을 줄여주기도 한다. 하지만 他方에 미치는 영향을 거의 고려하지 않고 개인이나 집단의 이익만을 추구하는 과정에서 이러한 경제적 목표와 환경적 목표의 통일 가능성이 사라져 버린다. 그리고 이 과정에서 과학이 해결책을 찾아낼 수 있다는 맹목적 확신이 횡행하고, 오늘날의 결정이 먼 장래에 미칠 수 있는 영향에 대한 무지가 나타나게 된다. 제도의 경직성이 이러한 근시안적인 태도를 부추긴다.[30]

지속가능성은 정책결정의 결과에 대한 포괄적인 책임을 요구한다. 이를 위해서는 공동이익을 확보할 수 있는 法的·制度的 틀의 변화가 있어야 한다. 법적 틀의 몇 가지 필수적인 변화는 보건과 복지에 적합한 환경이 미래세대를 포함한 모든 사람에게 필수적이라는 전제로부터 출발한다. 이러한 견해를 기준으로 公的·私的 자원을 사용할 수 있는 권리를 적절한 사회적 맥락에 따라 조정하고, 각각의 조치가 지향해야 할 목표를 설정해야 한다.

법률만으로는 공동의 이익을 확보할 수 없다. 이를 위해서는 원칙적으로 공동체의 각성과 지원이 필요하며, 이를 통해 더 많은 대중이 환

29) 예를 들어 농경지의 질을 보존하고 삼림을 보호하는 정책들은 농업의 장기적인 발전전망을 향상시킨다.

30) *Ibid.*, p.62.

경에 영향을 미치는 결정에 참여할 수 있도록 해야 한다. 이러한 변화는 지방공동체에게까지 자원의 관리권을 분권화함으로써, 그리고 이 공동체에게 자원사용에 대한 실제적인 결정권을 부여함으로써 가장 확실한 성과를 거둘 수 있다. 또한 실제적인 참여를 촉구하고, 일반 시민조직에게 권한을 부여하고 지방민주주의를 강화할 필요도 있다.[31]

경제적·생태적 요소를 법률 내부로 그리고 일국의 정책결정체계 내부로 통합하는 작업은 국제적 수준과 합치해야만 한다. 연료와 물자사용이 증가함에 따라 여러 나라들의 생태계가 맺고 있는 직접적인 물리적 연관성은 크게 증가하게 된다. 또한 무역, 재정, 투자, 그리고 여행을 통한 경제적 상호작용도 늘어나고, 경제적·생태적 상호의존성도 높아질 것이다. 그러므로 지금보다 훨씬 효과적으로 지속가능한 개발을 이룩하려면 국제관계에서도 경제와 환경이 통일되어야 한다.[32]

결론적으로 넓은 의미에서의 지속가능한 개발전략은 인간과 인간 간의 그리고 인류와 자연 간의 조화의 증진을 목표로 하고 있다. 현재의 국내적·국제적인 정치기구나 경제 기구로서는 제대로 극복하지 못하거나 극복할 수 없을지도 모르는 현대의 개발과 환경의 위기라는 특수한 맥락 속에서 지속가능한 개발을 추구하려면 다음의 사항들이 요구된다.

첫째, 정책결정에 시민들이 효과적으로 참여할 수 있도록 보장해주는 정치 체제.

둘째, 자립적이며 지속적인 기반 위에서 잉여생산물과 기술적 지식을 생산할 수 있는 경제체제.

셋째, 부조화스러운 개발에서 발생하는 긴장을 해결할 수 있는 사회체제.

넷째, 개발을 위한 생태적 토대를 보존해야 할 의무를 존중하는 생산체제.

---

31) *Ibid.*, p.63.

32) *Ibid.*, pp.64-65.

다섯째, 끊임없이 새로운 해결책을 찾을 수 있는 기술체제.

여섯째, 지속가능한 유형의 무역과 재정흐름을 촉진시키는 국제체제.

일곱째, 유연하고 자기교정 능력을 갖고 있는 행정체제.

이러한 요구들은 개발을 위한 국내적 행동과 국제적 행동의 목표 안에 내재되어 있다. 중요한 것은 얼마나 진지하게 이러한 목표를 추진하고, 이러한 목표에서 일탈했을 때 얼마나 효과적으로 이를 교정할 수 있느냐 하는 점이다.[33]

4. 持續可能開發概念의 模糊性

1) 持續可能한 開發概念의 解釋

지난 몇 년 동안, 지속가능한 개발은 매우 다양한 방법으로 해석되었다. 그 해석에 있어서 특히 '지속가능한 개발', '지속가능한 성장' 그리고 '지속가능한 사용'이 마치 그들의 의미가 같은 것처럼 상호 대체적으로 사용되기 때문에 더욱 혼란이 가중되었던 것이다. Brundtland 보고서는 지속가능한 개발을 '미래세대가 그들 자신의 필요를 충족시킬 능력을 위태롭게 하지 않고 현세대의 필요를 충족시키는 개발'이라고 정의했다. 그러나 세계보존전략(World Conservation Strategy)을 계승한 Caring for the Earth는 이 정의가 모호하다고 비판하고, 좀 더 광범위하고 적극적인 해석을 하고 있다. Caring for the Earth는 지속가능한 개발을 생태계유지의 수용능력 내에서 사는 동안 인간생활의 질의 증진이라고 정의한다.[34]

---

33) *Ibid.*, p.65.

Caring for the Earth의 이러한 정의도 역시 문제가 있다. 이것은 환경을 단순히 인간개발을 위한 도구나 자원으로서 인식하고 있기 때문에 지나치게 인간중심적이고 실용주의적으로 보일 수 있다. 그러나 Caring for the Earth에서 결과적으로 언급된 지속가능한 삶을 위한 윤리는 각 개개인으로 하여금 그와 관련된 타인 그리고 미래세대를 배려할 의무만을 인식하는 것이 아니라, 생명의 다른 형태들에 대한 책임도 인식하며, 자연은 그 자체로서 보호되어야 하고, 단순히 인간의 필요충족의 수단으로 보호되어서는 안 된다는 것이다.[35]

국제자연보존연맹(International Union for the Conservation of Nature: 이하 IUCN이라 칭함)도 Brundtland보고서의 정의를 확장하고 있다. 즉, 지속가능한 개발은 많은 세대에서 유지될 수 있는 삶의 질의 성취를 의미한다는 것이다. 왜냐하면 이는 ① 사회적으로 기대할 만하고, 사람들의 문화적, 물질적, 정신적 필요를 적절한 방법으로 채우는 것이며, ② 수입을 넘지 않는 비용으로 자신을 위해 씀으로써 경제적으로 생존하기에 적합하며, ③ 지속되는 생태계의 장기적 생존성을 유지함으로 인해서 생물학적으로 지속가능한 것이기 때문이라는 것이다.[36]

---

34) '지속가능한 개발', '지속가능한 성장' 그리고 '지속가능한 사용'이 마치 그들의 의미가 같은 것처럼 상호 대체적으로 사용되기 때문에 혼란이 생겨왔다. '지속가능한 성장'은 재생 가능한 자원들에만 적용할 수 있다. 이는 그것들을 그들의 용량의 비율로 재생을 위해 사용하는 것을 의미한다. Caring for the Earth: A Strategy for Sustainable Living, IUCN, UNEP, WWF, 1991, p.10, in Ben Boer, *op. cit.*, pp.112-113.

35) 호주 정부는 생태학적으로 지속가능한 개발(Ecologically Sustainable Development: ESD)의 개념을 사용하는데, 이 개념은 다른 형태의 생명에 대한 책임으로 보다 쉽게 인식한다. 호주 정부는 ESD를 생명이 의지하고 있는 생태계의 진행이 유지되고, 삶의 총체적 질이 현재와 미래에도 증가될 수 있도록 공동체의 자원들을 사용하고, 보호하고 강화하는 것이라고 정의한다. Ben Boer, *op. cit.*, p.113.

36) IUCN-The World Conservation Union, *Guide to Preparing and*

IUCN은 지속가능한 개발은 그 어떤 것도 다른 것의 희생으로 추구되어서는 안 되기 때문에 이러한 목적들의 상호균형을 추구하는 문제로서 표현하고 있다. 그러나 개발은 앞서 언급한 세 가지 목적이 다 충족될 때만 지속가능한 것이므로, 그것들을 결합하거나 통합시키는 것에 지속가능한 개발의 진정한 의미가 있다는 것이다.

2) 持續不可能性

지속불가능성(unsustainability)이란, 자연환경의 상태가 점차 환경자체의 自淨能力을 상실하여 감으로써 인간이 환경을 복구할 수 있는 '수행능력'의 관점에서 그 한계에 도달한 상태라고 말할 수 있다.[37] 세계의 환경상태에 대한 세계자원기구(World Resources Institute)의 가장 최근의 보고서는 나라 간의 빈부격차가 계속 심화되고, 대기의 변화, 환경적 '유독화', 토양침식, 삼림파괴, 생물학적 다양성의 감소 그리고 오염의 가속화 등을 강조하면서, 이러한 상황에 대해 경고를 하고 있다. 이는 자원 감소와 쓰레기 양산 등의 환경피해에 대한 대부분의 책임이 선진국들에게 있다는 것이다.[38]

Implementing National Sustainable Development Strategies and Other Multi-sectoral Environment and Development Strategies, 1993, p.6 참조.

37) 환경피해 또는 오염의 수준에 따라 환경을 원 상태로 복구하거나 보존하는 데 드는 財源과 인력은 차이가 있을 수 있다. 그러나 환경의 특성상 일단 자연상태의 기능을 상실하면 원 상태로 복구하기란 여간 어려운 일이 아니다. 따라서 수질이나 대기 토양 등 각 분야마다 차이가 있겠지만 복구하는 데 최소한 1년 이상이 소요되는 비교적 장기간에 걸친 투자와 수많은 인력의 투입을 요하는 상황에서 지속불가능성이 두드러진다고 할 수 있을 것이다.

38) 지속가능한 삶을 위한 전략의 기초를 논의하는 데 있어서, Caring for the Earth는 1991년 보고서에서 "우리는 우리의 기본적이고 필수적인 필요들을 채우기 위해 이 땅의 자원들에 의존하고 있다. 만약 그것들이 감소되거

몇 국가에서는 공해, 사망률과 자원고갈과 같은 지표로 볼 때 다른 국가들 보다 지속불가능성이 더욱 명백해진다. 가장 부유한 나라는 가장 긴 지속불가능성이 '감춰진 채로' 남을 수 있다. 반면, 지속가능성으로의 발걸음이 빨리 취해질 수도 있다.

IUCN의 지속가능한 개발전략지침에서 IUCN은 지속불가능성의 주요 문제점들로서 즉 인구의 증가와 자원소비의 증가, 가난, 자원고갈, 오염, 지구기후의 변화와 부채 등을 지적했다. IUCN에 의하면 '이러한 문제들의 해결과 지속가능한 개발을 향한 진행을 방해하는 것들은 다음과 같은 것들을 포함한다. 환경적, 사회적 그리고 경제적 문제점들과 그들 상호간의 관계의 복잡성 그리고 이 문제점들에 대한 동의의 결핍, 지속가능한 개발의 모델의 결핍, 많은 문제들의 구조적 본질 그리고 기구들의 시행착오' 등이다.

IUCN은 이러한 방해물들을 극복하려면 미래에 대한 공유의 전망을 발전시키며, 지속가능한 개발의 본질과 윤리에 대한 계속되는 논쟁을 유지할 필요가 있다고 한다. 게다가, 계획과 진보된 기구적 능력, 체제의 구상을 위한 연구개발과 명확한 복수영역적(multi-sectoral) 전략, 초점 그리고 이러한 창안들을 위한 에너지 자원이 결합된 중재와 정치적 합의 마련이 요구된다.

第2節 原則의 法的 性質

국제법은 조약과 관습법 그리고 국제기구 및 지역기구의 결의 또는 선언의 형태로 존재한다. 각각의 존재는 부분적으로 구속력의 강약에는

나 나빠진다면 우리는 우리의 필요와 우리 자손들의 필요를 충족할 수 없는 위험에 직면한다. 우리가 이 지구를 적절히 돌보고 삶을 유지하는 데 실패했기 때문에 매우 위험해지고 있다. 이제 우리는 문명의 생존과 도박을 하고 있다"라고 언급했다.

차이가 있지만 국제사회의 규범의 한 형태로 존재하는 것은 분명하다.

이러한 구속력의 강약이 존재하는 이유가 규율대상으로서 국제사회가 가진 특수성에 있음은 이미 주지의 사실이다. 그럼에도 불구하고 국제법이 국내법체계와 같은 통일된 입법기관과 강력한 집행기관을 보유하고 있지 않은 이유로 국제법규범이 아니라고 할 수도 없고, 동시에 개별 국가들이 구속력이 완화된 규범이라고 해서 무시하거나 준수에 무관심해서도 아니 된다. 구속력이 완화된 형태로 존재하는 이유는 많은 국가들로 하여금 해당 규범을 무시하라는 의미가 아니라 바로 더 많은 국가들을 국제법의 규제체제 안으로 끌어들이기 위한 하나의 방편인 것이다.

이러한 경향은 특히 국제환경법 분야에서 두드러지게 나타나고 있으며, 지속가능 가능한 개발원칙도 위와 같은 이유로 그 법적 성질이 규명되기에 어려운 점이 있다. 그러나 현재 지구상의 환경문제는 그 심각성이 날로 더해가고 있으며 그 해결 또한 시급한 문제가 아닐 수 없다. 이러한 상황에서 규범 자체의 구속력의 강약에 따른 각국의 준수의지의 변화가 심해진다면 지구상의 환경문제 해결은 요원하다 할 것이다. 따라서 국제환경법상 하나의 대원칙으로서 지속가능한 개발원칙의 법적 성질을 규명하는 것은 향후 성공적인 국제환경법의 적용에 있어서 필수적인 요소라고 할 수 있다.

1. soft law

법이론상의 欠缺에도 불구하고 환경법 분야에서의 soft law의 사용은 실질적인 이득이 있다. 그 이유는 국제사회의 공통된 법익을 보호하기 위해 환경 분야와 같은 새로운 법규범의 창설이 시급히 요구되는 분야에[39] 있어서 각국의 폭넓은 참여를 유도하기 위해 만들어짐으로써[40] 궁극적으로 완벽한 구속력을 보유하는 조약이나 관습법 같은 hard law를 만드는 토대로서의 역할을 하기 때문이다.

soft law라는 것은 국제법 체계에 있어서 국제사회의 필요성에 의해 또는 입법기술상의 한계에 의해 불가피하게 불완전하거나 또는 약한 구속력을 가진 법규범이다.[41] 이러한 개념의 soft law는 두 개의 극단적인 규범상황의 중간적인 영역에 위치하게 된다. 즉, 어떠한 구속력도 갖지 않는 규범과 완전한 구속력을 가진 법규범과의 중간적인 위치에 있는 것이라 할 수 있다.

UN 환경개발회의(UNCED)에 의한 환경과 개발에 관한 리우선언(The Rio Declaration on Environment and Development)과 의제 21(Agenda 21 of the Earth Summit in Rio, 1992)의 경우 국제기구에 의한 법원칙의 결의의 형식을 취함으로써 그 구속력의 여부가 문제될 소지가 있는 경우이다. 이러한 결의는 새로운 관습법 규칙의 등장에 자극을 줄 뿐만 아니라 기존의 관습법을 확인하는 기능도 한다.[42] 前者의 경우 오늘날 국제경제법 분야, 국제환경법 분야 등과 같이 전통적인 국제법에 의해 규율되지 않았던 새로운 분야로서 규범창설이 시급하지만 국가들 간의 이해관계의 충돌로 인해 구속력이 완벽한 법규칙의 제정이 어려운 경우가 있다. 이러한 경우 법규칙의 마련을 위해 두 가지의 방법이 이용되는데, 하나는 조약을 채택하되 골격원칙만을 제시하는 것이며, 다른 하나는 구체적인 규칙을 결의 형식으로 채택하

---

39) 국제경제법 분야에서도 이러한 soft law적인 형태를 취하는 경우가 있다. 자세한 것은 Ignaz Seidel-Hohenveldern, *International Economic Law*, Martinus Nijhoff Publishers, 1989, pp.42-45 참조.

40) 김석현, "국제법에 있어서 soft law", 국제법평론 1997-I(통권 제8호), p.24.

41) *Ibid.*, p.22.

42) Harald Hohmann, *Precautionary Legal Duties and Principles of Modern International Environmental Law*, Graham & Trotman/Martinus Nijhoff, 1994, p.176.

는 것이다.[43] 이러한 결의는 조약이 아닌 만큼 그 속에 포함된 규칙 또는 원칙들은 국가들을 전면적으로 구속할 수는 없으나 그렇다고 해서 전혀 구속력이 없다고 볼 수도 없는 것이다. 왜냐하면 이 결의 내의 원칙들은 그 결의의 채택에 참가한 국가들에 의해 해당 분야에 있어서 법규범으로서 이미 수락된 것이기 때문이다. 물론 이러한 결의 내의 원칙들은 그것이 조약으로 채택되었을 경우와 동등한 구속력을 가질 수는 없다. 즉, 불완전한 구속력을 가진다는 의미이며, 이것이 바로 국제결의가 soft law의 근거가 되는 경우라고 할 수 있는 것이다.[44]

따라서 리우선언[45]이나 의제 21에서 천명된 지속가능한 개발원칙은 soft law적인 규범으로서 존재한다고 볼 수 있다. 1992년 UNCED에서 채택된 기후변화협약의 경우 당사국들로 하여금 지구온난화의 방지를 위한 조치를 취함에 있어서 이를 증진(promote)하고 협력(cooperate)하도록 요구하는 데 머물고 있다.[46] 또한 생물다양성협약의 경우도 당사국들에게 생태계 및 유전자원의 보호를 위해 협력, 조사, 감독, 보존 등의 의무를 부과함에 있어서 이를 '가능하고 적절한 범위 내에서'(as far as possible and appropriate) 이행하도록 요구하고 있다.[47] 위와 같은 기후변화협약과 생물다양성협약의 경우는 조약상에 추상적으로 의무를 규정한 대표적인 예로 들 수 있는 것들이다.[48] 이러한 경우, 조약

43) 김석현, *op. cit.*, pp.27-29. 참조.

44) *Ibid.*, p.31.

45) UNCED Doc. A/CONF.151/5/Rev.1, 13 June 1992, 31 ILM 874(1992).

46) 기후변화협약 제4조 [약속사항] 제1항 (d) (e) (g) (h) (i).

47) 생물다양성협약 제5조 [협력] 제7조 [조사 및 감시] 제8조 [현지보전] 제9조 [현지외 보전] 제11조 [장려조치].

48) 이외에도 기후변화협약의 제4조 [부록 I에 포함된 당사국(OECD 및 동구권)의 의무사항] 제2항 a에서 온난가스의 배출억제 등을 위한 국내정책의 채택과 이에 상응한 조치를 취할 것을 요구한 것과, 생물다양성협약의 제6조 [보전 및 지속가능한 이용을 위한 대책]에서 당사국들에게 국내적 전략, 계획 또는 프로그램을 개발하도록 요구함으로써 개별 국가의 추가적인

상의 의무라는 것은 각 당사국에게 구체적인 의무를 부과하지 않고 비교적 추상적으로 규정함으로써 구속력을 완화시켜 각국의 재량을 최대한 인정하고 있는 것이다. 세계자연헌장(The World Charter for Nature)의 경우도 지속가능한 개발원칙을 전 세계적인 주요개념으로 인정하면서도, 국제적이거나 초국경적인 자원의 보존에 대해서 자체적으로 한정하지는 않았다. 그러나 다른 생태계나 생물종을 위협하지 않는 '최상의 지속가능한 생산성'을 달성하기 위해서 모든 자원을 관리할 것을 요구하고 있다.[49] 이것은 지속가능한 개발원칙이 soft law의 일부분임을 증명하는 것이고, 이러한 상황은 모든 종류의 개발이 지속가능한 형태로 이루어져야 하며, 모든 천연자원도 이와 같은 방식으로 관리되어야 한다는 것이다. 따라서 이 모든 정황들은 이러한 국가관행을 지지하도록 암시하는 차원과 연관지어서 생각해야 하며, 동시에 이러한 증거들은 국제법의 규범적 기준에 대한 또는 심지어 국제법의 확정적인 규범에 대한 법적 확신(*opinio juris*)을 분명히 확인시키는 데 충분한 것일 수 있다.[50]

법이라고 하면 완전한 구속력을 갖춘 규범만을 의미하는 전통적인 사고에 집착한다면 법과 soft라는 단어가 어울릴 수 없는 것으로 받아들여질 여지가 있으나, 이는 구속력이 완전한 일반적인 법규범과의 차이를 표현할 수 있다는 점에서 次善의 표현방법으로 사용되고 있으며 구속적이며 엄격한 조약에서는 당사국들이 수락하지 않을 수도 있는 제한적인 형태의 의무를 국가가 형성할 수 있게 해준다.[51] soft law에 의한 문제해결은 그 문제에 관한 정치적 고려나 선택을 변화시킨다.

조치를 강조하는 규정을 두고 있다.

49) P. W. Birnie & A. E. Boyle, *International Law and the Environment*, Clarendon Press, 1992, p.123 참조.

50) *Ibid.*

51) *Ibid.*, p.27.

국가는 공허한 선언에 복종하기를 원하지 않으며 따라서 선언은 국가의 기본적인 관심과 국내정치의 선택을 변화시키는 것이다. 이와 같은 변화는 차후에 더욱 확실한 방향으로 조약을 완성시키는 데 중요한 촉매역할을 하게 된다. 즉, soft law는 새로운 국제규범의 창설을 위한 국제법과 국제정치의 결합이라 할 수 있다.[52)]

최근 20여 년 동안의 환경에 관한 조약의 비약적인 증가에 비해 당사국들의 조약상 의무의 이행 측면은 그다지 능동적이거나 활동적이지 못했다. 그러나 soft law는 국제환경법상의 欠缺을 보충하는 역할을 충실히 해왔으며 앞으로의 국제환경법의 발전에도 크게 기여를 하게 될 것이다. 지속가능한 개발원칙이 포함된 리우선언이나 의제 21의 경우도 처음에는 soft law의 형태를 띠었으나 오랜 시간을 거쳐 현재는 다수의 환경협약에서 구속력 있는 조문으로서 그 이상이 구체화되고 있다. soft law는 한계와 유연함 모두를 포함한 개념이다. 그것은 오랜 기간을 거쳐서 hard law에 가까워지고 있는 것이다. 국제환경법상의 soft law는 가능한 한 최고의 수준으로 유지할 필요가 있다. 그것은 지구 환경문제와 관련된 국제환경법분야에 있어서 계속되는 규범형성과정의 중요한 일부분이기 때문이다.[53)]

2. 國際慣習法

원칙들은 실질적인 법적 결과의 범위를 가진다. 첫째, 법적인 암시는 법원에 의해서 그 원칙들로부터 나온다. 특히, 그 의미가 명백하지 않은 규칙을 해석하는 과정에서 나타나게 된다.[54)] 둘째, 원칙은 기존의

52) Geoffrey Palmer, "New ways to make environmental law", *A.J.I.L.* Vol. 86, 1992, p.269.

53) *Ibid.*, p.270.

또는 새로운 문서의 내용의 범위 내에서 미래의 국제법적 의무의 발전과 협의를 위한 근거를 제공한다. 셋째, 원칙은 특정의무에 주어지는 효력과 의미에 영향을 줌으로써 입증과 복종에 관련된 절차규칙의 적용에 있어서의 역할을 수행한다.[55)]

예를 들어, 사전주의원칙(precautionary principle)의 경우 지속가능한 개발원칙의 세부원칙의 하나로서 리우선언에서 이미 사전주의 의무가 채택됨으로써 국제환경법상 본질적인 부분이 되었다고 주장하는 견해[56)]와, 사전주의의무를 국제환경법의 독립된 원칙으로 인정하려는 견해[57)]는 사전주의원칙이 국제관습법으로 확립되었다고 보는 입장이다. 비록 사전주의원칙의 법적 지위가 아직 초보단계에 있다는 것은 분명하지만, 리우선언[58)]과 기후변화협약[59)] 그리고 생물다양성협약[60)] 등에

---

54) 환경 분야에 있어서 이러한 예는 1989년 바젤협약상 존재하는 원칙에 관한 ECJ의 판단이다. 벨기에에 의한 폐기물 수입의 금지에 있어서, ECJ는 EC법하에서의 합법성을 유지하는 데 있어서 EC조약 제130조r(2)에서 규정한 '환경피해는 근원적으로 정화되어야 한다'는 원칙에 의존했고, 바젤협약에 있어서의 자기충족성 그리고 근접의 원칙에 근거했다.

55) Philippe Sands, "International law in the Field of Sustainable Development: Emerging Legal Principles", in Winfried Lang(ed.), *Sustainable Development and International Law*, Graham & Trotman Ltd., 1995, p.56-57.

56) D. Freestone and E. Hey, "Origins and Development of the Precautionary Principle" in *The Precautionary Principle and International Law*, 1996, p.3.

57) J. Cameron and J. Abouchar, "The Precautionary Principle: A Fundamental Principle of Law and Policy for the Protection of the Global Environment", 14 *Boston College International & Comparative Law Review*, 1991, pp.20-21.

58) 리우선언 원칙 15: 환경을 보호하기 위하여 각 국가의 능력에 따라 예방적 조치가 널리 실시되어야 함. 심각한 또는 회복 불가능한 피해의 우려가 있을 경우, 과학적 불확실성이 환경악화를 지양하기 위한 비용/효과적인 조치를 지연시키는 구실로 이용되어서는 아니 됨.

59) 기후변화협약 제3조 [원칙] 제3항: 예방적 원칙에 따른 기후변화 방지정

서 사전주의원칙을 명시함으로써 사전주의원칙은 국제적으로 광범위한 지지를 받고 있고, 이것은 국제관습법으로 인정하기에 충분한 근거가 된다고 보는 것이다.[61] 특히 기후변화협약이나 생물다양성협약은 세계의 거의 모든 국가의 정상들이 수락하고 서명한 법적 구속력을 갖춘 조약이라는 점에서 이를 충분히 뒷받침하고 있는 것이다.[62]

국제법적인 관점에서, 이러한 지속가능한 개발에 관련된 추정적(putative) 원칙들은 ICJ규정 제38조 1항 (C)에 합치하는 법적인 견해는 아니라는 것을 유념해야 한다. 즉, "문명국가에 의해 인정된 일반적인 법원칙"에는 합치하지 않는다는 것이다. 이러한 국제법의 전통적인 근거는 국제법적 차원에서 적용할 수 있는 규칙을 정의하기 위해 사용되어지는 상이한 국내법 체계로부터 드러나는 공통된 원칙들에 관련된 것이다.[63] 최근에 원칙들의 개념의 적용은 국제법에 있어서 직접적으로 발생하는 원칙들로서 일반적으로 서로 다른 방향으로 적용된다.

Brownlie 교수에 의하면, 이러한 국제법 원칙들은 관습법 규칙, ICJ 규정 제38조 1항 (C) 일반 원칙들 또는 "국제법과 국내법적으로 유사

책이 필요하다. 과학적 불확실성이 예방적 정책의 실시를 지연시키는 사유가 될 수 없으며 대응정책은 비용절약적이어야 한다. 대응정책이나 조치는 각국의 사회・경제적 다양성을 고려하고 포괄적이어야 한다.

60) 생물다양성협약 [전문] (……) 또한 생물다양성의 현저한 감소나 손실의 우려가 있는 경우 과학적 확실성의 결여가 그러한 위협을 예방하거나 최소화 할 수 있는 대책을 지연시키는 구실이 되어서는 아니 됨을 지적하고 (……).

61) Philippe Sands, *Principles of International Environmental Law: Frameworks, Standards and Implementation*, Manchester University Press, 1995, p.213.

62) Warwick Gullett, "Environmental Protection and the "Precautionary Principle": A Response to Scientific Uncertainty in Environmental Management", *Environmental and Planning Law Journal*, 1997, Feb., p.55.

63) Robert Jennings & Arthur Watts(ed.), Oppenheim's *International Law*, 9th ed., Vol Ⅰ, Longman, 1992, pp.36-40.

한 요소들을 근거로 한 司法的 판단으로부터 나오는 논리적인 제안 등에서 도출될 수도 있다"고 한다.64) 실제적으로, 이 원칙들은 이러한 국제법 연원으로부터 도출될 수 있으며, 그 원칙들은 이들 연원에 대해 적용 가능한 법의 시험을 필요로 한다.65)

국제법하에서 개별 원칙들의 정확한 지위는 다양하다. 어떤 원칙들은 관습법에 근거하거나 또는 관습법을 반영한다. 다른 것들은 새로운 혹은 드러나기 시작하는 국제법적 개념을 나타낸다. 그리고 또 다른 어떤 것들은 아직 그 효력에 있어서 영감을 주는 데 그치거나 미래의 의도를 반영하는 규정을 구성하기 위한 의도를 보이고 있을 뿐이다. 명백하게 조약에 나타난 원칙들은 구속력이 없는 문서에 규정된 것보다 훨씬 확고한 국제법적 성질을 갖는다. 더구나, 조약의 前文 부분과 기타 국제관계에서 나타난 원칙들과 실무분야에 있어서 나타난 원칙들 사이에 구별이 있어야만 한다. UNCED의 2개의 조약과는 별개로 다른 조약들은, 그들의 잠재적인 세계적 적용성, 당사국들의 수와 대표들, 광범위한 국내 실행입법, 그 조약들의 제도적 장치를 통한 계속된 관행, 다른 국가들의 관행, 그리고 그 조약들이 추구하는 주제의 중요성과 범위 때문에 당해 원칙을 위한 강력한 근거를 제공한다. 불특정 지역적 조약들도, 그 역사적 공헌뿐만 아니라 광범위한 지역 차원의 지지 또는 아직 효력이 발생되지 않았다 하더라도 국가관행에 의해서 지지된 조약들이 소개한 새로운 것으로 인하여 각별한 중요성을 띤다.66)

Harald Hohmann같은 학자는 국제관습법의 여부를 판단하기 위해서

---

64) Ian Brownlie, *Principle of Public International Law*, 4th ed., 1990, p.19.

65) 국제법의 연원과 그들에 대한 검증은 국제 공법상 가장 기초적인 原文에 있어서 검토되었다. 현 논의는 종종 국제환경법 분야에서 나타나는 국제법의 급격하고 다양한 성립절차의 증가를 인식하는 한편 이들 연원과 검증의 기초적인 이해수준을 假定하고 있다.

66) Howard Mann, "Comment on the Paper by Philippe Sands", in Winfried Lang(ed.), *op. cit.*, pp.68-70.

국가관행은 다음의 세 가지 요건을 충족시키는 경우에 외교적 관행만으로 충분하다는 의견을 제시하고 있다. 첫째, 관련 결의의 근저에 깔려 있는 가치가 모든 국가에 의해 공감되는 바로 모든 국가가 해당 법규칙의 확립에 대한 필요성을 알고 있고, 둘째, 대체되어야 할 기존의 관습법이 존재하지 않아야 하며, 셋째, 대외적 국가관행의 일정한 증거가 있어야 한다는 것이다.[67] Hohmann은 이에 덧붙여 국제조약을 통하여도 국제관습의 확립을 확인할 수 있다고 하면서, 어떤 원칙이 조약을 통하여 일반화되거나, 범세계적 조약이나 최소한 두 개 이상의 지역적 협정 또는 두 개의 다른 지역에 관한 조약에 담겨 있다면 그 원칙은 국제관습으로 확립된 것이라고 볼 수도 있다는 견해를 밝히고 있다.[68]

결론적으로, 1992년 리우선언과 그 속에 내재된 지속가능한 개발원칙은 환경과 개발에 있어서의 가치와 이에 상응하는 권리에 대한 최근의 합의가 "어떠한 국제적 문서도 그렇게 할 수 있는 정도"를 반영하는 것으로 보인다. 더구나 오염자부담원칙(polluter-pays principle), 사전주의원칙(precautionary principle), 정보교환의무, 오염사고의 통고의무 그리고 사전협의 의무 등과 같은 지속가능한 개발원칙의 세부적인 원칙들은 이미 상당부분 국가관행의 지지를 받고 있는 것으로 보이며[69] 그것은 지속가능한 개발을 성취하기 위한 국제환경법과 정책에 관한 원칙들의 포괄적인 규정을 정하기 위한 국제공동체에 의한 최근의 노력의 최선을 보여주고 있다. 그 선언은 이미 채택된 국제환경협약과 다른 문서에 나타난 원칙들을 반영하고 동시에 강력하게 요구하고 있다. 그리고 이러한 것이 국제환경법에 있어서의 개발에 영향을 미치게 된다. 비록 부분적이라고는 하나 그 요소들은 국제관습법을 반영하는 것이다.[70]

---

67) Harald Hohmann, *op. cit.*, p.335.

68) *Ibid.*, p.337.

69) 노명준, 국제환경법, 박영사, 1997, p.61. 참조.

第3章 持續可能開發原則의 內容

환경과 개발에 관한 리우선언 원칙 27은[71] '지속가능한 개발 분야에서의 국제법'을 더욱 발전시키기 위하여 모든 인류와 국가들에게 그 임무를 맡기고 있다. 이미 UN환경개발회의(UNCED)에서도 제안한 바 있는 이러한 원칙 27의 등장은 국제법의 원칙과 규칙을 구성하게 된다. 이들 국제법원칙과 규범들은 특별법(lex specialis)과 국제적 협력을 요하는 세 분야에서의 국제법의 등장으로부터 도출된 것이다. 그 세 분야는 경제개발 분야, 환경 분야, 그리고 인권분야이다.

지속가능한 개발 분야에서의 국제법의 성격과 내용의 일반적인 윤곽은 UNCED에서 채택된 기후변화협약[72]과 생물다양성협약[73]에 가장

---

70) Philippe Sands, in Winfried Lang(ed.), op. cit., p.57, 리우회담에서 채택된 리우선언과 의제 21은 법적 구속력을 가진 것은 아니고 단지 선언적인 성격을 가지고 있는 것에 불과하나 국제환경법의 기본원칙으로서 앞으로의 관습국제법의 중요한 일부를 구성하게 된다. 노명준, 환경보전을 위한 국제기구, 환경법연구 제14권, pp.165-166, 국제환경법, 1997, pp.43-51 참조, 또한 스톡홀름선언 원칙 21과 이를 재확인한 리우선언 원칙 2를 비롯한 리우선언 내의 다수 원칙이 이미 관습법으로 확립된 것으로 보는 견해가 있다. Peter H. Sand, "International Environmental Law after Rio", 4 *European Journal of International Law* 377, 1993, p.382.

71) 리우선언 원칙 27: 각 국가와 국민들은 이 선언에 구현된 원칙을 준수하고 지속가능한 개발 분야에 있어서의 관련 국제법을 한층 발전시키기 위하여 성실하고 동반자적 정신으로 협력하여야 한다(States and people shall cooperate in good faith and in a spirit of partnership in the fulfilment of the principles embodied in this Declaration and in the further development of international law in the field of sustainable development).

72) 31 ILM 849, 1992, United Nations Conference on Environment and Development: Framework Convention on Climate Change.

73) 31 ILM 818, 1992, United Nations Conference on Environment and

잘 반영되어 있다. 이 두 협약은 경제와 환경문제 그리고 제한적이나마 인권의 측면에 통합된 방식으로 접근하는 방법을 모색하는 최초의 국제법적 문서로 여겨진다. 지속가능한 개발 분야에서의 국제법의 미래를 위한 가능한 방향은 UNCED에서 채택된 의제 21과 산림원칙에 의해서도 또한 증명되었다. 다수의 사람들은 이들 법적 문서의 규정들이 그 자체로서 법적 구속력이 없다 하더라도 이는 국제관습법을 반영한다고 한다.[74] "국제환경법과 같이 새로이 성립된 분야에서 관습법을 언급하는 것이 무리가 따를 수도 있으나 관습법상의 일반원칙을 어느 정도 가려낼 수 있다. 조약상의 원칙과 달리 관습법상의 원칙은 적극적으로 반대하지 않는 한 모든 국가를 구속하며 융통성이 있고 일반적인 성격을 가지고 있으므로, 시일이 지나 지구의 생태계에 관한 새로운 사실이 밝혀지면 적절히 조정될 수 있다. 조약의 경우와 같이 까다로운 비준 절차가 필요 없이 관습법상의 원칙은 法的 確信(*opinio juris*)을 얻을 경우 용이하게 범세계적으로 효력을 가질 수 있다."[75]

지속가능한 개발 분야에서의 국제법원칙은 새로운 정치적 가치로 적용되는 것으로서 실재하는 국제법원칙의 실체를 구성할 뿐만 아니라 지속가능한 개발의 내용에 있어서도 특수하게 등장하는 새로운 원칙들을 구성하게 된다.

第1節 法原則과 法規則의 區分

원칙들에 대한 언급은 조약의 前文부분과 국제적 행위 그리고 국제법원의 법체계 속에서 발견된다. 하지만 근래에는, 일반적이거나 특정

Development: Convention on Biological Diversity.

74) Philippe Sands, *op. cit.*, p.57.

75) 노명준, 국제환경법, 1997, pp.43-51.

한 원칙의 적용은 몇몇 조약의 실행부분에서 나타나기 시작했다.[76]

지속가능한 개발 분야에서의 다양한 국제법원칙의 정확한 법적 지위나 매개변수를 정의하기는 어렵다. 더구나, 특정한 활동이나 경우에 관련된 원칙의 법적 효력이 개별적 사례의 상황과 사실에 관해서 고려되어야 할 필요가 있고, 그 쟁점에 대한 특별한 행위, 그 자체의 상황과 다른 결과들, 그리고 행위자와 지리적인 구역(지역)을 포함한 상황의 발생장소를 전부 감안한 사실들의 개요를 고려하고 개별적 특정사례의 상황이 고려되어야 할 필요가 있다.

法原則이나 法規則으로서 법적인 의무의 특성화로부터는 어떤 결과가 나오는가에 대한 의문은 국제법원에 의한 어떠한 세부사항에 있어서도 좀처럼 접근하기 어려웠고, 명백하게 환경원칙의 내용에 있어서도 전혀 접근하기 어려웠다.[77] 따라서 실재하는 法規則들은 사실상 '原

76) 기후변화협약 제3조에서는 협약의 목적을 달성하고 그 규정들을 이행하기 위한 당사국들의 행위를 위해 의도된 원칙의 종류를 규정하고 있다. 또한 생물다양성협약 제3조는 스톡홀름선언의 원칙 21의 본문을 유일한 "원칙"으로서 소개하고 있다. 1986년 단일 유럽조항에 의해 수정된 1957년 EC조약과 1992년 유럽연합조약이 제130r(2)에서 일반적 적용의 몇 가지 원칙을 보여주고 있다. Philippe Sands, *op. cit.*, p.54, 31 ILM 1312, 1992. 최근의 조약체결의 추세는 이와 유사한 접근방법으로 이루어지고 있으며, 그 예로는 1992 Convention for the Protection of the Marine Environment of the North East Atlantic(OSPAR Convention), Art. 2, 1992 Convention for the Protection of the Marine Environment of the Baltic Sea Area, Art. 3, 1992 Convention on the Protection and Uses of Transboundary Watercourses and Internationall Lakes, Art. 2, 31 ILM 1312(1992), 1992 Convention on the Transboundary Effects of Industrial Accidents, Art. 3, 31 ILM 1330(1992) 등을 들 수 있다.

77) 1903년 Gentini사건에서 판사는, 원칙의 효력에 관한 몇몇 지침을 제공하고, 원칙과 규칙을 구별하는 판결을 내렸다: "규칙이라는 것은 본질적으로 실용적인 것이고 구속력이 있는 것이다", 그 반면에 원칙은 "보편적인 진리를 표현하는 것이고, 우리의 행동을 인도하고, 우리의 삶의 다양한 행위를 위한 이론적 기초로서의 역할을 하며, 결과가 발생하는 실제에 대한 적용을 인도하는 것이다". Gentini Case, Italy v. Venezuela, MCC(1903).

則의 實質的인 形態'이고 '모든 경우에 있어서 본질적인 정의를 추구하는 데 목표가 맞춰진 실생활의 끝없는 다양한 상황에 대한 원칙의 적용'으로 이해해야 한다.[78)]

이러한 구분은 국제법원[79)]의 관행에 있어서 몇 가지 지지기반을 발견하게 되고, 규칙과는 달리 원칙이라는 것은 법적 기준을 구체화하기는 하지만 원칙이 포함하는 기준은 의무보다는 더 일반적이고, 그러나 특수한 행위를 특정하지는 않는다는 결론에 이르게 한다. 法原則들이, 규칙들과 마찬가지로, 국제법적인 결과를 가질 수 있다는 사실은 근래의 조약들이 만들어질 때 이러한 원칙들의 내용에 정신을 집중하는 데 기여했다. 이 부분에 관한 다른 관점이 기후변화협약의 협상과정 중에 협상 대표들에 의해서 제기되었다. 그것은 원칙에 관한 조항이 있어야 하는지, 만약 그렇다면 그 조항은 어떤 내용을 포함해야만 하는지, 아니면 중요한 사항 몇 가지를 예시해야 하는지에 관한 것이었다. 대부분의 선진국들이 그 원칙들을 포함시키기를 반대하는 반면에 개도국들은 그 원칙들을 포함시키는 것을 지지하고 있다. 개도국들은 그 원칙들의 포함이 협약에 충실할 수 있는 한층 더 본질적인 의무를 소개하는 길이라고 인식하고 있기 때문이다.[80)]

---

78) 원칙과 규칙은 특별한 상황에서 법적인 의무에 관한 특별한 결정들을 지칭하지만, 그들은 그들이 제시한 방향의 특성에 있어서는 서로 다르다. 규칙은 전부 아니면 전무(all-or-nothing)의 형식에 있어서 적용 가능하고 …… 하나의 원칙은 한 방향에 있어서의 논쟁의 이유를 설명하지만 특별한 결정은 필요로 하지는 않는다 …… 이 모든 것이 의미하는 것은, 우리가 특별한 원칙은 우리들의 법의 한 원칙이라고 말할 때, 원칙은, 만약 관련이 있다면, 한 방향 또는 다른 방향으로 마음이 기울게 하는 약정으로서 공무 관리들이 반드시 참작해야만 하는 것이다. Ronald Dworkin, *Taking Rights Seriously*, Oxford, 1977, pp.24, 26, in Philippe Sands, *op. cit.*, p.55.

79) ECJ Judgement, 1992. 7. 9. EC Commission v. Belgium, 28 ILM 657, 1989. 바젤협약은 ECJ가 근거한 원칙에 관해서 명시적으로 언급하지 않았다. EC는 분쟁이 발생했을 때나 ECJ의 판결이 있었을 때도 바젤협약의 당사국이 아니었고, 바젤협약은 1992년 5월 24일까지 효력이 발효되지 않았다.

실질적으로 어떠한 원칙의 법적 효과는 원칙의 연원, 문서상의 내용 그리고 기초의 명확성을 포함한 많은 요소들의 조합에 의존하게 된다. 그리고 그 원칙들이 발생하게 된 사항과의 조합에도 의존하게 된다. 국제적인 조약과 국제적인 행위에 있어서 그 원칙들의 빈번한 사용은 국제법원과 국가관행에 의존하게 될 때 중요성을 띠게 된다. 구속력을 가지는 원칙은, 한편으로는 국제적인 환경적 의무의 실질적인 규칙의 이행에 있어서 당사국들과 국제기구들을 인도하는 경향을 가진다. 다른 한편으로는, 스톡홀름 원칙 21[81]과 리우선언 원칙 2[82]가 사실상 하나의 규칙을 반영하고 있고, 충분히 정확하고, 명백하고 그 자체 내에서 실행 가능한 권리를 창출하는 절대적인 것으로서 고려될 수도 있다는 것은 분명히 논쟁의 여지가 있다.

국제공동체는, 환경문제에 관한 국제공동체의 국제기구들과 다른 회원국들의 일반적인 권리와 의무의 규정을 추구하는 전 세계적 적용을 위한 구속력 있는 국제적 수단을 아직 채택하지 못했다. 인권에 관한

80) 기후변화협약(Framework Convention on Climate Change)의 협상에 있어서 미국의 대표는 기후변화협약의 제3조가 협약의 분쟁해결 규정에 따르거나, 아니면 제4조의 규정을 넘어서는 특정 위임을 새로 만들어야 한다는 요구에 많은 관심을 보였다. 미국은 제3조 전체를 삭제하기 위한 노력에 실패했거나, 또는 제3조가 분쟁해결 규정에 따르지 않아도 된다는 것을 분명히 하기 위한 본문 수정의 노력에도 실패했다. 하지만 미국의 대표는 타협의 방법으로, 더 이상 일반 국제법의 한 부분으로서가 아닌, 협약하에서 의무의 이행에 영향을 주기 위한 원칙의 적용에 한계를 설정하는 효력을 가진 수정안을 삽입했다. Philippe Sands, *op. cit.*, pp.55-56.

81) 스톡홀름 선언 원칙 21: 각국은 UN헌장 및 국제법의 원칙에 따라 자국의 자원을 그 환경정책에 의거하여 개발할 주권을 갖는다. 각국은 또한 자국의 관할권 내 또는 지배하의 활동이 타국의 환경 또는 국가 관할권 범위를 벗어난 지역의 환경에 손해를 주지 않도록 조치할 책임을 진다.

82) 리우 선언 원칙 2: 각 국가는 유엔헌장과 국제법 원칙에 조화를 이루면서 자국의 환경 및 개발정책에 따라 자국의 자원을 개발할 수 있는 주권적 권리를 갖고 있으며 자국의 관할구역 또는 통제범위 내에서의 활동이 다른 국가나 관할범위 외부지역의 환경에 피해를 끼치지 않도록 할 책임을 갖고 있다.

범우주적인 선언이나 시민과 정치적 권리 또는 경제적·사회적·문화적 권리에 관한 국제적 합의에 버금가는 그 어떤 것도 아직 채택되지 못하고 있다.[83] 국제환경법의 일반적 원칙과 규칙을 밝혀내기 위한 어떠한 노력도, 국제법원의 판결은 물론이고 국제조약의 채택과 국제행위의 이행을 포함하는, 충분히 고려된 국가관행의 평가에 반드시 근거해야만 한다. 국제환경법에 있어서의 기본원칙과 세부규칙의 존재를 지지하는 증거를 평가하는 데 있어서 법률가들의 노력에 의하여 환경분야에서의 주요지침이 제시되었으며, 이는 이 분야의 국제적인 입법에 결정적 영향을 미쳤다. 그러한 주요 문건으로서 특히 1978년 UNEP 초안원칙들과 1986년 WCED 법원칙[84] 등을 들 수 있다.

第2節 持續可能한 開發의 基本原則

새로이 등장하는 국제법적 원칙은 국가들로 하여금 그들의 천연자원을 지속가능한 방법으로 개발하고 사용할 것을 확실히 하도록 요구한다. 비록 지속가능한 개발 개념의 저변에 깔린 이상이 국제법적 문서에서 긴 역사를 가졌고, 그 용어자체가 1980년대의 조약에 나타나기 시작했다 하더라도, 지속가능한 개발의 원칙은 1992년 리우선언에서 처음으로 명시적으로 언급되었다.

초기의 국제 환경조약의 채택에 반영된 것처럼, 국가들의 관행은 미국이 합법적이고 적절한 바다표범의 이용과 인류의 이익을 위해서 무

83) 국제적인 환경의무가 정착되고 존재하는 범위 내에서의 '통합적인 틀'로서 환경과 개발에 관한 국제적인 연맹을 발전시키기 위한 IUCN의 환경법 위원회의 노력은 눈여겨볼 만하다.

84) 本稿 부록 Ⅲ 참조.

분별한 남획으로부터 그들을 보호하는 것을 보장하기 위해서 그들의 권리를 주장했던, 최소한 1893년 이래로 브룬트란트 보고서가 구상한 국가관계에서 사용된 "지속가능성"의 개념을 제안하고 있다. 그 이후로 조약과 국제행동에 있어서 국가들의 관행은 각 국가들이 천연자원의 지속적인 사용을 보장할 책임을 진다는 지속가능한 개발 및 원칙을 직·간접적으로 지지하게 되었다.

지속가능한 개발원칙의 네 가지 핵심적인 구성요소를 밝혀내려는 학문적인 노력이 있었음에도 불구하고, 보편적으로 인정되는 지속가능한 개발의 국제법적 정의는 존재하지 않는다. 이 요소들은 UNCED에서 채택된 문서에 반영되어 있다. 이들 네 가지 요소들은 브룬트란트 보고서에서 사용된 것처럼 지속가능한 개발의 핵심적인 법적 요소를 제공하기 위해 고려될 수 있다. 1990년 제4차 Lomé 협약[85](Final Act, Minutes and Fourth ACP-EEC Convention of Lomé)은 몇몇 원칙들이 어떻게 단일 법문서에서 지속가능한 개발의 개념이 같이 근간을 이루고 있는지 보여준다.[86]

---

85) 제4차 Lomé 협약의 협상은 1988년 10월 12일부터 1989년 11월 27까지 계속되었다. 그 기간동안 총 4회의 본회의가 개최되었으며, 그 결과에는 ACP 국가들의 경제 구조조정을 지원하기 위한 메카니즘의 혁신과 일반적인 외채문제를 해결하기 위한 규정이 포함되어 있다. 환경 분야에서는 개별 국가에 있어서의 각종 개발프로그램과 유해폐기물의 국제적 이동(movement)에 관련하여 각별한 관심이 집중되었다. 또한 성장의 추세에 있는 ACP 국가들에 있어서 개인의 지위와 각 국가 내에서의 개인의 역할의 중요성에 대한 관심이 증가하고 있음을 보여주었다. 이러한 제4차 Lomé 협약은 선진국(EEC)과 개도국(ACP국가들) 간에 체결된 가장 포괄적인 협약으로 평가되고 있다. 29 ILM 783(1990) 참조. 제1차 Lomé 협약은 14 ILM 595(1975) 참조, 제2차 Lomé 협약은 19 ILM 327(1980) 참조, 제3차 Lomé 협약은 24 ILM571(1985) 참조.

86) 1990년 제4차 Lomé 협약의 제33조는 다음과 같이 규정하고 있다: 본 협약의 틀 속에서, 환경보호와 천연자원의 증대, 토양과 숲의 파괴 중지, 생태계 균형의 회복, 천연자원의 보존과 합리적 개발은 기본적인 목적이다. ACP 당사국들은 공동체의 지원과 미래세대의 안전을 목적으로 그리고 그

1. 世代間 衡平의 原則

세대 간 형평의 원칙(Principle of Intergenerational Equity)은 천연자원의 개발과 이용에 있어서 현세대와 미래세대 간에 그 양과 질의 형평을 유지함으로써 동등한 환경의 혜택을 향유할 수 있어야 한다는 의미이다. 따라서 현세대는 미래세대를 위해서 현재의 환경을 최선의 노력으로 보존할 의무를 부담하게 되는 것이다.

다수의 국제문서는 현세대와 미래세대의 편의를 위한 천연자원의 보존을 그 목적으로 삼고 있다. 그 원칙은 리우선언,[87] 기후변화협약[88] 그리고 생물다양성협약의 前文[89]에서도 발견된다. 하지만 세대 간 형평의 원칙은 훨씬 더 오랜 역사를 가진다. 1946년 捕鯨협약[90](International Whaling Convention), 1968년 아프리카 자연협정[91](African Nature Convention) 그리고 1972년 세

들 구성원들의 삶의 질에 있어서 즉각적인 개선을 목적으로 하여 그 성취를 위하여 분투할 것이다. 29 ILM 783, 1990, 본 조문은 "지속가능한 개발"을 직접적으로 언급함이 없이 Brundtland 보고서에서 언급된 여러 가지 요소들을 소개하고 있다.

87) 원칙 4: 지속가능한 개발을 성취하기 위하여 환경보호는 개발과정의 중요한 일부를 구성하며 개발과정과 분리시켜 고려되어서는 안 된다.

88) 제3조 1항: 형평과 차별적 책임원칙을 기초로 하여 현세대와 차세대를 위해 기후시스템을 보호해야 하며 기후변화와 이로 인한 피해를 방지하는 데 있어서 선진국이 선도적인 역할을 수행해야 한다.

89) 생물다양성에 관한 협약 前文: (……) 생물다양성의 보전과 그 개체들의 지속가능한 이용을 위해서는 현행 국제협정의 강화와 보완이 바람직하며 현세대와 미래세대의 이익을 위하여 생물다양성의 보전과 지속가능한 이용을 결의하면서 (……).

90) 본 협약의 전문은 "미래세대를 위해 고래 종에 의해 제공되는 막대한 천연자원을 보호하는 것이 세계의 여러 민족들의 이익"이라는 인식을 하고 있다.

91) 본 협약의 전문은, 천연자원은 보존되어야 하며 "인류의 현세대와 미래세대의 복지를 위한 합리적인 이용이 확립되고 유지됨으로써 사용되고 개발될 수 있다"고 선언하고 있다.

계유산협정[92](World Heritage Convention) 등을 포함한 기존의 환경협약에서 명시적으로 혹은 암시적으로 언급되어 있다.

그 원칙은 또한, 1972년 스톡홀름 선언(원칙1), 유엔 총회결의 35/8[93](현세대와 미래세대에 대한 책임은 자연의 보존을 위한 역사적인 것이라고 선언함), 그리고 1982년 세계자연헌장의 前文과 같은 비구속적인 문서에서도 사용되어 왔다.

2. 持續可能한 利用의 原則

지속가능한 이용의 원칙(Principle of Sustainable Use)은 천연자원의 이용에 있어서 합리적인 기준을 설정하여 적정한 탐사와 이용의 수준을 유지해야 한다는 의미이다.

국제문서들은 천연자원의 개발방향을 제시하는 개별적이거나 보편적인 기준을 확립하였다. 이들 문서에 의하면, 천연자원은 '지속가능한'(sustainable), '신중한'(prudent), '합리적인'(rational), '현명한'(wise), '적절한'(appropriate) 방법으로 이용되어야 한다.[94] 이러한 접근방식은 가장 최근에 생물다양성협약의 前文과 제1조[95] 그리고 기후변화협약 제3조 4항[96]에 반영되었다.

---

92) 협약 제4조: 당사국들은 문화적·자연적 유산을 보호하고, 보존하며 "미래세대"에게 물려주는 데 합의한다. 11 ILM 1358, 1972.

93) UN Res. 35/8 on *Historical responsibility of States for the preservation of nature for present and future generations*, 1980. 10. 30.

94) Philippe Sands, *International Environmental Law*, vol. Ⅰ, Manchester University Press, 1995, pp.198-199.

95) 제1조 목적: 본 협약의 목적은 생물다양성의 보전과 그 구성요소의 지속가능한 이용 그리고 유전자원의 이용에 따른 이익의 공평한 분배에 있으며, 자원과 기술에 대한 권리를 인정하면서 유전자원에 대한 적절한 접근, 관련기술의 이전 및 적절한 자금제공 등을 포함한다.

역사적으로 해양생물자원의 이용과 관련하여, 해양자원을 포획하고 다른 종류의 자원탐사가 제한되어야 하는 기준으로서 '지속가능한' 수준 또는 '최선의'(optimal) 수준이 요구되었다. 1946년 捕鯨협약은 그 前文에서 고래種의 최적수준 유지와 점차 고갈되어 가는 고래種이 그 數를 회복할 수 있는 기간을 두기 위하여 捕鯨行爲를 제한한다는 것을 명시하고 있다.[97] 이외에도 지속가능한 이용의 원칙은 해양자원이 아닌 다른 자원에도 적용할 수 있는 개념으로 나타나기 시작했다. 1968년 아프리카 자연협정의 경우 모든 천연자원의 사용은 환경의 수용능력에 따라 인간의 필요를 충족시킬 수 있어야만 한다고 규정하고 있다.[98] 또한 1983년 국제열대목협약(International Tropical Timber Agreement: ITTA)도 열대림과 그 유전적 자원의 지속적인 이용과 보존을 촉구하고 있다.[99]

1985년 ASEAN협약은 '지속가능한 개발'이라는 용어를 처음 실질적으로 사용한 협약 중의 하나이다.[100] 이 협약은 지속가능한 개발의 목적을 달성하기 위하여 채취된 천연자원의 지속가능한 사용의 기준을 채택할 것을 당사자들에게 요구하고 있다.

'지속가능성'의 개념은 국제경제법과 정책에 관련된 문서 내에서도 또한 나타나기 시작했다. 그 협약문서의 조문에서, 유럽부흥개발은행(EBRD)[101]은 그 자체의 활동 전반에 걸쳐서 환경적으로 건전하고 지

96) 기후변화협약 제3조 4항: 지속가능한 발전의 권리를 인정한다. 기후변화 대응정책은 각국의 특수상황을 반영하고 개발계획과 조화를 이루어야 한다. 경제발전은 기후변화 대응정책 추진에 필수적 요건임을 인식한다.

97) 捕鯨協約 前文, 제5장 2절 참조.

98) 아프리카 자연협정 前文 참조.

99) International Tropical Timber Agreement Art. 1(h).

100) A. Kiss & D. Shelton, *International Environmental Law*, Transnational Publishers, 1991, p.147, Philippe Sands, in Winfried Lang(ed.), *op. cit.*, p.43.

101) EBRD Art. 2(1)(vii), 29 ILM 1077, 1990.

속가능한 개발을 증진하도록 요구하고 있다. 1990년 제4차 Lomé 협정 하에서 EC와 그 회원국들의 지지를 받게 되어 있는 69개 ACP국가(African, Caribbean and Pacific States)들의 개발은 경제 자체의 목적들이 지속가능한 균형에 근거해야 하고, 환경의 합리적인 관리와 자연과 인류자원의 강화에 근거해야 한다.[102] 1992년 마스트리히트 조약은 지속가능하고 환경과 관련해서 인플레이션이 없는 성장의 증진을 포함하는, EU를 위한 새로운 목표를 도입하고 있다.

3. 公平한 使用의 原則

공평한 사용의 원칙(Principle of Equitable Use)은 어느 한 국가에 의한 자원의 사용과 환경의 이용은 다른 국가들의 필요를 감안해야만 한다는 것이다. 세부적인 규칙이 결여된 상태에서, 공평한 사용의 원칙은 권리의 정확한 결정과 연이어 결정되는 의무를 남겨두는 편리한 수단을 제공한다. 이것은 부분적으로 '공평'의 빈번한 사용을 설명하고, UN환경개발회의(UNCED)의 문서에 있어서 관련된 개념들을 설명하고 있다. 많은 부분에 있어서 UN환경개발회의는 자원의 공평한 사용에 관한 회담이었다. 경제개발의 수준이 차이가 나는 국가들 가운데서 환경보존을 위한 미래의 책임과 특수한 문제에 대해서 차별화시키는 기여를 했고, 또 우선적으로 환경적 그리고 개발적으로 차이가 나는 요구들을 어떻게 배분할 것인지 등이 그 주제였다. 각각의 UNCED문서는 특별한 쟁점에 대한 공평의 원칙의 적용을 반영하고 있고 미래를 위한 준비와 의무의 개발에 있어서 이와 같은 원칙이 어떠한 역할을 수행한다는 인식을 반영하고 있다. 따라서 리우선언의 제3원칙은 미래세대의 개발적이고 환경적인 필요가 공평하게 조화되는 수단으로서 개

102) Lomé 협정 Art. 4, 29 ILM 783, 1990.

발권리에 호소하는 것이다. 1992년 기후변화협약하에서, 모든 당사국들은 협약목표를 성취하기 위한 그들의 행동에 있어서 공평에 근거를 두고 행동을 할 임무를 갖고, 협약 부속서 Ⅰ에 열거된 선진당사국과 다른 당사국들은 협약의 목적달성에 관련된 지구적 노력에 대해서 그들 각국은 공평하고 적절한 공헌을 위한 필요를 고려할 임무를 갖는다(제3조(1), 제4조(2).(a)).[103] 또한, 1992년 생물다양성협약의 목적은 생물자원으로부터 파생되는 이익의 '정당하고 공평'한 배분을 포함하고 있다(제1조와 제15조(7)).[104]

역사적으로, UNCED 이전의 국제환경문제에 있어서 공평은 미래세대의 보호와 공통적이지만 차별화된 책임의 원칙의 등장과 연결되어 왔고, 일반적으로 천연자원의 배분을 다스리는 원칙으로서 결부되어 고려되었다. 공평은 또한 환경기구들 내에서 참석한 각국이 표현한 모든 관련 이익을 보증하는 역할을 하고, 정당하고 공평한 근거를 기반으로 행해진 재정적이고 다른 기여행위를 보증하는 역할도 하며, 개발의 이익들이 적절하게 배분되는 것을 보증하는 역할도 한다.

---

103) 제4조 2 부록에 포함된 당사국(OECD 및 동구권)의 의무사항 (a) 온실가스의 인위적 배출을 제한하고 흡수원을 보호·증진하며 기후변화방지에 기여하는 국가정책을 채택하고 그에 따른 조치를 추진, 그러한 장기적 배출추세의 조정은 이산화탄소와 몬트리올 의정서의 규제대상이 아닌 기타 온실가스의 배출이 금세기 말까지 前의 수준으로 회귀시킴으로써 달성된다는 점을 인식, 각국의 기준년도와 접근방법, 경제구조, 자원분포의 차이를 고려해야 하며 지속적 경제성장의 필요성, 활용 가능한 기술 및 기타 각국 상황과 범지구적 노력에 대한 각국의 형평적이며 적정한 기여를 고려, 다른 국가와 협력하여 정책 및 조치를 시행할 수 있으며, 특히 이 조항의 목적을 달성하기 위해 다른 국가를 지원 가능.

104) 제15조 유전자원에 대한 접근 7. 각 협약 당사국은 연구개발의 결과와 유전자원의 상업적 및 기타 이용 결과 얻어지는 이익을 자원제공국과 공평하게 나눌 수 있도록 제16조 및 제19조, 필요시 제20조 및 제21조의 규정에 의한 재정기구를 통하여 적절하게 입법행정 또는 정책적 조치를 취하여야 한다.

4. 統合의 原則

통합의 원칙(Principle of Integration)은 환경적 고려가 경제적인 것과 다른 개발계획들, 프로그램 그리고 사업계획에 통합될 것을 요구하고, 개발의 필요성은 환경적 목표를 적용하는 데 있어서 반드시 고려되어야 한다는 것이다. 환경과 개발의 통합은 1972년 스톡홀름 회담(선언의 제13원칙)[105] 이전에 이미 시작되었다. 보존과 개발 사이의 연결은 1949년 보존에 관한 제1차 UN회담에서 만들어졌고, 1971년 총회는 "개발계획은 건전한 생태계와 양립할 수 있어야만 하고, 적절한 환경여건은 국내 및 국제적 차원 양쪽 모두에서 개발의 증진에 의해 가장 잘 보증되어야만 한다"는 그 자체의 확신을 표현했다.

지속가능한 개발은 영원한 과정이며 따라서 목표를 달성하고 유지하는 문제에 있어서 그 절차에 중점을 둘 것이 요구된다. 이 원칙은 법적이든 다른 어떤 것이든, 그 모든 것이 통합된 원칙이다. 통합의 원칙은 다층적이며 다방면적이다[106]

여러 관점에 있어서 이 요소는 가장 법률적이다. 그 요소 자체의 공식적인 적용은 적절한 환경정보의 수집을 요구하고, 그 요소자체의 보급과 적절한 환경영향평가의 행동지침을 요구한다. 또한 통합접근은

---

105) 스톡홀름선언 원칙 13: 합리적인 자원관리를 행하고 환경을 개선하기 위해 각국은 그 개발계획 입안 시 국민의 이익을 위해 인간환경을 보호하고 향상시킬 필요성과 개발이 양립할 수 있도록 종합성을 유지하면서 조정해야 한다.

106) 다층적인 것은 국제적, 지역적, 국내적 그리고 지방적 수준의 인력과 정부적·비정부적 인력을 모두 포함하는 것이다. 다방면적인 것은 통합의 과정에서 생태적, 경제적, 사회적 그리고 문화적 개발의 측면들이 경제와 개발의 솔선과 연합되어야 한다. 이러한 통합의 과정은 어느 장소 어느 때이든 유연하게 적용되는 본질적인 결정과 법에 이르게 하며 목표를 계속 유지하게 한다. Howard Mann, *Comment on the Paper by Philippe Sands*, in Winfried Lang(ed.), *op. cit.*, p.71.

양자간 그리고 다자간 개발원조에 있어서 "環境的 條件性"(green conditionality)을 수락하거나 요구하기 위한 근거로서 작용할 수도 있고, 뿐만 아니라 그중에서도 국가의 역사적 책임에 근거한 차별화된 법적 임무의 채택과 배분으로서도 작용한다. 통합의 원칙은 리우선언 원칙 2와 4, 기후변화협약 前文과 제3조 4항 그리고 생물다양성 협약 제6조 (b)와 제10조 (a)에서 발견된다.[107)]

환경적 관심은 역사적으로 국제경제적 관심의 주변에서 접근되었다. 그리고 환경보존과 경제개발 사이의 관계가 국제공동체에 의해 완전히 인식된 것은 불과 지난 10년 이내의 일이다. UNCED의 경과와 리우에서 채택된 문서들은 환경과 개발을 통합하는 것이 필요함을 반영한다. 그리고 이제 그 두 목적은 쉽사리 분리되지 않는다. 이것은 1980년대 후반 이후로 발생한 꾸준한 변화에 의해서 나타났다.[108)]

결론적으로, 국제법이 지속가능한 개발원칙을 인식하는 정도에 있어서는, 그 용어는 절차상 그리고 실질적인 임무와 의무의 범위를 반영하는 것으로서 그 자체의 역사적 발전의 내용에 포함되어야 할 필요가 있다. 그 원칙은 다음과 같은 인식을 근거로 한다. 첫째, 현세대와 미

107) 리우선언 원칙 4: 지속가능한 개발을 성취하기 위하여 환경보호는 개발과정의 중요한 일부를 구성하며 개발과정과 분리시켜 고려되어서는 아니된다; 생물다양성협약 제6조 (b): 생물다양성의 보전과 지속가능한 이용이 가능한 한 그리고 적절하게 관련분야 또는 종합적인 계획, 프로그램 및 정책에 포함되도록 하여야 한다; 제10조 각 협약당사국은 최대한 그리고 적절하게 다음 사항을 이행하여야 한다. (a) 국가정책 결정시 생물다양성의 보전과 지속가능한 이용을 배려.

108) 이러한 예들은, 환경에 관한 權原을 포함시키기 위한 1957년 EC조약의 수정안, 환경영향 평가와 기타 절차들의 채택이 포함된 World Bank의 환경분과의 설립, GATT에서의 무역과 환경의 접목 그리고 WTO 前文에 환경에 대한 언급을 추가하기 위한 결정, EBRD협약의 조문에 있어서 지속가능한 개발에 관한 언급의 강화, 경쟁정책, 보조금 문제 그리고 지적 소유권법과 같은 분야에 있어서 환경적 체계의 개발 등에서 그 흔적을 찾아볼 수 있다. Philippe Sands, *op. cit.*, p.61.

래세대의 요구를 고려해야 할 필요성, 둘째, 환경보존의 배경에서 천연 자원의 사용과 개발에 있어서 한계를 두는 것에 대한 수용, 셋째, 권리와 의무의 배분에 있어서 공평한 원칙의 역할 그리고 넷째, 환경과 개발의 모든 양상을 통합할 필요성 등이 그것이다.[109]

第3節 持續可能한 開發의 實現을 위한 細部原則

국제환경법 규칙은 서로 상반되는 두 가지 목표를 추구하면서 발달했다. 각국은 그들의 천연자원에 대한 주권적 권리를 가지고, 동시에 각국은 환경에 대한 피해를 야기해서는 안 된다. 이 둘 사이에 존재하는 긴장과 목표들은 스톡홀름선언의 원칙 21[110]과 리우선언 원칙 2[111]에 반영되어 있다. 이 두 원칙들 모두 국제환경법에 있어서 기본적인 의무와 원칙의 향후 발전의 근원 그리고 더욱 중요한 특정성의 규칙에 있어서의 발전으로서 받아들여져야 하는 것을 확립하기 위하여 위의 두 요소를 결합시킨다.

스톡홀름선언 원칙 21은 생물다양성협약에 전체적으로 결부되어 있고, 리우선언 원칙 2는 기후변화협약 前文에 전적으로 결부되어 있다. 지난 20년에 걸쳐서 여러 국가들과 국제 공동체의 다른 회원국들에 의해 지지된 원칙 21과 원칙 2는, 현재 국제관습법의 일반규칙을 반영하는 관점을 위한 강제적인 근거를 확립하고 있다. 이처럼 그 원칙은 일반적 규칙에 효력을 부여하는 특정의무를 확립하는 환경협약의 채택을

109) *Ibid.*, p.62.

110) Harald Hohmann(ed.), *Basic Documents of International Environmental Law* Vol. 1, Graham & Trotman Ltd., 1992, pp.21-57. 참조.

111) 本稿 부록 I 참조.

위한 근거로서 작용하고, 다른 일반적인 적용의 원칙의 개발을 위한 근거로서 작용하게 된다. 그 한계와 작용은 무엇이 손해배상책임을 야기하는 "환경적 피해"를 구성하는지 그리고 국제공동체의 합의된 기준에 의하지 않은 발전원칙의 한계를 명확히 하는 국제적 배상청구를 구성하는지에 대해서 특히 어려운 문제로 남는다. 최소한 원칙 21과 원칙 2가 뜻하는 영구주권의 실행에 있어서 그들의 천연자원에 대한 각국의 권리에는 한계가 없다. 그 이면에, 그 원칙은 환경피해를 구체화하기 위한 배상책임을 강조하는 관습법하에서 배상청구를 위한 법적 근거를 제공할 수도 있는 것이다. 그 원칙의 특정된 적용은 사실관계를 분명히 할 것이고 개별적인 특수한 경우나 사태의 상황을 분명히 밝혀 줄 것이다.

1. 善隣과 國際協力의 原則

사회적, 경제적 그리고 상업적 문제와 관련해서 UN헌장 제74조에서 선언된 "선린"의 원칙(principle of good neighborliness)은[112] 지속가능한 개발 속으로 통합되어 왔고, 그중에서도 리우선언의 원칙 제18, 19 그리고 27에서 반영되었다.[113] 협력하여야 할 임무는 여러 조약들의 많은

112) UN헌장 제74조: 국제연합가맹국은 또한 本章의 적용을 받는 지역에 관한 그 정책을 그 본토에 관한 정책과 같이 세계의 다른 지역의 이익과 복지에 타당한 고려를 한 위에 사회적·경제적 및 상업적 사항에 관하여 善隣主義의 일반원칙에 기반을 두도록 하는 데 동의한다.

113) 리우선언 원칙 18: 각 국가는 다른 국가의 환경에 급격한 위해를 초래할 수 있는 어떠한 자연재해나 기타의 긴급사태를 상대방 국가에 즉시 통고하여야 함. 국제사회는 이러한 피해를 입은 국가를 돕기 위하여 모든 노력을 기울여야 함. 원칙 19: 각 국가는 국경을 넘어서 환경에 심각한 악영향을 초래할 수 있는 활동에 대하여 피해가 예상되는 국가에게 사전에 적시적인 통고 및 관련 정보를 제공하여야 하며 초기단계에서 성실하게

부분에서 반영되었고 그에 따른 국제적 협력(international cooperation) 들은 이제 지속가능한 개발과 관련된 환경적인 의무(obligation)를 내포하고 있다.

협력의 의무[114]는 이미 19세기 초 국제하천과 국제수로의 사용에 있어서 하나의 원칙으로서 각국 간의 조약에 포함되도록 강조되었고 이에 따라 당사국들은 접경지역(frontier zone)에서의 국제하천이나 국제수로의 자의적인 사용이 제한되었다.[115] 이러한 국제적 협력은 양국간 그리고 지역적 차원에서 채택된 거의 모든 국제환경 조약에서 특징적으로 표현되어 있을 뿐만 아니라,[116] 전 세계적 적용을 위한 생물다양성협약에서도 생물다양성의 보전과 지속가능한 이용을 위하여 관할구역 외부지역에 관한 사항과 공동의 문제에 대하여 직접 또는 권한있는 국제기구를 통하여 가능하고도 적절하게 협력하여야 한다고 규정되어 있다.[117] 일반적으로 의무는 조약 목적의 이행에 관련된 것이거나 심지어 조약 이외의 관계를 개선하기 위한 것 또는 조약상 특정적으로 관련된 어떤 일이나 임무에서 일반적인 용어로 서술된다. 보편적인 의무는, 의사결정에 있어서 정보와 적절한 참여의 공유를 보증하기

이들 국가와 협의하여야 함.

114) UN憲章에 따른 國家間의 友好關係 및 協力에 관한 國際法의 諸原則에 관한 宣言(Declaration on Principles of International Law concerning Friendly Relations and Co-operation among States in accordance with the Charter of the United Nations, 1970. 10. 24. 채택) 참조.

115) Ludwik A. Teclaff, "The Impact of Environmental Concern on the Development of International Law", in Ludwik A. Teclaff & Albert E. Utton(ed.), *International Environmental Law*, Preager Publishers, 1974, pp.229-230 참조; 이영준, 국제환경법론, 법문사, p.67. 참조.

116) 1933 Convention Relative to the Preservation of Fauna in their Natural States, Art. 12(2), 1940 Convention on Nature Protection and Wildlife Preservation in Western Hemisphere, Art. Ⅵ, 1991 Convention of the Alps, Art. 2(1), 31 ILM 767, 1992, Philippe Sands, *op. cit.*, p.63.

117) 생물다양성 협약 제5조 [협력].

위하여 특별히 고안된 기술 및 요구사항들의 범위의 적용을 통하여 협력하기 위한 더욱 특정한 임무들로 전환되어 왔다. 이들 특정한 의무들은 환경영향평가에 관련된 규칙들을 포함한다. 인접국들이 필요한 정보를 수령하는 것을 보증하기 위한 기술의 개발(정보교환, 자문 및 통지와 같은 기술적 적용), 긴급정보의 제공, 그리고 환경기준의 초국경적 강제 등이 그것이다.

2. 差別的 共同責任의 原則

공통적이지만 차별화된 책임의 원칙(The principle of Common but Differentiated Responsibility)은 일반적으로 국제법상 국가책임의 분담에 있어서 개도국들의 특별한 요구가 반드시 고려되어야만 한다는 것을 의미하며, 국제환경법 규칙의 적용과 해석에 있어서도 고려되어야만 한다는 인식과 함께 보다 광범위한 공평의 원칙의 적용과는 별도로 발달되었다. 그 원칙의 표현은 일찍이 GATT 규칙을 적용하는 데 있어서도 발견되었고, 원칙의 근원은 국제경제법에 두고 있다.[118] 그 원칙은 리우선언 원칙 7과, 기후변화협약 제3조 (1), 그리고 생물다양성 협약 前文에서도 발견된다.[119]

이 원칙은 두 가지의 중요한 요소를 포함하고 있다. 그 첫 번째는 국내적, 지역적 및 세계적 차원에서 환경보호를 위한 국가들의 공통된

---

118) Philippe Sands, in Winfried Lang(ed.), *op. cit.*, pp.63-64. 참조.

119) 리우선언 원칙 7: 각 국가는 지구생태계의 건강과 안전성을 보존, 보호 및 회복시키기 위하여 범세계적 동반자의 정신으로 협력하여야 함. 지구의 환경악화에 대한 제각기 다른 책임을 고려하여, 각 국가는 공통된 그러나 차별적인 책임을 가짐. 선진국들은 그들이 지구환경에 끼친 영향과 그들이 소유하고 있는 기술 및 재정적 자원을 고려하여 지속가능한 개발을 추구하기 위한 국제적 노력에 있어서 분담하여야 할 책임을 인식함.

책임에 관련된 것이다. 두 번째 요소는 차이가 있는 경제적, 사회적 그리고 다른 상황들, 특히 특수문제의 기준에 대한 각국의 공헌과 관련된 것과 환경의 위협에 대한 각국의 대응능력, 방지능력 그리고 통제능력과 관련된 상황들을 감안해야 하는 필요성과 관련된 것이다.[120)]

실질적 관계에 있어서, 공통되지만 차별화된 책임원칙의 적용은 적어도 두 가지의 결과를 가진다. 첫째, 환경문제에 접근하는 것에 목적을 둔 국제적 대응 수단에 있어서 이 원칙은 모든 관계국들에게 참여할 권리를 부여하거나, 요구할 수도 있다. 둘째, 이 원칙은 국가들 사이의 차별화된 임무를 부과하는 환경기준의 개발, 채택 그리고 이행의 결과로 귀착된다. 이 원칙의 최근의 등장에도 불구하고, 그 원칙의 기원은 UNCED 이전에 발견되고, 지역적 및 전 세계적 차원에서 국가관행에 의해 지지되었다. 1992년 기후변화협약의 조건하에서 "공통되지만 차별화된 책임"(common but differentiated responsibility)의 원칙은 선진당사국들과 EC만을 위한 기후변화의 감소에 관한 "특정된 임무"로 여겨지고, 보고를 요하는 데 있어서의 차이들(제4조, 제12조)로 여겨진다.[121)] 이것은 또한 개도국들로 하여금 특별한 조약의 의무를 이행할 수 있도록 여건을 조성하는 재정적, 기술적 그리고 기타 기술적인 지원을 제공하기 위한 특별한 제도적 장치의 확립에 이르게 했다(기후변화협약 제11조, 생물다양성협약 제20조, 21조).[122)]

120) Philippe Sands, in Winfried Lang(ed.), *op. cit.*, p.64.

121) 기후변화협약 제12조는 일반 보고의무와 선진국(부록1) 보고의무 등으로 분류하여 일반 보고의무에는 국가별 보고와 일반적 대응방안 그리고 기타 범지구적 배출추세 계산에 필요한 정보를 제출토록 하고 있고, 선진국에게는 선진국 의무조항 이행을 위한 정책, 조치의 구체적인 내용과 90년대 선진 각국이 취한 정책의 배출, 흡수에 대한 효과를 보고하도록 규정하고 있다.

122) 기후변화협약 제11조(재정기구)에서는 2항에서 형평과 균형적 참여하에 명료한 운영을 할 것을 규정하고, 선진국은 양자간, 다자간, 지역적 협약에 의해서도 재정지원을 할 수 있도록 규정하고 있다. 또한 생물다양성협

3. 豫防原則

스톡홀름선언 원칙 21과 리우선언 원칙 2에 밀접하게 관련된 것은 환경에 대한 피해를 예방하기 위한 또는 감소시키거나 제한하거나 완화시키기 위한 의무이다. 이러한 의무는 예방원칙(preventive principle)으로서 종종 언급된다. 이 원칙은 스톡홀름선언 원칙 21과 리우선언 원칙 2의 두 번째 요소와는 구별되는데, 왜냐하면 그것은 그 자체 내에서 하나의 최후수단으로서 환경피해를 최소화하기 위한 의무의 작용에 의해 나타나기 때문이다. 그것은 또한 국가들로 하여금 그들만의 관할권 내에서 환경에 대한 피해를 예방할 것을 요구할 수도 있다. 그 예방원칙은 예방행위가 이른 단계에서 취해질 것을 요구하고, 만약 가능하다면 실질적으로 피해가 발생되기 전에 행위가 취해질 것을 요구한다.

그 예방적 접근은 "회원국들은 효과적인 환경입법을 단행해야 한다."고 규정한 1992년 리우선언의 원칙 11[123]에서 간접적으로 지지되어 왔다. 그것은 기후체계와 생물종의 멸종과 함께 위험에 처한 인류 발생론적인 방해를 예방할 것을 목적으로 하는 기후변화협약과 생물다양성협약의 모든 목적들을 그 근본으로 하고 있다.

약에서도 제20조 제21조에서 총 11개항에 걸쳐 재정지원과 재정기구에 관하여 자세히 규정하고 있다.

123) 리우선언 원칙 11: 각 국가는 효과적인 환경법칙을 규정하여야 함. 환경기준, 관리목적 그리고 우선순위는 이들이 적용되는 환경과 개발의 정황이 반영되어야 함. 어느 한 국가에서 채택된 기준은 다른 국가, 특히 개도국에게 부적당하거나 지나치게 경제, 사회적 비용을 초래할 수도 있음.

4. 事前注意原則

사전주의의 원칙은 리우선언에서 다음과 같이 정의되었다. "심각하고 돌이킬 수 없는 손상의 위협이 있을 때, 충분한 과학적 확실성의 결여가 환경의 기능적 저하의 예방을 위한 비용 효과적인 조치들의 연기의 이유로 사용되어선 안 된다."[124] 사실, 이것은 100% 어떤 행동이나 계획의 효과의 심각성에 대해 확신이 없고, 또는 행동의 가능한 결과들에 대해 의심이 되어 한 결정이 지나치게 주의에 치우치는 경우에라도, 환경의 기능적 저하를 피하기 위해 재정적 자원들과 지적인 노력을 사용하는 것을 뜻한다.[125]

스톡홀름 선언은 "국가는 UN헌장과 국제법의 원칙에 따라 스스로의 환경정책으로 자신의 천연자원을 개발할 주권적 권리를 가지며, 자국의 관할이나 통제하에 있는 행동이 타국의 환경 또는 국가관할권의 한계를 넘는 영역에 손상을 야기하지 않도록 보장할 책임이 있다"[126]고 선언함으로써 환경손상의 방지를 원칙으로 천명하였다. 이러한 선언의 의미는 세계 각국이 오랫동안의 경험을 통하여 오염발생 후 이를 제거하는 것보다 오염을 미연에 예방하거나 방지하는 것이 바람직하다는 것을 체득한 결과이다.[127]

---

124) 리우선언 원칙 15: 환경을 보호하기 위하여 각 국가의 능력에 따라 예방적 조치가 널리 실시되어야 함. 심각한 또는 회복 불가능한 피해의 우려가 있을 경우, 과학적 불확실성이 환경악화를 지양하기 위한 비용/효과적인 조치를 지연시키는 구실로 이용되어서는 아니 됨.

125) Ben Boer, "Implementation of international sustainability imperatives at a national level", in Konrad Ginther, Erik Denters & Paul J. J. M. de Waart(ed.), *Sustainable Development and Good Governance*, Kluwer Academic Publishers, 1995, pp.116-117.

126) 스톡홀름선언 원칙 21.

127) 성재호, "환경오염의 예방과 사전주의적 접근", 세계국제법협회(ILA) 추계학술세미나, 1999. 10. 23, pp.1-2. 참조.

앞서 언급한 예방원칙(preventive principle)이 적어도 1930년대 이래의 국제환경조약과 다른 국제적 행동에서 그 흔적이 보이는 반면, 사전주의원칙(precautionary principle)은 1980년대 중반 국제법적 문서에서 비로소 나타나기 시작했다. 1985년 비엔나협약,[128] 1987년 몬트리올 의정서[129]의 당사국들은 오존층을 파괴하는 물질의 배출을 방지하기 위한 사전주의적 조치(precautionary measures)를 공식적으로 언급하면서 그 이후부터 다른 국제환경문서에서도 사전주의원칙의 언급이 증가하기 시작했다.[130]

사전주의원칙은 리우선언 원칙 15, 기후변화협약 제3조 (3)[131] 그리고 생물다양성협약 前文에 의해서 확인된다. 그 원칙은 과학적 불명확성에 직면하여 국제법과 국제정책의 특정한 수단의 개발에 있어서 국가들과 국제공동체에게 지침을 제공하려는 의도를 가진 것이었으나 다소 의견의 불일치가 존재하는 것도 사실이다. 한편으로는, 그 지지자들 중의 몇몇은 그것을 기후변화와 같은 극도로 위협받고 있는 환경문제에 접근하기 위한 초기 국제법적 행동을 위한 근거로 이용했다. 다른 한편으로는, 그 반대자들은 그 원칙의 잠재성이 과도한 규제를 양산할 것이고, 인류활동의 범위를 축소시키는 데 사용될 수도 있다는 것으로

128) 오존층 보호를 위한 비엔나협약(1985년 3월 22일 채택) [前文]: 이 협약의 체약국은 (……) 국내적·국제적으로 이미 취해진 오존층 보호를 위한 예방조치에 유의하며 (……).

129) 오존층 파괴물질에 관한 몬트리올 의정서(1987년 9월 16일 채택) [前文]: 이 의정서의 가맹국은 오존층 보호를 위한 비엔나 조약의 가맹국으로서 (……) 사람의 활동의 결과로서 생기거나 생길 우려가 있는 악영향으로부터 (……) 적당한 조치를 취할 의무가 있는 것에 유의하며 (……).

130) 성재호, *op. cit.*, p.2.

131) 기후변화협약 제3조 3항: 예방적 원칙에 따른 기후변화 방지책이 필요하다. 과학적 불확실성이 예방적 정책의 실시를 지연시키는 사유가 될 수 없으며 대응정책은 비용절약적이어야 한다. 대응정책이나 조치는 각국의 사회·경제적 다양성을 고려하고 포괄적이어야 한다. 의무이행 시에는 각국이 협조하여 공동이행도 가능하다.

사전주의원칙을 평가절하하고 있다.[132)]

사전주의원칙은 기준설정 및 규칙의 성립과 관계되어 있다. 만약 어떠한 물질이나 행동이 국제적 수준의 환경피해 영향을 수반할 것 같으면, 국제규칙은 해당물질이나 행동과 환경적인 영향 사이에 결정적인 증거가 없더라도 이 원칙을 적용해야만 한다. 다시 말해서, 국제 공동체는 예방조치와 기준에 대한 합의에 앞서 해로운 영향의 증거를 기다려서는 안 된다는 것이다. 사전주의적 접근방법은 기준을 설정할 때 안전의 여지를 둘 필요성을 강조한다.[133)]

사전주의원칙과 지속가능한 개발원칙의 한 측면은 假定과 입증책임의 관점에서 생각하는 측면과 관련되어 있다. 즉, 위험부담에 관련된 입증책임은 국내적으로나 국제적으로 개발행위를 추진한 행위자와 밀접한 관련이 있다. 만약 국제환경법상 원칙이 국가에 의해 이행이 되고, 그의 행위나 정책이 국제 공동체에 의해서 지속가능할 수 없다고 주장되어지면, 이에 대해서 당해 이행국이 자국의 행위가 지속가능한 것이라고 증명해야 하며, 재생비율이나 환경의 수용능력을 침해하지 않았다는 것을 증명해야 한다는 것을 의미한다.

인간활동에 수반되는 위험의 완전한 배제를 보장하는 것은 불가능하다. 심지어, 만약 어떠한 행위가 지속가능한지 아닌지에 따른 입증책임이 행위자에게 부여되거나, 또는 행위국의 관할권 아래에서 해당 국가에게 입증책임이 맡겨진다면, 문제가 되는 행위자나 당사국이 이와 같은 불확실성을 없앨 수 있을 것이라고는 기대하기 어렵다. 그리고 만약 어떤 행위가 지속가능하지 않다고 가정되면, 그 행위자나 당사국은 입증책임에 대해서 불만을 갖는 국가들에게 이전되기 전에 적어도 그 행동지침이 지속가능하다는 것을 밝혀줄 수 있는 합리적인 정보와 증

---

132) Philippe Sands, *op. cit.*, note 35 참조.

133) Jonas Ebbesson, *Compatibility of International and National Environmental Law*, Kluwer Law International, 1996, pp.252-253 참조.

거를 제공해야만 한다. 이러한 개념의 실질적인 적용은 국제제도 내에 속하는 실무위원회의 견해에 합치되어야 하거나, 더 나아가 국제사법법원(ICJ)이나 상설중재재판소(Permanent Court of Arbitration)의 판결에도 합치되어야 한다.

사전주의원칙을 이행하는 많은 방법 중에서, 환경영향 평가가 적절히 적용된다면 사전주의원칙을 이행하는 것이라고 말할 수 있고 또한 지속가능한 개발개념을 어느 정도 이행하는 것이라고 볼 수 있다. 이러한 환경영향 평가는 의사결정의 근거를 형성하며 어떠한 행위가 적법한지 아닌지 결정하는 실질적인 규칙과는 구별되어야만 한다. 실질적인 규칙은 적절한 영향평가가 수행된 다음에 적용될 수 있다. 즉, 영향평가를 근거로 하여 실질적인 규칙이 적용된다는 것이다.[134]

환경영향 평가는 또한 국제규칙이 협의되고 채택되었을 때에도 필요하고, 국제적인 환경정책이 시행되었을 때에도 필요하다. 법적 수단, 정책 프로그램 그리고 행동계획들은 더욱 계속적으로 평가되고 검토되어야 한다.[135] 따라서 각종 기준들의 계속적인 검토(사후 감시체제)의 필요성은 국제사회에서도 또한 요구되고 있다. 국제법에 있어서 환경영향 평가는 각국에 의해 수행된 행위뿐만 아니라 국제 공동계획, 행동지침과 규칙에 의해 수행된 행동도 포함한다.

---

134) *Ibid.*

135) 의제 21 제39장 5: 모든 관련국가의 효과적 참석하에 당사국은 기존 협약의 운영실적, 효율성과 지속가능한 개발에 관한 향후 입법의 우선순위를 주기적으로 검토, 평가함. 이러한 조치는 유엔총회결의 44/228에 규정된 대로 지속가능한 개발 분야에서 국가의 일반적인 권리 의무를 상술한 타당성에 대한 검토를 포함함. 특정한 경우, 차등적인 의무와 점진적인 적용을 통하여 특별한 상황의 고려가능성에 유의함. 이러한 책무 이행을 위한 선택으로서 각국 정부가 지정한 법률전문가가 환경과 개발에 관한 한 전반적인 식견을 가지고 적절한 주기로 회동하는 UNEP의 관행을 따를 수도 있음.

5. 汚染者 負擔原則

오염자부담원칙(polluter-pays principle)은, 오염의 비용은 오염을 야기하고 결과비용을 야기한 데 책임이 있는 사람 혹은 사람들에 의해 부담이 되어야만 한다는 원칙이다. 그러나 오염자부담원칙은 처음부터 국제환경법상의 원칙으로 인식되기보다는 오염의 구제에 필요한 비용을 분담하고자 하는 경제정책의 일환으로 사용된 것이다. 1974년 OECD의 권고안은[136] "오염자 비용부담의 원칙이란 파괴위험에 직면하고 있는 환경자원의 합리적 이용을 권장하고 국제무역 및 투자의 왜곡을 회피하기 위해서 취해지는 오염방지 및 규제조치의 비용을 분할하고자 하는 데 사용되는 원칙이다. 同 원칙은 오염발생자가 환경을 수용 가능한 상태로 유지할 수 있도록 공공기관이 결정하여 취하는 오염방지 및 규제조치의 비용을 부담하여야 한다는 의미이다"라고 정의하고 있다. EEC도 1973년에 이러한 원칙을 인정하는 활동계획을 채택한 바가 있으며,[137] 1986년에 채택된 단일유럽법(Single European Act)도 EEC 환경조치의 하나로서 그 법적 근거를 다음과 같이 규정하고 있다.[138] "환경과 관련된 국가의 활동은 방지활동이 취해져야 한다는 원칙, 환경피해가 우선적으로 근원부터 복구되어야 한다는 원칙, 오염자가 비용을 부담하여야 한다는 원칙에 입각하여야 한다." UN환경개발회의(UNCED) 준비위원회도 1991년 해양보호에 관한 종합보고서를 준비하면서 회의사무총장이 예방원칙과 오염자 비용부담원칙 적용의 필요성을 고려하여야 한다고 권고한 바가 있다.[139] 그러나 오염

---

136) OECD Recommendations C(74)223(1974), 14 ILM(1974), p.237.

137) Declaration on An Environmental Action Programme(1973), Council Recommendation on Application of the Polluter Pays Principle(1974).

138) Single European Act 25.

139) UN Doc. A/CONF.151/PC/WG:11/Misc.4.

자부담원칙의 경우 원칙의 정확한 의미, 그리고 특별한 경우와 사태에 대한 원칙의 적용은 많은 해석의 여지를 남겨두고 있다. 특히, 자연에 관련된 것 그리고 비용이 포함되는 정도 그리고 그 원칙이 예외적으로 적용되지 않는 상황에 대한 경우에 그러하다. 그럼에도 불구하고 그 원칙은 폭넓은 지지를 받았고, 환경피해에 대한 개인과 국가의 손해배상책임 규칙의 발달에 밀접하게 관련된다. 그 원칙은 완화된 형식으로 리우선언 원칙 16에[140] 반영되었으나 기후변화협약이나 생물다양성협약에서는 명시적으로 반영되지 않았다. 그럼에도 불구하고, 기후변화와 생물종의 멸종에 대한 문제로 인한 선진국들의 역사적 책임에 관한 언급을 그 규정들 속에 반영되도록 고려할 수도 있을 것이다.

오염자부담원칙의 실질적 중요성은 환경적으로 피해를 주는 행위와 관련된 경제적 의무의 배분에 있다. 특히, 손해배상책임, 경제적 수단의 사용 그리고 경쟁과 보조금에 관련된 규칙의 적용 등에 관한 경우이다.

오랜 기간에 걸쳐서, 오염자부담원칙은 예방원칙이 획득한 만큼의 폭넓은 지지를 성취하지도 못했고, 최근 몇 년간 예방원칙에 주어진 관심도 얻지 못했다. EC회원국들, 유엔-유럽경제위원회(UN-ECE) 그리고 OECD 회원국들이 경제정책상 부분적으로 적용하는 경우를 제외하고는, 오염자부담원칙이 국제관습법의 일반적으로 적용가능한 지위를 획득했는지는 의심스럽다.[141] 그럼에도 불구하고 1990년 유류오염준비에 관한 국제협정(International Convention on Oil Pollution Preparedness)[142]의 前文과 1992년 산업사고협정(Industrial Accidents

140) 리우선언 원칙 16: 국가 당국은 오염자가 원칙적으로 오염의 비용을 부담하여야 한다는 원칙을 고려하여 환경비용의 내부화와 경제적 수단의 이용을 증진시키도록 노력하여야 함. 이에 있어서 공공이익을 적절히 고려하여야 하며 국제무역과 투자를 왜곡시키지 않아야 함.

141) Philippe Sands, *op. cit.*, p.66 참조.

142) 30 ILM 733, 1991, International Convention on Oil Pollution Preparedness, Response and Co-operation, 1990 and Final Act of the Conference.

Convention)[143]의 前文은 국제환경법의 일반원칙으로서 오염자부담원칙에 대해 언급하고 있다.

결론적으로, 이러한 원칙들은 경제적·환경적 그리고 인권분야에서 도출된 것이며, 지속가능한 개발 분야에 있어서 국제법 내에서의 원칙의 중요한 위치를 밝혀주게 된다. 명백하고 본질적인 의무가 결여된 상태에서, 이러한 원칙들은 중요한 차선의 역할을 수행하고 있다. 이러한 원칙에 근거한 의무가 존재하면, 원칙들은 국가들, 국제기구들과 법원에 의한 더 나은 발전을 제공하고, 그 원칙들의 적용을 위한 근거를 제공하게 된다.

지속가능한 개발을 달성하여 뭔가를 할 것이라는 예상은 하지 않는다. 오히려, 인류는 이 목표에 이르기를 갈망하고, 다가올 모든 세대들을 위해 그 목표를 성취하도록 계속 노력하는 것이다.[144]

第4節 持續可能한 開發의 一般規則과 具體的 義務

1. 槪 觀

UN환경개발회의(UN Conference on Environment and Development; 이하 UNCED라 칭함)는 국제사회가 인간기업과 환경의 기술성 간의 균형을 이루기 위해 노력하는 과정의 시작도 아니며 끝도 아니다. 또한 리우회담은 환경보호와 개발목표를 통합시키는 관념적 모델인 '지속가능

143) 31 ILM 1330, 1992, Convention on the Transboundary Effects of Industrial Accidents.

144) Howard Mann, *op. cit.*, p.71.

한 개발'의 비전을 제공해주는 방향으로 국제적 노력을 하는 최적의 기간이었다.

리우회담에서 채택된 법적 문서들은 규범적 특수성의 측면에서 볼 때, 여러 요소가 혼합되어 있다. 어떠한 UNCED 법적 문서들은 일반원칙과 목적에는 상당히 높은 수준이나 구체적인 규범사항에[145] 있어서는 낮은 수준이다. 그에 반해 다른 기구들은 놀라울 정도로 세밀하고 복잡하다. 물론 UNCED가 지니는 속성이 국가 간의 외교관계나 그들 간에 다루는 사안처럼 완벽해야 하는 것은 아니다. 따라서 리우회담을 통해 혼재될 수 있는 보편성과 특수성의 결합은 다수의 당사국과 참여주체들에게 주어지는 '공동이익'(common interest)을 인식하고 정의하는 데 어려움이 있는 만큼 소개되는 사안의 사실적 복합성과 기구들의 행동조율에 관한 시간적 압력을 반영하며, 또한 각각의 협상자들의 다양한 법적 전문성을 반영한다.[146] 그 외에도 '지속가능한 개발'[147]의 국제적 수준에서 규범적 기초를 세우려는 초반의 노력이 어떠한 것이든 보편규칙과 특별의무에 골고루 영향을 미쳤어야 했는데 그렇지 못했다.

반면에 UNCED 이후 지속가능한 개발의 법적 요소에 대한 이론전개가 리우에서 합의한 기본개념을 구체화시킨다고 가정하는 것은 실수

---

145) 이러한 사항은 기후변화협약 제3조의 원칙에 관한 사항과 제4조의 책임이나 의무에 관한 사항을 비교해보면 알 수 있다.

146) 리우문서들은 심지어 관련규정들의 규범적 내용의 본질적인 희석(dilution)의 대가의 폭넓은 수용 가능성을 모색하기 위한 당사국들 사이의 양심적인 전략의 결과이기도 하다. 그것은, 심지어 완화된 본질적·규범적 책무들도 불가피하게 여러 차례에 걸쳐 강화된다는 기대에 의해 영감을 받은 전략이며, 주기적인 국제적 검증의 절차에 연결될 수 있도록 제공된다. 따라서 이들 초기의 책무들의 장기간에 걸친 규범적 중요성은 환경과 개발에 관한 의견들을 결정하고 적용하기 위한 제도적 기반을 수반하는 것의 안정성의 중대한 기능이다. Günther Handl, "Sustainable Development: General Rules v. Specific Obligation", in Winfried Lang(ed.), *op. cit.*, p.38.

147) 이러한 개념은 정부정책에 영향을 미칠 뿐 아니라 결국에는 개인이나 기업체 수준에서도 다루어지는 개념이다.

였다. 물론 UNCED 이후에 지속가능한 개발과 관련한 리우에서 채택된 문서들의 몇몇 보편규칙들은 좀 더 세부적 규정에 의해 보충되었다. '지속가능한 개발'의 이차적 추진자로서 국가하부기관의 활동을 국가와 동등하게 하려하는 동안 국제적 차원에서부터 국내 및 지역적 차원의 입법활동이 활발히 전개되고 있다.

이 모든 것들은 '지속가능한 개발'이 규범적 개념으로 승화되는 두 번째 단계로 향하고 있음을 암시해주고 있다. 리우회담에서 언급했듯이 오늘날 패러다임의 기본요소는 미개발상태로 부적당하게 남아있는 것이 사실이다. 그 개념에 대한 의미파악문제가 여전히 존재한다. 그러므로 '지속가능한 개발'과 관련하여 현행 보편규칙은 어떤 특별의무가 삭제되어야 하고 어떤 특별의무가 검토되어야하는지에 대한 충분한 기본을 제공하고 있지 못하다. '지속가능한 개발'과 관련한 '보편규칙'과 '특별의무'는 논리적 측면에서 볼 때 상호독립적 관계이다. 특별규범적 암시점(specific normative implications)은 수많은 내용과 행위자로 정의되므로, 리우회담에서 거론됐던 기본공식의 근본적 모호성은 시간이 지남에 따라 감소될 것이다. 역으로 핵심개념의 형태를 서서히 구축하는 것은 결국 특별의무를 입법화하는 방향으로 흐르게 된다. 그러므로 리우의 문서들과 그에 필요한 절차는 일상생활상, 구체적으로 '지속가능한 개발'이 무엇을 의미하는지에 대한 관점을 발전시키는 데 있어 중요한 역할을 할 뿐 아니라, '지속가능한 개발' 그 자체에 대한 기본적 개념을 규율하는 데 도움을 줄 것이다.[148]

'지속가능한 개발'과 관련하여 보편규칙과 특별의무를 이분화 시키는 사고방식은 명백히 잘못된 것이다. 부드러움과 딱딱함의 경우처럼 특별의무와 반대되는 개념으로 보편규칙을 이해하는 것은 규범적 지침을 제공해 주지 못한다. 그러나 보편규칙과 특별의무를 대조해 보는 것은

---

148) Günther Handl, *op. cit.*, p.37.

'지속가능한 개발'에 있어서 그 경계와 미해결측면을 조망해 볼 수 있는 것이다. 이는 결국, 국제법률가로 하여금 자연과 인간 사이의 균형을 유지하도록 하는 기본규범 방향으로 관심을 가지도록 한다.

2. 持續可能한 開發의 核心問題

리우회담에서 규정한 방향으로 나아가는 데 있어서 주요 장애는 '지속가능한 개발'의 법적 암시점에 관련한 명확한 기한(시간)의 부족이다. 환언하면, 정치가들 뿐 아니라 국제법률가들도 현재 쟁점은 국제적 이념, 목적, 과정 혹은 사고과정이며 이를 구체적으로 해결하는 데 있어서 '지속가능한 개발'의 조화를 이루기 힘들다는 것이다. 그 보다 더 한 문제는 개념의 잠재적 모호성과 내적 불일치성이다. 이는 事後規範의 이행에 있어서 그 역할과 정책지침 기능을 혼란스럽게 한다.

이러한 잠재적으로 중요한 지침문제는 주권국가의 국제적 권리와 의무에 특정적으로 접근하는 문서에 있어서 환경과 개발의 균형을 유지하는 데 UNCED가 실패한 데 우선 그 원인이 있다. '지속가능한 개발'에 대한 리우문서들의 대부분의 주요논쟁들은 환경의 보존과 보호라는 목표를 넘어선 개발로 치우쳤다.149) 그리하여 관련조항에서는 조잡한 언

149) 리우선언 원칙 2: 각 국가는 유엔헌장과 국제법 원칙에 조화를 이루면서 자국의 환경 및 개발정책에 따라 자국의 자원을 개발할 수 있는 주권적 권리를 갖고 있으며 자국의 관리구역 또한 통제범위 내에서의 활동이 다른 국가나 관할범위 외부지역의 환경에 피해를 끼치지 않도록 할 책임을 갖고 있음.

원칙 3: 개발의 권리는 개발과 환경에 대한 현세대와 차세대의 요구를 공평하게 충족할 수 있도록 실현되어야 함.

생물다양성협약 제20조 4항: 개도국이 본 협약의 제반규정을 효과적으로 이행할 수 있는지의 여부는 선진국들이 재정지원 및 기술이전에 관한 본 협약 규정의 효과적인 이행여부에 따라 좌우되며 아울러 경제사회개발과 빈곤의 퇴치는 개도국의 최우선적이며 무엇보다 우선한다는 사실을 충분히 고려하

어들이 사용되기도 했다. 실례로 생물다양성협약 제3조는 "주권국가들은 그들 자신의 환경정책에 따라 생물자원을 이용할 수 있다."라고 규정하고 있다. 이는 결국 '지속가능한 개발'의 개념으로부터 유추되는 국제법적 제한을 주권국가가 거부할 수 있음을 의미하는 것이다. 더구나 공식적으로 특성화된 것으로서의 "지속가능한 개발"은 "지속가능성"이 구체화되어야 한다는 절실한 목표를 방해하는 경향이 장래에 있을 수 있는 과도한 인간중심적 그리고 도구주의적 해석을 초래한다.150)

더욱 근본적으로, "지속가능한 개발"의 법적 요구의 특정성에 따른 불명확성 또한 그 회담이 특정 개념적 지표와 그들의 상호관계를 충분하게 부각시키는 데 실패하고, 거기에서 量에 상반되는 것으로서의 質, 그리고 특성을 정의하는 새로운 페러다임으로서의 지구적 개발을 명백히 단정하는 데에도 실패하였다.151) 예를 들어, 한 무리의 법칙으로서, 시간적 개념에152) 반하는 것으로서의 공간적 개념, 즉 그 개념이 적용될 수 있는 범위 내에서의 지리적 상황도 비교적 불완전하게 정해져 있다. 그러므로 '지속가능한 개발'이 내포하고 있는 행위규범의 대상자들은 지방적 · 국가적 · 지역적 · 국제적 수준에 있어서의 행위자들을 포함

여야 한다.

기후변화협약 제4조 약속사항의 4: 부록 2의 선진국(OECD국가)은 기후변화의 피해에 특히 민감한 개도국의 적응정책 정책수행에 따른 비용을 지원.

150) 이에 따라, "지속가능한 개발"이 필수적인 보존주의 관점을 또한 포함하지 않고, 단지 도구주의적 관점만 반영하거나 환경자원의 개발지향적 관점만을 반영하면 진정한 "지속가능성"은 생각에만 그치는 목표로 남게 된다.

151) 지구적 변화의 관점에서, "질적인 개발"은 경제개발에 관한 전면적인 제한이나 또는 지구의 생태학적 수용능력의 한계에 기인하는 성장의 제한을 암시하는 반면, 저개발이나 빈곤 그 자체가 지속적인 경제활동에 위협을 부과하거나, 근본적으로 기초적 국제인권에 부합하지 않는 삶의 質에 책임을 지울 수 있도록 정의되어야 한다. Günther Handl, *op. cit.*, p.38.

152) "지속가능성"개념의 특성을 정의하는 것 중의 하나는, 리우선언 원칙 3과 같은 리우문서에 있어서 명백히 강조된 시간적 개념 그 자체 내의 중요성이다.

하나 실제적으로 정부는 우리가 예상했던 것만큼 '지속가능한 개발'을 전 지구적 차원에서 인식하고 있지는 않다. 리우문서들은 환경과 발전의 변화에 대응하기 위해 새로운 '전 지구적 동반자 관계'에[153] 대한 필요성을 강조하면서 의제 21을 이행하기 위한 최고의 책임자로써 각 국내정부의 역할을 부각시키고 있다.[154] 물론, '지속가능한 개발'이 각 국가의 영역 내에서 인식되어져야 하는 것은 의심할 여지가 없다. 그러나 몇몇 특정국가에서는 '지속가능한 개발'을 현실적인 문제로 생각하지 않을 것이다. 만약 '지속가능성'이 국내 자연자본보다는 소득을 늘리는 것으로 이해하고 '개발'을 그 개념 안에 포함시킨다면 사회보장의 최소기준과 인간위엄을 모두 준수할 수 있다는 기대를 가지게 한다.

최종분석에 있어서, '지속가능한 개발'은 규범적 대상으로써 전 지구

153) Agenda 21 Chapter 2.1: 환경과 발전의 도전을 해결하기 위해, 국가들은 새로운 지구적 협력을 구축하기로 결정하였음. 동 협력은 모든 국가들로 하여금 보다 효율적이고 균등한 세계경제의 달성을 위해 지속적이고 건설적인 대화에 참여하도록 하고 있음. 증대되는 국가공동체의 상호의존성을 고려하여, 지속가능한 발전은 국제공동체의 우선순위가 되어야 함. 새로운 협력의 성공을 위해 대결을 극복하고, 진정한 협력과 결속을 조장하는 것이 중요하다고 인식됨. 새로운 현실에 적응키 위해서는 국내 및 국제정책과 다자간 협력을 강화하는 것이 역시 중요함. 리우선언 원칙 7: 각 국가는 지구생태계의 건강과 안전성을 보존, 보호 및 회복시키기 위하여 범세계적 동반자의 정신으로 협력하여야 함. 지구의 환경악화에 대한 제각기 다른 책임을 고려하여, 각 국가는 공통된 그러나 차별적인 책임을 가짐. 선진국들은 그들이 지구환경에 끼친 영향과 그들이 소유하고 있는 기술 및 재정적 자원을 고려하여 지속가능한 개발을 추구하기 위한 국제적 노력에 있어서 분담하여야 할 책임을 인식함.

154) Agenda 21 1.3: 의제 21은 현재와 과거의 문제를 동시에 포괄한다. 의제 21은 개발 및 환경협력에 관한 범세계적인 합의와 최고 수준의 정치적 참여(commitment)를 반영한다. 그 이행은 일차적으로 정부의 책임이며 그 목적 수행을 위하여서는 국가적 전략, 계획, 정책 및 과정이 긴요하다. 이러한 국가적 노력을 보완하기 위하여 국제협력이 있어야 한다. 이러한 맥락에서 UN의 역할은 핵심적이다. 여타의 국제적, 지역적, 소지역적 기구 역시 이러한 노력에 기여해야 할 것이다. 또한 최대한 광범위한 대중의 참여와 비정부기구 및 기타 그룹의 적극적 참여가 장려되어야 한다.

적 차원에서 운용되어야 하는 것으로 이해해야만 한다. 환경이 수용할 수 있는 능력과 '전 지구 경제의 최적용량', '이용의 지속적 수준', '세계적 소비수준' 등을 모두 고려해서 평가해야 한다. 결국, '지속가능한 개발'은 자연자원의 이용과 접근할 권리를 부여받은 인간의 문제로써 자연자원의 중요한 재분배인 것이다.

각종 UNCED문서들이 지속가능성의 중요한 측면과 더불어 그 기능적 상호의존관계를 알려주고 있지만, 1) 환경적으로 수용능력과 2) 재분배에 있어서의 제한 3) 지속가능성의 삼각관계에 대한 논리적 필연성은 상세히 설명해주지 못하고 있다. 이러한 모든 것들은 명확한 언어표현의 不在를 낳고 결국 국제법률가로 하여금 UNCED의 목적을 보편규칙과 특별의무로 신속히 이행할 수 있는 규범을 제정할 기회를 박탈하는 것이다.[155)]

국가들이 정식으로 명확하게 그러한 이해들을 成文化하지 않는 한 당분간 '지속가능한 개발'의 개념은 상호간의 해석에 의해 좌우되게 될 것이며 분쟁의 소지를 남겨두게 될 것이다. 주로 정치적 변화가 개념을 합의하는 데 기여하겠지만 각국의 학자들과 법원도 핵심적 역할을 할 수 있을 것이다.

3. '持續可能한 開發' 에 관한 法的 示唆點

본질적으로 '지속가능한 개발'의 주요요소를 분명히 하는 데 있어서 법적의무는 존재한다. 일반적으로 제도적 요소로써 자리매김하지만 아직까지는 완전하게 그들의 임무를 수행하고 있지 못하다. '지속가능한 개발'로 향하는 첫 번째 前提條件은 '지속가능한 개발' 문제에 관한 의사결정에 대해서 정확한 데이터베이스를 구축하는 것이다. 리우에서도

155) Günther Handl, *op. cit.*, p.39 참조.

그랬듯이 자료를 모으고 발전시키는 데 있어서 그것은 '지속가능성'의 신뢰할 만한 지표를 제시해주는 것이다.[156] 비록 의제 21이 두 개의 비판적 프로그램 영역[157]가운데 하나로서 "자료상의 차이를 연결해주는 것"에 대한 강조를 하고 있지만 국내환경발전에 대한 조치와 의제 21의 이행에 있어서 적절한 기본 틀을 제시해주지는 못하고 있다. 의제 21의 국내적 이행에 대해 국민이 조사하고 지속가능 개발위원회(Commission on Sustainable Development; 이하 CSD라 칭함)에 의해 검토됨으로써 일련의 과정들이 매우 중요함을 알 수 있다. 지금 필요한 것은 '지속가능한 개발'의 장기간에 걸친 신뢰할 만한 실질적 지표로써 한정된 기본요소들을 분명히 하는 것이다. 그러나 '지속가능한 개발'의 기본적 요소에 대한 상호관계조차 인식되어 있지 않은 상태에서 그러한 행동들은 쉽지 않을 것이다.

또 다른 것으로 자료문제와 관련하여, 사회·경제정책 변화에 있어서 '지속가능성'에 대한 정확한 측정을 각국 정부가 행할 수 있는 능력이 부족하다는 것이다. 지속가능개발위원회(CSD)는 이를 위해 정보관리능력을 보유할 수 있는 몇 가지 조치를 취했으나, 특정정보 및 자료의 처리문제에 관해서는 그 논의를 1995-96 회기로 미루었다.[158]

'지속가능한 개발'을 향한 운동은 계획이 신뢰할 만하고 변화에 따른

---

156) 이에 관해서는 일반적으로 의제 21의 제40장에서 의사결정에 필요한 정보에 대하여 언급하고 있다. 40장은 크게 A. 선진국-개도국 간의 데이터 격차의 해소 B. 정보 가용성의 개선 두 부분으로 나누어져 있다.

157) 의제 21 제40장 1절 서문: 지속가능한 개발과 관련하여 모든 사람은 넓은 의미에서 정보의 이용자이며 제공자임. 이는 자료, 정보, 적절히 정리된 경험 및 지식을 포괄. 정보에 대한 수요는 모든 수준에서 발생하는데 이는 국가적, 국제적인 고위 결정자로부터 일반 대중과 개인적 수준을 모두 포괄. 다음의 두 가지 계획 분야는 의사결정이 올바른 정보에 바탕을 두고 이루어지게 하기 위하여 수행되어야 할 과제임.

158) CSD 1차 회기 보고서, UN Doc. E/1993/25/Add.1;E/CN. 17/1993/3/Add.1, pp.8-9 참조.

환경적 영향을 충분히 감안했을 때에만 실행 가능하다. 오늘날 대부분 국가에 있어서 그러한 지표들은 정책입안자에게 효용가치가 없다. 대신에 그들은 전통적으로 소득을 강조하여 소비를 부추기고 장기간 지속될 수 없는 행위습관을 권장하는 데 주력하고 있다.

자연자원을 산출하는 것은 거시경제학적 의사결정에 도움을 주지는 못한다. 또한 그러한 계산은 정책결정에 영향을 미치는 것도 아니다. 하지만 '지속가능한 개발'목적과 일치하는 '환경가능적' 결정을 하도록 한다. 결국, Peter Hammond가 지적했듯이 지구의 환경안정성을 장기적으로 보장하기 위해, 적절한 산출을 유지하는 것이 '지속가능성'보다 더욱 중요하다는 설명을 가능케 한다.[159)]

둘째, '지속가능한 개발'과 '인권' 간의 관계에 관한 문제이다. 개발행위가 인권에 어느 정도 영향을 미치는가 하는 문제는 '지속가능성'의 지표로 고려되어야만 한다. 그 문제는 다자간 재정기구의 운용을 임대하는 것과 관련하여 특별히 중요하다.

전통적으로 거시적 조망을 반대하는 부류의 집단들은 각 기구의 제정된 수단으로부터 기인한 제한을 지적한다. 전통적으로 그들은 재정기구로 하여금 정치적 사안에 대해 간섭하지 못하게 하며 경제적 사안에 대한 배타적 결정권을 인정한다. 이러한 시각으로부터 인권은 임차결정에 있어서 주변문제로 소외되게 된다. 그리고 그러한 것들이 인권침해에 이르지 않거나 국제적 의무로 자리잡게 될 경우 UN안보리에 의해 구속력 있는 결정이 내려지게 된다.[160)]

주요 문제는 임차국(borrowing country)에서 인권침해가 일어나는지의 與否와, 만약 인권침해가 발생한다면 대부금 지급(loan performance)

159) Günther Handl, *op. cit.*, p.41.

160) Shihata, "Human Rights, Development and International Financial Institutions", *8 American University Journal of International Law and Policy 40*, 1992.

에 영향을 미치는지, 또는 임대국(lender)이 계획이행을 감시하고 감독할 능력이 있는가 하는 것이다.[161]

기구의 책임과 관련하여 전문성보장은 당연한 것이다. 원칙적으로 기구들은 그들이 가지고 있는 전문지식과 관련된 업무와 사안에 초점을 맞춘다.[162] 동일한 맥락으로 개발계획의 환경적 영향이 인권침해를 수반하는 경우, 인권침해의 결과는 계획평가 기준의 일부가 되어야만 한다.

그러나 그러한 명쾌한 사례가 없다하더라도, 국제 재정기구가 임차국의 인권상황을 고려하는 것은 강조되고 있는 것이 현실이다. 하지만, 만약에 리우회의의 근본이념이 심각하게 고려된다면, '지속가능한 개발'은 대중을 참여시키고 그들로 하여금 접근할 수 있게 하며, 권력을 분산시키는 중요한 수단으로서 인식되어야만 한다. 一國의 인권상황은 어떤 측면에서는 '지속가능한 개발'을 성공적으로 이행하는 사회적 · 정치적 상황을 반영하므로 활발한 임대활동에 있어서 환경적 경제기준을 좀 더 충분히 따르게 된다. 오늘날 UNCED의 파장으로 인해, 국제재정기구들은 인권을 고려하는 것이 당연한 것으로 받아들이고 있으며 또한 의무사항이 되고 있다.

셋째, 貸付에 있어 保證도 필요하지만, '지속가능한 개발'로 발전하는데 있어서 기구의 적절한 감시가 요구되어지고 있다.

물론, 체계적인 조직과 그에 따른 절차들이라 할지라도 훌륭한 운용을 보장하는 것은 아니다. 기구의 활동은 국내적 수준에 있어서 '지역적 관습'에 달려있다. 동일한 맥락에서 그 과정을 적절히 검토하고 감시하는 것이 UNCED와의 약속을 충실히 이행한다는 보장을 해주는 것

161) 貸付時 기준으로 인권상황을 포함해야 한다는 것에 대한 반대의견으로 Reisman교수의 의견을 살펴보면, '기구의 융통성'은 그 목적을 위해 어느 정도 인정되어야 하며 인권보장측면에서도 마찬가지이다. 특히 명백한 기능을 수행함에 있어서 그 기능을 성취하기 위해 융통성은 고려될 수 있다. Günther Handl, *op. cit.*, pp.41-42.

162) *Ibid.*

은 아니라는 것이다. 하지만 그러한 것들은 능률적인 국제적 규제체제에 기본적인 요소를 제공해주기도 하며 환경적으로 '지속가능한 개발' 전략에 토대가 되기도 한다.[163] 결국, 기구형태의 적합성 문제는 기구의 성과를 어떠한 기준에 의해 평가할 것인가의 문제로 귀결된다. 의제 21 제38장은 다음과 같이 선언함으로써 이에 관한 명쾌한 답변을 하고 있다. "의제 21의 이행은 보편성, 민주성, 투명성, 효율성, 중대성의 제 원칙과 일치하여야 한다."[164] 환경의사결정에 있어서 일반인의 참여와 정보에 대한 그들의 접근은 그 운용상 강력한 추진력을 제공해 줄 수 있는 기반을 제공해 준다.[165]

4. 小 結

'지속가능한 개발'의 원칙이 법적으로 시사하는 부분에 관한 논의의 단계에 있어서, '지속가능한 개발'에 관한 핵심개념을 명확하게 소개하고 국제공공정책 패러다임으로써 '지속가능한 개발'을 승화시키는 것은

---

163) 규제조약이나 체제를 더욱 효율적으로 적용하는 데 있어서 감시·감독제도와 절차의 기능에 대해서 비판의 소지도 있다. Günther Handl, *op. cit.*, p.42.

164) Agenda 21 Chapter 38. 2: UNCED 위임사항 수행을 위해서는 UN체제 내의 제도적 장치가 필요함. 이러한 제도적 장치는 경제, 사회 및 관련 제 분야에서의 UN재편, 재활성화 및 UN사무국의 현재 진행 중인 변화를 포함한 UN의 전반적 개혁과 일치하고 이에 일조하해야 함. UN체제의 개혁과 재활성화 정신에 따라, 의제 21 및 여타 UNCED 결과의 이행은 행동 및 결과지향적 접근방식에 기초하고, 보편성, 민주성, 명료성, 효과성 및 책임성과 조화를 이루어야 함.

165) 개발 측면에서 인권을 고려하는 것은 중요할 뿐만 아니라, '지속가능한 개발'의 필수불가결한 절차적 요건임을 명심해야 할 것이다. K. Tomasevski, "Monitoring Human Rights Aspects of Sustainable Development", *8 American University Journal of International Law and Policy 77*(1993), 84.

제도적 요소로서 명확히 함으로써 그 해결의 실마리를 제공할 수 있을 것이다. 그리하여 단순히 프로그램적 방안보다는 법적 대안으로써 그 성격을 파악함이 필수적이다. 또한 동전의 양면처럼 '인권'과 '지속가능한 개발'은 연계되어야 한다. 자료를 충분히 확보하여 인간활동의 환경적 영향을 정확하게 측정해야 한다. 거시경제학적 결정에 상기의 측면을 제시해 줌으로써 개인생활 모습뿐만 아니라 공공정책에 있어서의 많은 지속될 수 없는 본성들을 변화시키도록 권유할 수 있다.

결국, '지속가능한 개발'의 법적 시사점을 명확히 하려는 계속되는 접근방식은 거론할 가치가 있다. 다시 말해서, 개념에 대한 정면공격을 함으로써 개념적인 벽을 허무는 길을 모색하는 것에 반하는 것으로서 일반적인 總意의 한계를 점진적으로 확장해 나간다는 것이다. 같은 맥락으로 기존의 문서의 효율적인 이행을 보장하기 전에, "지속가능한 개발"에 관한 새로운 문서의 채택에 반하는 금지나 강제적인 명령을 자제해야 할 필요성이 있다.[166] 효율적인 규범의 立案이 없는 환경입법이나 정부 간 협정은 단순한 눈속임일 뿐이다. 이는 또한 자기패배를 의미한다. 이제는, '지속가능한 개발'과 관련한 기존의 '일반규칙'과 '구체적 의무'의 이행에 대한 감시를 강화하는 데 더 많은 노력을 기울여야 할 것이다.

---

166) M. Koskenniemi, "Breach of Treaty or Non-Compliance? Reflections on the Enforcement of the Montreal Protocol", *3 Yearbook of International Environmentl Law 123*, 1992.

第4章 持續可能한 開發原則의 適用

第1節 持續可能한 開發原則의 適用

1. 槪　觀

지속가능한 개발의 개념은 향후목표(meta-objective)의 표현으로서 다수의 국제 및 국내 상황과 문서에 명백히 나타나고 있다. 그것은 국제법이나 각국의 국내법에서도 마찬가지로 천연자원의 보존과 환경의 質의 장기간에 걸친 전망이 필요함을 시사하고 있다.

이러한 전망을 이행하는 어려움은 '공유물의 비극'의 문제를 상기시킨다. 모든 국가들이 지속가능한 개발이라는 개념에 충실할 것이 요구된다 하더라도, 이행에 관한 어떠한 지침도 아직 합의되지 않았다. 만약 이러한 합의된 지침이 없으면, 장래에 과도한 자원의 개발과 환경자원의 소모를 유발하는 비극을 초래하는 위기가 증가할 것이다. 지속가능한 개발개념의 중요성에도 불구하고, 이것을 국제적인 원칙의 하나로서 직접 적용하는 것과 개별적인 상황에 대하여 영향을 미치기에는 여전히 난관이 있다.[167] 이것은 그 원칙이 국제적 상황에 있어서 전혀 법적인 가치가 없다는 의미가 아니라 국제적인 원칙으로서 더욱 공고해질 필요가 있다는 뜻이다.[168]

가장 중요한 문제는, 지속가능한 개발개념을 더욱 기능적인 규칙과

167) Günther Handl, *op. cit.*, in Winfried Lang(ed.), p.36.

168) Jonas Ebbesson, *Compatibility of International and National Environmental Law*, Kluwer Law International, 1996, p.233.

원칙으로 만들기 위하여 어떻게 국제법을 발전시키는가 하는 것이다. 가장 확실한 답은, 국경을 초월하는 오염을 억제하는 관습적 원칙의 형식에 있어서나 조약체제의 기준으로서 현존하는 국제규칙과 원칙의 일반적인 강화가 지속가능한 개발을 더욱 잘 보장해 줄 수 있을 것이라는 것이다. 국제환경법과 국내환경법이 합치될 수 있어야 한다는 것을 전제로, 일반적인 조건에 있어서 지속가능한 개발과 관련된 조약들에 있어서 장차 더욱 발전되어야만 하는 많은 기준들을 확립할 수 있어야만 한다.

전 세계적 차원에서 지속가능한 개발을 위한 정책에 있어서 깊숙하게 개입된 문제는, 환경보호와 선·후진국 간에 형평을 잃은 국민들의 삶의 질과 관련된 선진국과 후진국 간의 갈등이라고 할 수 있다. 지속가능한 개발은 천연자원의 지속적인 사용을 위한 개선된 개발의 필요성을 결합시키는 것이다.

이러한 현 상황은 국제환경법의 구성에 상당한 영향을 미치게 된다. 후진국이나 개도국에게 있어서는 지속가능한 개발이 더 나은 삶의 수준을 시사하는 반면에, 선진국의 경우는 오히려 천연자원의 사용을 제한하기 위한 필요성을 시사하고 있다. 일단 오염의 통제에 관한 국제규칙이 확립되면, 그 제시된 이론은 당연히 필요한 변경을 가하여 후진국이나 개도국에게도 또한 적용이 가능하다.[169)]

선·후진국 간의 논쟁에 관한 자명한 관점은 지속가능한 개발이 모두를 위한 개발을 암시하는 것인지 아니면 선진국이 후진국을 이용하여 개발할 수 있는 것인가에 따른 의문에 관한 것이다. 이 논쟁에 관한 윤리적 관점은 법적인 결론을 이끌어내는 데 영향을 주게 마련이

---

169) 실질적으로 국제법 규칙을 국내상황에 편입시키는 방법과 그것을 국민들 사이에서 내부화시키는 가능성은 정부와 입법부 그리고 지방적이고 관습적인 법체계의 실행과 같은 한 국가의 중앙제도 사이의 관계에 의존하게 되어 있다.

다. 이와 유사한 사항에 있어서, 인간중심의 접근을 하느냐와 생태계 중심의 접근을 시도하느냐에 따라 법해석의 결과에 차이를 주게 된다. 지속가능한 개발에 관련된 국제조약과 다른 문서들은 전부 인류공동체에 관한 것이다.[170] 지속가능한 개발은 생물리학적이고 생태학적 틀 내에 있는 모두를 위한 개발이 되어야 한다.

2. 持續可能한 開發과 先進國과 開途國의 立場對立

환경보호와 개발을 어떻게 생각할 것인가 하는 문제는 지난 10년간 국제환경법과 정책의 발전에 있어서 계속 문제가 되어 왔다. 그 문제는 1972년 스톡홀름 회의에서 두드러지게 나타났으며, 그 회담에서 선진국이 논하는 환경문제는 후진국들의 관점에선 사치스러운 것이었다. 여기서 후진국들은 빈곤과 기아 등의 문제로 선진국들이 말하는 것보다 자신들은 훨씬 심각하고 시급한 문제에 직면해 있다고 반박했다. 후진국들은 또한 선진국들이 주로 오염배출과 천연자원의 개발을 야기했으므로 이에 대한 적절한 조치를 취할 주된 책임이 있다고 주장했다. 후진국들은 지구환경 관련사항들이 그들의 산업적·사회적 발전을 가로막기 위한 정당화의 수단으로 사용되는 것을 두려워했다. 이러한 여러 가지 고려들이 1972년 스톡홀름 선언에 반영되어 있다.[171]

오늘날, 후진국이나 선진국에서 장기간에 걸친 삶의 수준 개선은 생태

---

170) *Our Common Future*, passim.

171) 스톡홀름 선언 원칙 11: 모든 국가의 환경정책은 개발도상국의 현재 또는 장래의 개발가능성을 향상시켜야 되고 그 가능성에 대해서 악영향을 미쳐서는 안 되며 모든 인간의 보다 나은 생활조건의 달성을 방해해서는 안 된다. 또한 환경상의 조치에 의해 초래되는 국내 및 국제적인 경제적 결과를 조정하는 데 있어 합의를 이루기 위해 각국 및 국제기구는 적당한 조치를 취해야 한다.

학적으로 건전한 틀 내에서 이루어져야 한다는 것은 자명한 이치가 되었다. 여러 가지 관점에서, 후진국이 선진국에 대해서 다양한 환경쇠퇴에 대한 책임을 묻는 것은 당연히 정당하다. 선진국 측과 후진국 측은 본질적으로 다른 두 그룹을 형성하며 환경적으로 유해한 행위들은 각 범주에 있어서 범위와 강도 측면에서 큰 차이를 나타낸다. 하지만, 일반적으로 오존층 파괴물질, 온실효과, 천연자원과 생물자원의 이용과 소비 그리고 여타의 환경적 활동과 관련한 서구 유럽과 북미의 일인당 오염 배출량은 후진국들의 배출량보다 10배에서 수백 배나 높게 나타난다.[172)]

영양실조, 기아 그리고 부적절한 사회적 기준이 거의 일상생활이면서, 외채의 이자가 전체 국민소득의 대부분을 차지하는 채무국에게 장기간이 소요되는 환경보호를 강도 높게 요구하는 일은 비현실적인 기대이다. 그것은 정치적으로도 여러모로 불가능한 일이다. 동시에 후진국의 자원의 소비와 개발의 증가는 최근의 선진국의 개발과 소비 수준에서 비교해 볼 때 지구환경과 천연자원의 질에 극단적인 부담을 수반하고 있는 것이 분명하다. 이러한 것들은 지속가능한 개발이 될 수 없다.[173)]

그러므로 모든 개체가 인류로서 동등한 가치를 갖는다는 것을 지속가능한 개발에 관한 토론을 위한 원칙으로 수용한다면, 거기엔 후진국들을 위한 강력한 도덕적 지지기반이 생기게 된다. 첫째, 선진국들에게는 오염의 배출을 억제하기 위해서 후진국보다 훨씬 엄격한 조치를 취할 것이 요구된다. 둘째, 선진국에게는 후진국이 환경보호의 조치를 취하는 데 있어서 후진국들을 지원할 의무가 있다. 후진국에 의해서 선진국에게 제공되는 이익과 후진국의 천연자원을 선진국이 낮은 비용으로 개발하는 것과 같은 상황들을 고려하면, 그중에서 몇몇 상황에서는 이러한 지원 내지 보조가 후진국에 대한 원조라기보다는 오히려 보상(compensation)으로[174)] 보인다.

---

172) Jonas Ebbesson, *op. cit.*, p.236.

173) *Ibid.*, p.236.

1972년 스톡홀름 회의에서 두드러졌던 선·후진국 간의 갈등은 그동안 오랫동안 계속되어 온 것이다. 그 갈등은 특히 두 가지 의미에서 포괄적인 조약을 체결하는 데 영향을 미치는데, 양쪽 모두 선·후진국의 차별화된 책임의 수용을 나타내고 있다. 그 하나는, 소위 '이중기준'(double standards)의 합의이다. 즉, 선·후진국의 오염통제에 관한 차별적인 본질적 의무라는 것이다. 선·후진국 간의 대화는 더디게 진행되지만, 선진국이 후진국에게 보상해주는 의무와 후진국들의 환경관리에 있어서 그들을 지원하는 것을 수용하는 결과로 증가하고 있다. 1987년 몬트리올 의정서는 개도국의 특별한 사정을 감안하여 개도국에 대해 자금협력 및 기술이전을 포함한 기술협력을 행하는 것을 목적으로 하는 제도를 만들 것을 규정하고 있다.[175] 1992년 기후변화협약과 생물다양성협약에서도 개도국이 협약상의 의무를 이행할 수 있는 여건을 고려하고 있다.[176]

---

174) 전 세계적으로 경제발전을 위한 개발의 역사에서 선·후진국 간의 관계라는 것은 국제적인 제도상으로나 실질적인 부의 축적이라는 관점에서 본다면 다분히 선진국의 논리에 치우치는 경향이 반복되어 왔음을 부정할 수 없다. 그 일련의 과정에서 후진국에 대한 선진국의 태도는 국제평화 내지 국제적 正義의 추구와 실현이라는 전 세계적 열망과는 거리가 먼 것이었다. 이러한 역사적 배경으로 인하여 현 국제사회의 선진국에 대한 후진국의 요구가 충분히 타당성을 가지는 것이며, 그 가운데 표출되는 선·후진국 간의 갈등을 부분적으로 해소하는 방편으로 여러 형태로 보상이 이루어진다고 봐야 할 것이다.

175) 1987년 몬트리올 의정서는 제5조 [개도국의 특별한 사정]에서 부속서 A에 언급된 규제물질 소비량 산정치가 당해 가맹국에 대해 이 의정서가 효력을 발생하는 날 또는 그 후 1999년 1월 1일까지의 한 시점에서 1인당 0.3Kg 미만인 것은 기초적인 국내수요를 채우기 위해 제2조 A로부터 제2조 E에 규정된 규제조치의 실시시기를 10년 지연시킬 수 있다고 규정하고 있고, 개도국으로 하여금 당해 의정서의 요구를 실시할 수 있도록 하기 위해 제10조 [자금공여제도]와 제10조 A [기술이전] 조항을 규정해 놓고 있다.

176) 기후변화협약 제4조 [약속사항] 7항: 개도국의 의무이행정도는 재정지원, 기술이전과 관련된 선진국의 의무이행 정도에 따른다. 또한 개도국의 경

선·후진국의 차별화된 책임에도 불구하고, 1992년 기후변화협약과 동년 생물다양성협약에서 후진국은 환경보호 분야에 있어서 국제적 책임을 벗어나지는 못했다. 이들 영역에 있어서 다양한 활동들 역시 환경에 심각한 영향을 주고 장기간에 걸친 역효과를 수반한다. 예를 들어, 집중적인 산림벌채는 심지어 국경을 넘어서 원인이 밝혀지지 않은 심각한 영향을 줄 수 있는 것이다. 선발 선진국들에 있어서 교통량의 증가와 산업화 또한 아시아와 라틴 아메리카의 넓은 지역에서 심각한 산성화 문제를 발생시켰다. 이들 아시아·라틴 아메리카 국가들 역시 국제 관습법에 있어서 국경을 초월한 환경에 대한 중대한 역효과를 일으키지 않을 의무를 지고 있다.

1) 財源問題에 대한 先進國과 開途國의 立場

지구환경의 악화에 대한 책임에 있어서 개도국은 선진국이 보다 더 많은 책임이 있다고 강조하면서 개도국들은 현재 개도국의 당면과제는 경제개발이므로 개도국자체 내에서 재원지출의 우선순위는 경제개발에 있다고 주장하고 있다. 따라서 개도국에서의 환경보전을 위해서는 지구환경악화에 대한 보다 큰 책임을 지닌 선진국으로부터의 재정적 지원이 필수적임을 강조하고 있다. 이러한 재정적 지원의 주요 메카니즘으로서 양자간 및 다자간 공적 개발원조(Official Development Assistance), 국제재정 및 개발기구의 환경관련 지원의 확대, 지원조건 완화 등 국제적 재

우 경제적·사회적 방전, 빈곤퇴치가 최우선적 목표임을 감안함. 생물다양성협약 제20조 [재정지원] 4항: 개도국이 본 협약의 제반규정을 효과적으로 이행할 수 있는지의 여부는 선진국들이 재정지원 및 기술이전에 관한 본 협약규정의 효과적인 이행여부에 따라 좌우되며 아울러 경제사회개발과 빈곤의 퇴치는 개도국의 최우선적이며 무엇보다 우선한다는 사실을 충분히 고려하여야 한다.

원조달 방안을 중심으로 신규의 추가적인 재정적 지원을 요구하고 있다.

이에 대해 선진국들은 지구환경의 악화에 대한 책임은 어느 정도 인정하고 있으나 지구환경문제를 해소하기 위한 기본적인 대처방안은 환경비용을 내부화하는 것이라고 강조하고 있다. 따라서 개도국에서의 환경보전을 위한 국제적인 재정적 지원도 중요하나 오염감소 동기를 제공하고 환경비용을 내부화[177)](internalization of environmental cost) 할 수 있는 국내적 정책수단의 도입의 중요성을 강조하고 있다. 나아가 추가적인 재원의 조달도 중요하나 기존의 국제적인 재원을 보다 효율적으로 사용함으로써 효과를 극대화하는 방안이 선행되어야 한다는 입장을 유지하고 있다.[178)]

2) 技術移轉에 대한 先進國과 開途國의 立場

기술이전 문제에 대해서 개도국은 지구환경보전 기술의 공공재적 성격과 지구환경악화에 대한 선진국의 보다 큰 책임을 강조하면서 환경적으로 건전한 기술(Environmentally Sound Technologies; 이하 ESTs라 약함)에 대한 개도국의 접근을 보장할 것을 요구하고 있다. 동시에 ESTs에 대한 접근 및 이전의 중요성을 강조하면서 특허만기 및 공공소유 기술의 비상업적 이전의 촉진을 요구하고, 강제 실시권(compulsory licensing) 등을 통해 민간보유의 지구환경기술에 대한 지적소유권의 남용이 억제되어야 한다는 요구를 하고 있다. 이와 함께 개도국의 기술수용, 개발, 평가 및 관리능력의 향상을 위한 재정적·기술적 지원도 요구하고 있다.

---

177) 환경비용의 내부화는 생산비용에 환경비용을 포함하는 개념으로서 이는 생산단계에서 발생되는 오염을 저감할 수 있는 것이다.

178) 외교통상부 국제경제국, 환경외교편람, 1998. 4, p.41.

이에 대하여 선진국들은 ESTs의 보급 및 적용의 중요성과 지구환경 관련 기술의 공공재적 성격에는 공감하면서 기술개발을 위한 誘因을 제공하기 위해서는 기술의 상업적 성격 및 지적소유권이 존중되어야 함을 주장하고 있다. 더불어 기술이전을 위한 상업적 메카니즘 및 민간부문의 역할을 강조하면서 효과적인 기술이전을 위해서는 개발국 내에서의 인적·제도적 기술수용 및 관리능력의 형성이 선행되어야 한다는 입장을 고수하고 있는 실정이다.[179)]

선·후진국 간의 입장은 지구환경문제에 대한 심각성과 이에 대처해야 한다는 필요성에는 어느 정도 일치를 보이고 있으나 실질적으로 문제를 해결하기 위한 접근방식에는 아직 많은 견해차를 보이고 있으며, 그 차이가 자국의 경제적 이익에 집착함으로써 발생하는 것임을 감안하면 향후 협상에서 양측이 얼마나 더 많이 노력해야 하는지를 가늠케 한다.

3. 汚染統制에 관한 法的 效果

1) 環境과 開發에 관한 世界委員會(WCED)

지속가능한 개발개념이 광범위하게 인식된 것은 WCED와 그 1987년 보고서인 '우리 공동의 미래'를 통해서이다. 위원회가 시도한 것은, 한편으로는 지속가능한 사회를 위해 필요한 환경보호의 핵심적인 논의를 통합하는 것이었고 다른 한편으로는 세계 인구의 대부분의 삶의 질을 향상시켜야 하는 필요성을 동등하게 종합하는 것이었다. WCED에 의해 인식된 주된 측면은, 생물리학적·생태학적인 한계에 의해 설정된 틀 내에서 모든 사람과 모든 지역을 개발할 수 있다는 가능성을 암시한다는 것이다. 선진국의 개발은 후진국의 개발 가능성을 배제하지

179) *Ibid.*, p.43. 참조.

않는 방향으로 이루어져야 한다는 것이고, 또한 그 반대도 마찬가지이다. 따라서 지속가능한 개발은 사람들 사이의 財貨의 공정한 분배와 후진국에 있어서 삶의 질을 증가시키는 것은 선진국에 있어서 천연자원의 더욱 엄격한 사용과 밀접하게 관련을 지어야 한다. 위원회는 후진국의 개발은 장기적인 전망에 있어서 생태학적으로 건전해야만 한다는 것을 더욱 강조하고 있다.[180)]

미래세대에 대한 고려는 WCED 보고서가 나오기 전인 1972년 스톡홀름 선언에서 만들어졌다.[181)] 국제환경법은 사후 보상적 접근이 아닌 사전 예방적 조치를 선호한다. 즉, 오염에 관한 대부분의 국제적 제도는 일단 환경피해가 발생하면 그에 대한 법적 결과를 규정하기보다는 각 국가의 행동을 억제한다. 그 외에도 WCED는 선·후진국 간의 갈등에 관련된 논쟁의 분석에 있어서 스톡홀름 회담이 제공한 것보다 더 심오한 분석을 제공했다.

위원회는 본질적인 규칙과 기준의 관점에서 지속가능한 개발개념의 법적인 결론을 제시하는 대신에, 지속가능한 개발에 대해서 "고정된 조화가 아닌, 그보다는 오히려 천연자원의 개발, 투자의 지침, 기술개발의 지도와 제도적인 변화가 현세대가 필요로 하는 것과 마찬가지로 미래에도 합치될 수 있도록 만드는 변화의 과정"으로 보고 있다.[182)]

---

180) WCED 브룬트란트 보고서에 언급된 지속가능한 개발에 관한 두 가지 핵심적인 개념은 "필요"(need)라는 개념과 미래와 현세대의 필요를 충족시키기 위한 환경능력에 관한 기술적·사회적 조직의 상황에 의해 부과되는 한계적인 理想(idea of limitations)이 그것이다.

181) 1972년 스톡홀름선언 원칙 1: 인간은 환경의 창조물임과 동시에 환경의 형성자이다. 환경은 인간의 생존을 지탱하고 지적, 도덕적, 사회적, 정신적인 성장의 기회를 주고 있다. 지구상에서 인류의 고난에 찬 기나긴 진화의 과정에서 인간은 과학기술의 가속적인 진보에 의해 무수한 방법과 전례 없는 규모로 스스로 환경을 변혁할 힘을 얻는 단계에 도달했다. 자연 그대로의 환경과 인간에 의해 만들어진 환경은 모두 인간의 복지, 기본적인 인권 나아가서는 생존권 그 자체의 향유를 위해 기본적으로 중요하다.

2) WCED의 環境法 專門家 그룹

전문가 그룹은 환경보호와 지속가능한 개발에 관한 법적 원칙과 권고를 형성하는 임무를 맡고 있다.[183] 이 그룹은 2000년 전까지 천연자원과 환경피해에 관한 22개의 일반원칙[184]을 채택했다. 이 원칙들은 국제환경법의 중요한 측면에 접근을 시도한다. 가장 중요한 측면은 권고의 전체적인 부분에 걸쳐 언급되는 '위험'(risk)에 대한 강조이다. 하지만, 이 그룹은 지속가능한 개발의 개념이나 국가들에게 제한을 가할 때 그 개념을 어떻게 법적으로 작용하게 할 것인지에 관해서는 거의 진전을 보지 못했다.[185]

원칙들 중에서도, 각 국가들이 그들의 생활터전 내에서 생태계 과정과 최대한의 생물 다양성과 관련된 생태계 체제를 유지할 것을 제안하고 있다. 더 나아가 국가들은 천연자원이나 환경에 있어서 방해를 예방하거나 제거하는 데 초점이 맞춰진 특정한 환경기준을 설립할 것을 요구했다. 하지만, 이들 기준의 내용과 엄격함과 관련해서 더 이상의 기준이나 범위는 제공되지 않았다. 물론 일반적인 규정들이 모든 국가와 모든 경우에 다 적용되는 것은 불가능하다. 아직까지는, 그 원칙들은 국가들이 그들의 환경법이나 정책을 구상하는 데 있어서 분명한 결정수단을 제공할 것을 제안하고 있다.

계획된 행위를 위한 영향평가의 일반적인 요구의 제안은 필수적이

---

182) Jonas Ebbesson, op. cit., pp.238-239.; 위원회는 동시에 지속가능한 개발을 겨냥한 필수적인 환경정책적 요소들도 밝혀두고 있는데, 그것은 의사결정에 있어서 효율적인 시민의 참여를 보장하는 정치적 체제, 개발을 위한 생태학적 근간을 보존할 의무의 존중하는 생산체제, 무역과 재정의 지속가능한 패턴을 강화하는 국제적 체제 그리고 융통성 있고 self-correction 능력을 가진 행정체제 등이 그것들이다.

183) 이들의 보고는 WCED 보고서에 부록으로 첨부되었으나 위원회에 의해 자세하게 검토되거나 고려되지 않았다. Jonas Ebbesson, *op. cit.*, p.239.

184) 부록 Ⅲ 참조.

185) Jonas Ebbesson, op. cit., p.239.

며, 이것은 지속가능한 개발정책에 있어서 핵심적인 구성요소이다. 이 그룹은 또한 다양한 협력을 요하는 의무뿐만이 아니라 非差別, 국경을 초월하는 천연자원의 공평한 사용과 국경을 초월하는 피해의 정도와 관련된 원칙들도 제안하고 있다. 제안된 모든 원칙들이 국제환경법의 핵심적인 부분과 관련되어 있으나, 그다지 혁신적인 것들은 아니다.[186] 전문가 그룹도 분명히 밝혔듯이, 원칙의 대부분은 이미 다양한 기존의 국제적인 문서에서 보여지고 있다. 이 원칙들은 지속가능한 개발의 새로운 규칙과 원칙들의 기준을 제시하기보다는 광범위한 문제의 영역에 따라 국제 관습법으로 여겨지는 것들을 반영하고 있다.[187]

본질적인 국제적 의무와 관련해서는 국제법과 국내법 수단 사이의 합치성을 평가하기 위한 분명한 몇 가지 원칙만을 제공하고 있을 뿐이다. 국가들은, 기준을 어떻게 정할 것인지, 미래세대를 위한 보존을 어떻게 보장할 것인지 그리고 생태계와 생물다양성을 어떻게 유지할 것인지에 대한 충분한 결정권을 보유하고 있다. 보편적이고 일반적인 원칙들만으로는 이행에 부합하는 수단을 형성하는 데 따른 엄격한 기준의 제공을 기대하기는 어렵다.

3) 法原則으로의 發展

지속가능한 개발의 개념은 1992년 리우선언이나 의제 21에서 뿐만 아니라 1980년대 후반의 많은 환경 다자간 조약에서도 언급되었고, 그 과정을 거쳐서 현재의 견해에 이르고 있다. 전문용어로서 시사하듯이, 서로 다른 개념들은 다른 분야와 관련된 경우에, 환경보호에 관한 강조는 서로 상이한 부분을 강조하고 있음을 알 수 있다. 이것은 환경보호를 위한 기준으로서의 개념에 법적인 영향을 미치게 된다.[188]

---

186) *Ibid.*, p.240.

187) *Ibid.*

지속가능한 개발을 논의함에 있어서 그 개념이 관련된 다른 분야에 얼마만큼 기여를 할 수 있는지 그리고 해당 분야는 그 개념을 어느 정도까지 수용해야 하는지가 계속적으로 문제가 된다. 그러나 어떤 분야가 되든지 지속가능한 개발이라는 개념에 대한 이해는 아래 두 가지 부분에서는 확실해야 한다. 첫째, 모두를 위한 개발이어야 한다. 둘째, 지속가능성에 대한 강조, 경제적 상황에 대한 고려는 생태학적인 고려에 종속되어야만 한다. 장기적으로는 생물학적인 한계가 그 기준을 설정하게 될 것이다.

국제법에 있어서 지속가능한 개발의 원칙은 다른 분야에 있어서도 국가들의 행동에 영향을 줄 수 있고 관여할 수도 있다. 한 가지 가능한 것은 개별적인 사안에 직접적으로 적용을 할 수 있다는 것이다. 특정 활동이나 국가정책이 합법적인지 아닌지에 대한 법적인 지침을 제공한다는 것이다. 심지어 이러한 의미에서 그 원칙이 완전히 독립된 개념을 형성하지 않으면 그 개념은 적용을 강화하기 위해서 다른 규칙이나 원칙들의 해석에 영향을 미칠 수도 있다.

이 원칙은, 어떤 국가가 새로운 조약에 가입함으로써나, 새로운 환경입법이나 정책을 채택함으로써, 또는 조약의 일반적인 의무를 특정화할 때 정부간기구에 의해서 새로운 법규칙과 더욱 분명한 원칙의 개발을 위한 자극을 줄 수도 있다. 그 원칙은 또한 '구조적인 원칙'으로서의 기능도 할 수 있는데, 이러한 기능은 현존하는 다른 법원칙,[189] 법률문서 그리고 개념의 저변에 항상 존재하고 있는 것이다.

지속가능한 개발의 개념은 국제법과 다수 국가들의 법에 있어서 일

---

188) 기후변화협약 제2조에서는 "stabilization", 생물다양성협약 前文과 제22, 23장, 그리고 제1조에서는 "sustainable use", 발틱협정(1992) 前文, 제4장, 제3조 1항에서는 "ecological balance" 그리고 North-East대서양 협정(1992) 前文, 제3장에서는 "sustainable management"라는 용어를 각기 사용하고 있다.

189) 사전주의원칙이나 환경영향 평가 등을 그 예로 들 수 있다.

반적으로 인식된 목표를 형성한다. 그것은 환경적인 사고와 정책의 방향을 설정하는데, 이것들은 가장 중요한 목표로서의 법적 관련성을 가진다. 하지만 국제법상 하나의 원칙으로서 그것은 국내법의 내용에 있어서 미약한 지침을 제공할 뿐이다. 당연히 지속가능한 개발이라는 개념은 다수 국가들의 입법행위에 있어서 명시적으로 편입되는 것이다.

4. 機能的인 基準으로의 變換

1) 核心的인 構成要素

첫 번째 핵심적인 요소는 환경적인 質의 개념이다. 조약상의 의무라는 것은 환경적인 효과 또는 質의 유지에 더욱 폭넓게 연결되어야만 한다. 두 번째 요소는 사전주의원칙의 근본적인 이유에 관련된다. 기준을 설정하고 개별적인 행위들을 평가할 때 위험에 대한 충분한 고려가 있어야 한다는 것이다. 세 번째 요소는 인간활동의 결과를 예측해야 하는 필요성과 관련된 것이다. 입법작용이나 법의 적용에 있어서 환경영향 평가와 같은 종류를 말한다.

2) 環境의 質

(1) 未來世代를 위한 質의 定義

어떤 의미에 있어서 미래세대에 대한 의무는 그들에게 그들의 삶을 설계하기 위한 가능성과 기회를 주는 사회적 상황과 양질의 환경을 현세대인 우리가 제공한다는 것을 의미한다.[190] 그러나 환경의 질에 대해서 정의할 때 그러한 이상은 같은 세대 내에서도 큰 차이를 나타낸다. 지속가능한 개발은 인류의 특정 부류나 지구상의 특정 지역에 한정되어 있는 것이 아니다.[191] 미래세대를 위한 우리의 의무는 비단 자원을 누가 사용하느냐에 국한되는 것이 아니라, 그 자원을 어떻게 사용하느냐 하는 것이다.[192]

현대의 수많은 선진국들은 19세기 말 또는 20세기 초에 발생한 심각한 오염으로 인해 고통을 받고 있다. 우리는 환경의 質이 악화된 이러한 상황에 적응하기 어려운 것이 사실이다. 그렇다면 미래의 세대도 당연히 살아가기 어려울 것이다. 그들은 이러한 악화된 환경의 질을 야기한 적도 없이 그 상황을 인내하고 살 수밖에 없을 것이다. 이러한 의미에서 현세대인 우리가 그들의 삶의 질을 결정할 수도 있는 것이다.

많은 관점에서 우리는 현세대와 미래세대가 기본적인 환경의 가치에 관해서 유사한 생각을 가지고 있을 것이라고 가정할 수 있다. 미래세대가 중금속이 포함되지 않은 물과 공기, 오염되지 않은 음식을 더 선호할 것이라는 가정은 전혀 터무니없는 생각이 아닐 것이다. 한 세대의 서로 다른 주제의 가치들이 충돌하는 경우 또한 있을 수 있다. 이것은 자원의 보존과 생물다양성의 보존 양쪽 모두에 적용된다.

조약을 통해서 어떻게 국제적으로 환경의 질을 보존하고 이행할 수 있는가 하는 질문이 남게 된다. 다른 국가들의 수단과 조화를 이루고, 합의된 환경상태를 유지하는 데 도움이 될 수 있는 각 국의 국내적 수단을 위한 법의 토대를 어떻게 정의하느냐 하는 것이다. 만약 우리가 미래세대에 대한 환경의 질을 보존하려고 한다면, 그 환경의 質의 변

---

190) Edith B. Weiss, *In Fairness to Futire Generations: International Law, Common Patrimony and Intergenerational Equity*(UN Univ. Press, 1989), "Our Obligations to Future Generations for the Environment", *A.J.I.L.* vol. 84(1990), *passim.*

191) Jonas Ebbesson, *op. cit.*, p.247.

192) *Ibid.*

수들이 목적으로서나 본질적인 의무로서 국제법에 명시적으로 반영되어야만 한다.

(2) 相對的 · 絶對的 概念

환경의 質의 상대적인 의미는 대부분의 환경조약에 있어서 실제적으로 표현되거나 암시되어 있다. 이러한 것들은 환경의 질을 개선하는데 초점이 맞춰져 있다. 이것은 환경조약의 일반적인 논리적 근거이며, 심지어 그 의무들은 신의성실의 조건으로서 느슨하게 정의되어 있다.

환경의 質에 대한 절대적인 정의는, 애초에 의도된 환경의 質이 단순히 조약에 서명할 당시의 質에 관련된 것은 아님을 의미한다. 그것은 이전의 상태보다 더 나은 것으로 정의되는 것이 아니라 수치상으로나 또는 생태학적인 척도에 있어서 특정된 가치로서 정의되는 것이다. 비록 생태학적인 회복이 환경이익에 대한 상대적인 변화를 암시한다 하더라도, 앞에서 언급한 환경은 생태계의 균형이나 회복에 있어서 무엇이 달성되어야 하는가를 정의하는 의미에 있어서는 절대적인 것이다.[193] 의무라는 것은, 이처럼 법적인 관련 척도로써 인간행위의 환경적 영향과 관련이 되어 있는 것이다.

5. 持續可能한 開發과 國際 및 國內環境法의 合致性

지속가능한 개발의 개념은 국제법적인 면에서나 국내법적인 면에서 배제될 수 없는 개념이다. 국제법에 있어서 지속가능한 개발원칙을 적용하고 강제하는 것은 여전히 어려운 일이다. 지속가능한 개발의 개념

193) *Ibid.*, p.252.

은 미래세대를 위해서 뭔가를 보존해야 할 것이 있다는 것을 암시한다. 이러한 문제들이 장기적으로 반영되지 않고, 상이한 요소, 매개체, 천연자원의 개발 등을 위한 국제법에서 정의되지 않으면, 규칙이나 정책을 만드는 일은 암흑 속을 헤매는 일과 같다. 국제적인 의무가 규범의 균형과 목표 지향적인 규범에 의해 결정되기 때문에, 일반적으로 고정된 규범에 의해 정의된 의무보다 더 많은 결정권을 제공하며, 그 결정권은 서로 다른 형태를 가진다.

각국은 통제의 수단을 선택하기 위한 상당한 결정권의 수단을 여전히 향유하고 있으며, 중요한 문제는, 한계를 넘어선 위반의 경우는 문제가 되는 국가에 법적 결과와 국제책임을 반드시 수반하게 된다는 것이다. 국내 차원에 있어서는, 침해가 발생한 유동적 기준의 법적 결과는 더 이상의 오염을 방지하기 위해 개별 오염자에 직접적으로 적용될 수 있고 또는 지방적·지역적 이행계획의 요구에 의해 간접적으로도 적용될 수 있다.

지속가능한 개발의 원칙은, 또한 국가의 정책이 실시되고 허가가 문제가 되었을 때 그 국가들로 하여금 사전주의적 접근을 채택하도록 요구한다. 이것은, 이러한 행위들, 정책들 그리고 선택적 사항들의 평가를 포함하며, 그것들 중 각각의 요소는 계속적으로 '사후감시체제'(post-monitoring)에 따르게 된다.

국제환경법과 국내환경법의 통합은 국내법적인 차원에 있어서 국제적 규범의 적용에 관계될 뿐만 아니라 환경문제의 국제적 측면의 이해에도 관계된다. 하지만, 만약 국제법이 다양한 환경이익을 보호하기에 충분히 엄격하지 않으면, 최소한의 해석에 따른 합치 가능한 국내법 체계는 그다지 도움이 되지 못한다. 즉, 환경이익에 대한 보호가 불충분하다는 것이다. 만약 국내법의 규칙과 원칙이 지속가능한 개발을 위해 기여하지 못하면, 국내법 체계도 단지 국제법의 최소 기준에 합치될 수밖에 없다. 그렇다 하더라도 국제법의 기준에 겨우 합치되는 수준의 수단을 취하는 것이 정당화 될 수는 없다.

국제적 차원의 원칙들은 국가행위의 평가를 위한 기준과 척도의 실체를 밝혀냄으로써 국제환경법과 국제 환경관리에 있어서 더 많은 것을 달성할 수 있는 여지가 있다. 행동지침에 대해 국제적으로 채택된 규칙들과 개별적인 법적 상황을 연결시킴으로써 이러한 평가를 위한 이론적 틀을 장기적으로 발전시켜야 할 필요성이 또한 존재한다.

第2節 國際的 持續性의 維持

1. 持續可能性 履行의 困難性

국내 수준에서 이러한 원칙들을 소개하고 수행하는 것의 어려움이 무시되어서는 안 된다. 많은 개도국에서 특정의 개발 행위를 중지시킴으로써, 국민들의 기본적 필요를 충족하는 국가의 능력을 직접으로 위협하는 것으로 나타나는 법률 규정들을 거부하는 이해할 만한 일이 있다. 사실, 저소득국가들은 그 자신들이 깨끗해질 수 있기 전에 급격한 산업개발로 더러워질 수밖에 없다는 주장이 종종 있어왔다.

한 분석가는 그런 급격한 산업개발의 시간의 크기는 약 20년이며, 그 기간동안 국가는 그 자신의 경제를 환경적 관심도 소개할 수 있을 정도로 충분히 개발시킬 수 있으리라고 주장한다. 이러한 주장들은 Brundtland보고서와 같은 주요 문서들의 명령들과, 리우지구회의를 통해 선진국과 개도국 양자에서 채택된 많은 적극적인 계획들과 정책들을 무시하는 경향이 있다. 급격하고 오염된 산업개발에 대한 변호는 사실 급격한 산업국가의 수많은 국민들을 그 국가의 경제적 부와 종종 단지 더 많은 이익만을 위해 인간 건강과 생존에 대한 영향에 따르는 수많은 기간의 환경적 가난과 환경기능의 저하에 대해 비난한다. 이런 종류의 처방이 가지는 문제점은 많은 국가에서, 경제적 해탈상태가 도달하면서, 많은 자연자원들과 국가의 문화적 원 상태가 심각하게 훼손되었을 것이라는 점이다. 정치적 환경들에 의지해서, 심지어 인구의 더 많은 비율이 생존의 더 큰 기회를 가지더라도 빈부격차가 그대로 이거나 더 커질 가능성이 또한 있다. 이것은 지속가능성 전략과 기구적 강화를 포함한 광범위한 조치를 통해 효과적인 변화를 위해 정부들과 긴밀히 활동하는, UNEP나 세계보전연합(World Conservation Union)과 같은 많은 단체들의 노력을 무시하고 또한 위협한다.

부유한 나라들에서는 경제적 후퇴가 이러한 생각들에 대한 정치적 거부의 이유로서 맨 앞에 위치한다. '우리가 감당할 수 있을 때 우리는 지속가능하게 될 것이다'라는 주장은 그러나 새롭게 등장하는 세대 내·세대 간 형평의 개념에 비추어 볼 때 전혀 옳지 않다. 만약 부유한 국가들이 이제 효과적인 근본적 예들을 그들 사회로 변경시키기 위해 혁신적인 기구적, 법적, 경제적 전략들에 의해 길을 인도하지 않는다면, 지속가능성은 회피할 수 없는 결과로서 도달하기 어려운 목표로 계속 남게 될 것이다.[194]

2. 地球的, 地域的, 國內的 水準에서의 持續可能性의 機構化

1) Agenda 21의 環境과 開發의 統合

의제 21의 제8장은 정책결정시 환경과 개발의 통합의 실용성과 관련되어 있다.[195] 국내수준에서의 지속가능한 개발을 위한 전략의 수행측

194) Ben Boer, *op. cit.*, p.117-118.

면에서, 특히 환경관련 법과 정치의 사용과 관련하여, 이것은 이 의제에서 가장 중요한 부분 중의 하나이다. 의제 21 제8장은 환경과 개발이 경제적, 정치적 정책결정의 중심에 놓여있다면 모든 수준에서 정부들의 일에 근본적인 변화가 요구된다고 지적한다. 이 장은 국가들에게 다음을 요구한다.

• 환경과 개발을 정치, 계획, 경영의 단계에 통합시킬 것. 이는 정책결정과정에 모든 관련된 사적 단체와 기관들의 개입을 보장하고 기구적 구조를 강화함으로, 환경과 개발이슈의 점진적 수행을 보장하기 위한 경제적, 환경적 정책의 재검토를 뜻하며, 그러한 통합은 국내적 지속가능하다 개발 전략과 행동계획들의 개발을 통해 훌륭히 달성될 수 있다.

• 효과적인 법적·규제적 토대의 제공.[196] 이것은 지속가능하다 개발을 증진하는 법들을 소개하고 그 법들이 효과적이 되도록 만드는 것을 보장하는 것에 관계된다. 8장은 계획들은 공중의 인식의 증진과 지침의 준비 그리고 환경법들을 입안하고, 수행하고, 감시하고 강제할 공공기관은 위한 특별한 훈련 등을 포함할 수 있다고 제안한다. 이는 또한 그 법들이 적절한 치료책의 의미에서만이 아니라 법률구조에 대한 시민의 접근의 의미에서 강제될 수 있도록 보장하기 위해 사법적, 행정적 절차를 확립하는 것을 포함한다. 즉, 공공이익의 환경적 소송이 북돋아진다. 지속가능한 개발에 관한 법률들과의 일치를 극대화하기 위한 전략들이 개발되는 가운데 환경법과 일치하고 강제와 관련된 효과적인 국내검토기구의 개발이 또한 요구된다.

• 경제적 장치들과 시장 그리고 다른 유인들의 효과적 사용의 증진.[197] 이는 지속가능성의 증진을 위해 경제정책의 재교육과 경제적,

195) 의제 21의 제8장은 (a) 정책, 계획 및 집행단계에서 환경과 개발의 통합, (b) 효과적인 법규체제의 마련, (c) 경제적 수단, 시장 메커니즘 및 기타 인센티브의 효과적 사용, (d) 환경과 경제의 통합회계 수립 등의 분야로 구성되어 있다.

196) 의제 21 제8장 13절.

규제적 그리고 자발적 또는 자율 규제적 접근방식들의 효과적인 조합의 수립에 관계된다. 이러한 접근들은 효과적인 환경법률들의 입안을 통해 조성될 수 있다.

• 통합된 환경적, 경제적 고려를 위한 체계를 확립하는 일.[198] 이는 전통적인 국내적 고려에 포함되지 않는 사회의 모든 요소들과 활동들의 기여분이 포함되도록 공통의 체계를 개발하는 것에 관계된다. 이 장은 따라서 모든 국가들에서 통합된 환경적, 경제적 고려의 국내적 체계의 개발을 위한 계획을 제안한다.

2) 持續可能性 法律의 開發

브룬트란트 보고서로 알려진 우리 공동의 미래(Our Common Future), Caring for the Earth 그리고 의제 21과 같은 공식문서들은 자원사용의 지속가능성과 환경보전의 달성을 위한 열쇠는 지속가능한 개발개념 내에서 구체화된 환경보호와 경제적 의사결정의 통합을 통해서 이루어진다는 것을 분명히 하고 있다. 지속가능성의 성취는 정부, 사회, 산업의 광범위한 동기가 연관되는 복잡한 과업이다. 이 동기들이 지구적으로, 대륙적으로, 국가적으로, 지방적으로 소개될 필요성이 있다. 장기의 경제적, 환경적 생존능력완성을 위해서, 몇몇 기구적, 법적 변화들을 만들 필요가 있다. 이 변화들은 현세대를 위한 통합된 체계들과 경제적, 환경적 정책의 수행의 소개, 그리고 정책들이 지속적이고 강제 가능한 법률구조 내에서 수행될 수 있도록 보장하기 위한 법률의 입법을 포함한다.[199] 지속가능한 개발법, 또는 지속가능성 법은 Brundtland 보

---

197) 의제 21 제8장 32절.

198) 의제 21 제8장 41절.

199) Ben Boer, *op. cit.*, p.119.

고서와 1991년 지구 정상회의에서 제안된 협약과 다른 문서들 상에서 기초된 지속가능한 개발의 원칙들을 흡수하도록 특별히 마련된 환경법률을 일컫는다. Agenda 21은 지속가능성 법률이 전 세계적으로 일반화될 필요성을 인정한다.[200)]

3) 環境과 開發에 관한 IUCN 協約 草案

지난 5년 동안, 세계보전연합의 환경법 위원회는 환경과 개발에 관한 국제협약을 발전시켜 왔다. 그 협약의 최종초안이 1995년에 UN에 제출될 것이 의도되었었다.[201)] 이 협약은 많은 soft law 문서상에서 발견되는 존재하는 원칙들과 출현하는 규칙들을, 1982년 UN에 의해 지지된 세계자연헌장, 1992년 Rio선언과 1972년 스톡홀름선언 등과 같이 입법화하기를 시도한다. 서문은 지속가능한 개발을 위한 세계적 동반

---

200) 의제 21 제8장의 정책수단 분야에서 다음과 같이 언급하고 있다: a) 법규제의 유효성 증대: 발효 중인 법규와 관련제도 및 행정기구를 각국 정부는 자격 있는 국제기구의 조력을 받아 정기적으로 평가하며 유효성 증대에 주력. b) 사법, 행정절차의 수립. c) 법률자문 서비스의 제공. d) 지속가능 개발법률제정능력 향상을 위한 협조적 훈련 네트워크 수립.

201) 이 협약의 가장 최근 초안의 서두에는 다음과 같이 기록되었다. 1972년 스톡홀름에서의 인간환경협약 이후 국제환경법이 빠른 속도로 발전해오는 동안, 이것은 관습국제법에 더하여, 일련의 조약들, 몇몇은 전 세계적이고 몇몇은 지역적으로 남았다. 지구의 환경은 분할할 수 없다는 제안은 통합되고 일치된 접근방식을 요구한다. 이러한 접근은 1992년 6월 리우데자네이루에서의 UN환경・개발협약에서 최근에 인식되고 강조된 환경과 지속가능한 개발 간의 친밀한 관계에 의해 강화된다. 이러한 이론을 지지하는 원칙들을 강화하고 국가행동을 이끄는 쪽으로 맞춰진 기구는 항상 적격이다. 그 협약은 이런 기구의 존재를 추구한다. *Commission on Environmental Law in Cooperation with International Council of Environmental Law*, IUCN-The World Conservation Union, December, 1993.

의식을 요구하며, 현 초안의 제1조는 이 협약의 목적이 '자연 속에서 건강하고 풍성한 삶을 영위하기 위해 인류에 필요한 환경의 보전과 지속가능한 개발을 달성하기 위해 통합된 의무들을 확립하는 것'이라고 밝힌다. 현 문헌에서, 협약의 가장 중요한 부분은 그중에서도, 국가를 구속하는 제12조이다. 즉 국가가 가난의 근절, 경제·사회·문화적 수준의 전반적 향상, 생물학적 다양성의 보전, 그리고 필수적인 생태계의 진행과정들과 생명지지체계의 유지를 목표로 하는 지속가능하다 개발 정책들을 수행해야 한다는 것이다. 제12조는 또한 환경의 보전은 환경적·경제적·사회 문화적 요소들에 대한 충분한 고려를 함으로서 목적으로서, 동시에 활동들의 계획과 이행의 본질적 부분으로서 다루어질 것을 요구한다.[202]

이 협약은 국내수준에 지속가능성을 소개하는 세계적 노력 속에서 지속적으로 중요할 잠재력을 갖고 있다. 지속가능하다 개발위원회의 소개와 지구환경기관의 수행과 결합하여, 지속가능하다 삶의 길을 향한 국제사회의 노력은 상당히 강화될 것이다.

4) 國內水準에서의 持續可能性法의 最小限의 費用

향후 몇 년간, 많은 국가들에 의해 Agenda 21의 의무와 UNCED회의에서 합의된 다양한 지침들을 수행하기 위한 적절한 환경법안들의

---

202) 제12조는 이러한 목적을 위해서 다음을 언급한다.
- a. 국가들은 경제·환경·개발적 정책과 계획들에 대해 정식의 국내적 검토를 해야 한다.
- b. 효과적인 규제적·행정적 구조를 제공해야 한다.
- c. 정책결정의 모든 영역에서 환경과 개발논점들의 충분한 통합을 이루기 위해 국내 절차들을 확립하고 기구의 구조들을 강화해야 한다.
- d. 환경적 정책결정의 모든 단계에의 개입을 용이하게 만드는 개인, 집단과 조직, 토착 민족 그리고 지역 공동체들의 장치들을 개발하고 증진해야 한다.

입법에 대한 집중이 늘어날 것이다. 만약 IUCN 국제 환경과 개발에 관한 협약이 발효된다면, 이는 각 국가들이 자신들의 환경입법과 정책의 적절성을 면밀히 검토하도록 더욱 강제하는 계기가 될 것이다.[203)]

이 법들을 강제하기 위해서, Caring for the Earth는 제재조치들은 불복종을 방지하기에 충분할 정도로 엄해야 하고, 의무체계는 경제적 · 생태학적 그리고 무형의 손실들을 규정해야 한다고 언급했다. 파괴된 생태계는 가능한 곳에서 회복돼야 한다는 조건이 또한 포함되었다. 나아가, 위험한 내용들과 관련되는 사건들에 대한 엄격한 책임의 부과와 보험 또는 다른 재정적 제공이 만들어져야 한다는 조건이 또한 포함되었다. 특히, 이 법의 최소한의 내용은 이 법들의 강제를 지지하고 환경침해에 대한 구제책을 찾기 위해, 시민들이 법원에 나아갈 수 있도록 규정할 필요를 포함한다. Caring for the Earth는 환경법의 수행과 강제의 책임이 있는 정부기관들은 그들의 행동에 대해 책임을 지도록 만들어야 한다고 말한다. 이러한 목록들에 감독자와 관리자들이 완전히 제한된 예외와 함께, 그들 기관의 모든 활동들에 대해 법적 책임이 있도록 하는 조건이 부가될 수 있다. 많은 나라에서, 이러한 요건들의 많은 부분이 비록 그 법이 내용과 수행과 강제의 면에서 매우 다

---

203) 환경법상 '지속가능성 법'의 최소한의 내용은 Caring for the Earth에서 언급되어진다.

국내 법률체계는 다음을 제공해야 한다.

- 오염예방을 위한 기준들이 만들어질 때, 예방의 원칙의 적용과 가장 유용한 기술의 사용.
- 적절한 조세, 임금 그리고 기타 제도들에 근거한 경제적 유인들과 비유인들의 사용.
- 모든 제안되는 새로운 개발들과 정책들이 환경적 영향평가에 따르도록 하는 요구.
- 기업들과 정부 부서들과 기관들이 정기적인 환경감사를 받도록 하는 요구.
- 필요한 곳에 규칙의 적용과 위반의 탐지를 허용하는 효과적인 감시.
- EIA(환경영향평가), 환경적 감사통계 그리고 감시결과와 위험한 실질의 생산, 사용, 제기에 대한 정보에 대한 공중의 접근의 보장.

른 점들이 있기는 하지만, 입법규정에 의해 이루어져 왔다. 광범위한 변화가 일치하는 구조 속에서 입법과 행정적 정책에 명백히 소개될 필요가 있다.

3. 持續可能性戰略

1) IUCN의 役割

IUCN은 국제 환경정책과 법의 발전에 중요하고도 영향력을 미치는 역할을 수행해왔다. 지난 10년 동안 지구의 지속가능성을 위한 전략을 개발하기 위한 광범위한 노력에 관여해 왔다. Caring for the Earth에서, IUCN은 지속가능한 사회의 성취를 위한 일련의 원칙들을 설명하고 있다.[204)]

---

204) 이 원칙들의 핵심사항은 다음과 같다.

- 생명공동체의 존중과 보호.
- 인간 삶의 질의 증진.
- 지구의 생명력과 다양성의 보전.
- 재생 불가능한 자원감소의 최소화.
- 지구의 수행능력 내에서의 유지.
- 개인적 태도와 습관들의 변화.
- 공동체가 스스로의 환경을 돌볼 수 있게 하는 것.
- 국내 체계에 환경과 보전의 통합을 부여하는 것.
- 지구적 동맹의 창조.

이러한 원칙들에 근거하여, Caring for the Earth는 지속가능성을 위한 새로운 전략들이 개발되어야 한다고 주장하고 있는데, 그 내용은 "이제는 이런 원칙들 주변에 지속가능한 삶을 위한 실제적 전략들을 세우는 것이 필요하다. 정부들은 지속가능성명령에 비추어서, 자신들의 국내발전계획과 보전 전략들을 검토하고 일치시켜야 한다. 그들은 직접적으로 또 국제 조직들 내에서, 지속가능성이 지구적 수준에서 달성되도록 보장하기 위해 협력해야 한다"는 것이다.

몇몇 국가에서, 이러한 전략들은 국가적, 지방적, 지역적 수준에서 발전되어져 왔다. 이러한 많은 전략들이 IUCN에 의해서 많은 국가들과 지역에서 그의 전략 사무소와 지역사무소를 통해, 뿐만 아니라 IUCN사무관과 환경전략과 계획을 위한 IUCN위원회를 통해 지지되고 선동되어져 왔다. IUCN은 지속가능성전략의 지역적 검토에 대한 두 권의 서적을 발간했다. 첫째는 방글라데시, 말레이시아, 네팔, 파키스탄, 필리핀과 스리랑카가 포함된 남아시아와 동아시아에서의 전략들의 진보를 다루었다. 둘째 권은 에티오피아, 기니, 케냐, 나이지리아, 탄자니아, 우간다, 잠비아와 짐바브웨 등이 포함되는 아프리카에서의 전략들에 대한 검토를 담고 있다.

IUCN은 이러한 전략들을 다음과 같이 묘사한다.

지속가능성을 위한 국가전략은, 균형 잡히고 통합된 방식으로 경제적, 생태학적, 사회적 목표들을 달성하기 위한 국내 계획과 활동들의 참여적이고 주기적인 과정이다. 국가적으로 지속가능한 개발전략(NSDS)은 이들 세 가지 목적을 다 이루는 것을 목표로 한다. 지속가능성을 위한 다른 전략들은 이들 중 하나 또는 둘을 강조한다. 대부분의 경우에 그 과정은 정책과 활동계획들에 대한 정의, 그들의 수행, 감시와 일반적 검토들을 포함한다. 전략들의 준비는 동일한 형태를 따른다.

전략준비를 위한 첫 번째 단계는 다음과 같은 경향을 포함한다.

1. 생물학적, 사회경제적, 기구적, 법적 측면을 포함한 요소 간 분석을 통한 특정 국가나 지역의 환경적 상황의 판단

2. 전략의 목표들이 정해져야 함

3. 다각도의 전략개발, 문제의 분석과 체계를 위한 방법론에 근거한

Ben Boer, *op. cit.*, p.122.

사회, 참가와 대화 속에서의 주요 참가자와 책임자들에 대한 훈련과 정부의 기구들을 확립하는 기본적 수행능력의 진행과정

기본 조사가 이루어진 후, 가장 급박한 문제를 밝히기 위해 우선순위가 매겨진다. 준비는 수행 가능한 것부터 이루어져야 한다는 것이 일반적으로 인식되고 있다. 이것은 국내 또는 지역수준에서 개발과 수행을 위한 정치적 지지의 단계뿐만 아니라 전략의 수행에도 유용한 기구의 수행능력에 의존한다. 또한 전략의 촉진에 대한 정부내부와 외부에서의 국민들에 대한 명령이 중요하다. 전략문서의 준비가 중요하지만, 상당한 IUCN의 경험은 전략이 성취하기를 의도하는 결과들과 행동들에 대한 주요 강조가 있어야 한다는 것이다.[205)]

2) 政府政策에 대한 持續可能性 戰略의 統合

지속가능성전략이 효과적이기 위해선, 관련 부서의 정부관료들, 제조와 자원사용에 관련된 사적 집단의 이해, 그리고 관련 비정부간기구의 대표들을 포함하는, 광범위한 범위의 당사자들에 의해 개발되어질 필요가 있다. 전략 수행자는 또한 정부 모든 단계에 접근하고, 사적 집단과 NGOs들과 좋은 접촉을 할 필요가 있다. 전략과정은 따라서 특히 개발과 계획단계에 관련하여 정부의 광범위한 진행과정에 통합되어야 한다. 또한 그러한 전략들의 이점은 무엇인지에 대한 실제적 안목이 있어야 한다. 다른 말로 하면, 정부, 사적 집단, 그리고 NGOs의 모든 단계에 의한 전략의 국제화는 그 전략의 종국적 효과를 위해 매우 중

205) 전략문서는 진행과정의 중요부분이며, 전략의 공동표현과 전략을 위한 일치하고 명백한 계획의 제공을 위해 필수적이다. 단지 매개물 즉, 수단이 목적이다. 문서에 대한 지나친 강조는 지나치게 적은 수행을 위해 지나치게 많은 준비를 만들 수 있게 한다.

요한 측면이라는 것이다. 게다가, 전략의 일반화와 수행에 관련된 사람들에 대한 특별한 기술적 훈련뿐 아니라 공동체 전체에 대한 환경교육을 포함한 수행확립과정을 전략에 포함시키는 것이 중요하다. 전략이 이루어질 시간계획도 관련된다. 정부는 바뀔 수 있기 때문에, 정부와 비정부의 정치적 부분의 대표들에 의해 전략이 개발되고 받아들여지는 것도 중요하다. 책임성이 행정적, 정치적 변동가능성을 최소화하기 위해 관련된 범위의 정부 부서에 지워져야 한다.

실질적으로, 지속가능성전략은 모든 개발계획과 자원배치과정에 그리고 사회가 기능하는 방식 속에 내면화되어야 한다.

3) 持續可能性戰略에 대한 大衆參與의 重要性

환경과 개발에 관한 리우선언과 의제 21은 모든 관련 단체와 개인들을 환경목표를 달성하기 위해 개입시키는 것인 필수적으로 중요하다는데 동의하고 있다. 인간권리와 지속가능성에 대한 논의의 내용에서, 이것은 특히 중요한 요소이다.

이 참여의 본질은 단순한 '상담'의 하나가 아니라, 정보의 순수한 교환이며 정책결정과정에서의 역할이다. 이것은 장기적인 위임을 시사하는 동반자 정신의 형성으로 보인다.

지속가능성전략의 개발을 위한 국내정책개발에 필요한 최소한의 참여는 모든 정부기관들과 그 법적 체께의 효과적인 개입, 즉 다양한 수준의 정부, 비정부간기구, 사적 요소와 관련된 공동체들의 개입이다.

4. 持續可能性의 法的 遂行

지속가능성의 적절한 수행을 위한 노력들은 적절한 법적 장치들에 의해 합리적으로 지원될 것이라는 것이 명백하다. 국제적 수준에서, 지속가능한 개발의 개념은 이제 수많은 협약들에서 나타나며, 리우선언, 의제 21, 산림성명, 환경과 개발에 관한 국제협약의 기초를 이룬다.

리우선언과 의제 21의 수용에 비추어 많은 관할권들이 지속가능성의 개념을 행정적, 법률적 구조에 흡수시키는 방법들을 주시하고 있다. 즉, 전체로서의 현대 환경법은 이 개념을 소개할 필요성의 표시이다. 그러나 대부분의 관할권에서, 이 법은 환경보호와 개발활동 사이의 '균형'을 달성하기 위한 노력이 있었던 곳에서 명백히 드러나 많은 내부적 모순점들을 담고 있다. 대부분의 국내환경법은 명백히 표명된 환경윤리를 결여하고 있으며, 그래서 그 자체로 종종 단순한 개발의 대체물이다.

최근 몇몇 관할권에서, 이러한 윤리적 근거의 결핍과 씨름하는 용감한 시도가 있어왔다. 이러한 원칙들의 입법부에 대한 표명과 흡수가 없다면, 정부들과 그들의 사회에 의해 동의된 지속가능성 정책이 수행될 가능성은 거의 없어 보인다.

5. 持續可能性增進의 關聯事例

지속가능한 개발의 개념의 저변을 형성하고 있는 원칙들과 의미에 대해 매우 많은 논쟁이 있어왔다. 어떤 법률가들은 예방의 원칙, 세대 간·세대 내 형평에 대한 문제와 실체적 다양성과 생물학적 통합의 의미 등과 같은 개념들을 면밀히 살펴왔다.

국제사법법원(ICJ) 최초의 환경관련 사례로 기록된 Gabcikovo-Nagymaros

사건의[206] 판결에서 부재판관이었던 Christopher G. Weeramantry는 본 사건을 심리함에 있어서 환경과 관련된 핵심쟁점으로서 지속가능한 개발원칙을 제시하면서, 당해 소송에서 반드시 고려해야 할 환경관련 법적 쟁점으로서 첫째, 국제법원칙으로서의 개발(Development as a Principle of International Law), 둘째, 국제법원칙으로서의 환경보호(Environmental Protection as a Principle of International Law), 셋째, 국제법원칙으로서 지속가능한 개발(Sustainable Development as a Principle of International Law), 넷째, 개발과 환경보호의 조화에 있어서 세계의 문화적 다양성을 도출하기 위한 국제법의 필요성(The Need for International Law to Draw upon the World's Diversity of Cultures in Harmonizing Development and Environmental Protection), 다섯째, 지속가능한 개발과 관련된 과거로부터의 지혜(Some Wisdom from the Past Relating to Sustainable Development) 그리고 마지막으로 근대 환경법의 발전에 보충적인 전통적 원칙(Traditional Principles that can assist in the Development of Modern Environmental Law) 등을 들고 있다.[207] Weeramantry 는 또한 지속가능한 개발원칙은 근대 국제법의 원칙이 아니라고 하면서, 이것은 인류역사에 있어서 가장 유서 깊은 이상 중의 하나이며 수천 년에 걸친 인류의 경험에서 도출될 수 있는 풍부한 통찰력에 의해 강화된 개념으로서 국제법의 역할 수행에 있어서 중요한 부분을 담당하고 있다고 한다.[208] 동시에 이러한 사안을 판결하기 위해서는 국제법의 규율에 있어서 전통적으로 가장자리에 위치해 있던 문화적이고 규율적인 경계가 교차하는 부분에서 인간의 경험으로부터 도출될 수 있는 가능한 모든 통찰

206) 본 사건에 관한 자세한 판결사항은 International Court of Justice: Judgement in Case Concerning the Gabcikovo-Nagymaros Project [September 25, 1997], 37 I.L.M. 162(1998) 참조.

207) 37 ILM 162(1998), pp.204-213. 참조.

208) *Ibid.*, p.213.

력이 필요하다고 한다.[209)]

국내적인 사례의 경우, 1992년 7월 필리핀 최고법원에 43명의 어린이들을 대신한 그 부모들에 의해 의미 있는 소송이[210)] 제기되었다. 이는 환경과 천연자원 담당 부서의 공무원에 대항하여 법적 행동을 취하는 필리핀 생물학관련 조직들과 연계되어 일어났다. 이 사례는 '세대 간 책임'과 '세대 간 정의'의 개념에 입각한 균형 잡히고 건전한 환경에 대한 현재와 미래세대의 어린이들의 권리에 관련된 것이었다.

특정적으로, 이 사건은 원고들이 필리핀 열대 우림의 악용이나 손상을 방지하고, 지구에 대해서 계속되는 약탈과 국가의 필수적인 생명유지체계가 약해지지 않도록 피해를 저지하는 행동을 할 만한 이유가 있는가의 문제를 다루었다. 고소는 그 원고들이 모두 필리핀공화국의 시민이며, 납세자들이며 그 나라의 천연 토착 우림인 자연자원보고에 대해 충분히 누리고, 사용하고 즐길 권한이 부여되었다고 주장하는 납세자계층소송(tax-payers class suit)으로 성립되었다. 그 고소는 자신들과 또 이러한 자원의 동등한 이용과 보전에 관련되어 있는 수많은 사람들을 위한 것이었으나 당사자의 수가 워낙 많아서 그들을 모두 법원에 서게 하기는 불가능했다. 원고들은 나아가서 자신들이 아직 태어나지 않은 세대뿐만 아니라 지신들 세대도 대표한다고 말했다. 따라서 원고들은 법원에 다음과 같은 판결을 요구했다. (1) 그 나라에서 현재의 모든 목재벌초면허허가를 취소할 것과 (2) 새로운 벌초면허동의를 인정하거나, 받거나, 진행하거나, 갱신하는 것을 금지하고 거부할 것 등이 그것이었다.

법원은 원고들에 의해 제출된 행동의 원인과 소송은, 현재와 미래세대의 권리에 근거하여, 명백히 원고들의 권리에 대한 침해가 있는 것

---

209) *Ibid.*, p.217.

210) Supreme Court, Republic of the Philippines G.R. No.101083, July 1993 in Ben Boer, *op. cit.*, p.135.

으로 볼만한 충분한 이유가 있다고 판결했다. 이 사건은 목재회사들이 탄원할 수 있도록 하급법원으로 이송되었다. 그 하급법원은 곧 이 사건을 심사할 것이다. 아마도, 하급법원은 환경당국에 의해 부여됐던 벌목면허가 효력이 없으며, 상급법원의 판결에 근거하여 필리핀에서 새로운 벌목면허를 승인하거나 갱신할 수 없다고 판결하게 될 것이다. 가장 최근의 소식에 의하면, 벌목면허의 승인은 철회되었고, 정부는 철회의 상당부분을 대체하는 벌목작업의 분할승인으로 대체하였다고 한다. 그동안, 벌목은 계속되었다. 따라서 이 사례의 의미는 단지 당사자간의 관계유지와 관련된 기술적인 것이었다. 그러나 역시 이 사건은 필리핀에서 현세대와 미래세대를 동시에 인식하는 계기가 되었으며, 게다가 비정부간기구에 의한 환경보존적인 행동들이 계속되는 근거로 이미 사용되어져 왔다.[211]

국제환경논쟁과 그 안에서의 법의 역할의 의미에 있어, 이 사건의 의미는 과소평가될 수 없다. 이는 지속가능한 개발의 개념과 그것이 의지하는 원칙들이 미래에 세계의 각국 정부들과 법원에 의해서 인식될 수 있는 중요성을 내포하고 있다. 이 사건은 모든 나라들에 잠재적인 적용가능성이 있다. 이 사건은 세대 간 형평의 개념이 이제 현세대와 미래세대들의 권리를 위해 실제적이고 잠재적인 장기간에 걸친 영향을 미칠 수 있다는 함축적 의미를 가지는 법적 개념으로 이어질 수 있다는 것을 가르쳐준다.

또 다른 한 예로서, New South Wales에서의 최근의 사례는 국립공원과 야생동물시설로부터 멸종위기에 처한 동물군의 종들을 잡거나 죽이는 허가를 받는 것을 당연한 것으로 인식하는 것에 대한 도전하는

211) Gabcikovo-Nagymaros 사건의 경우도 재판과정에 있어서나 판결 이후의 양 당사국의 판결결과의 성실한 이행을 위해 많은 NGOs들이 중요한 역할을 담당했으며 앞으로의 환경관련 판결에 있어서도 더욱 그 비중이 커질 것으로 보인다.

데 적용할 만한 개념으로서의 사전주의원칙을 받아들였다.[212)] 이 사례에서의 원칙은 생물학적 다양성의 감소나 상실의 위험에 대한 과학적 확실성의 결핍이 그런 위협을 피하거나 최소화시키기 위한 조치를 연기시키는 이유로 사용되어서는 안 된다는 원칙을 위한 과학적 의미로서 언급되었던 것이다.[213)]

6. 小　結

광범위한 계획들, 정치 및 정책, 교육적 유인들 그리고 국내적・지역적 법률들이 생물학적 지속가능성의 전략에서 성공을 거두기 위해서는 반드시 필요하다. 이를 위해서는 통합된 접근이 필수적이며, 그래서 사적 요소의 이익뿐만 아니라, 모든 수준에서의 정부, 토착적・지방적 공동체들 그리고 비정부간기구들이 이러한 전략의 일반화와 수행을 위해 협력의 정신으로 함께 추진할 필요가 있다. 소비성향과 인구성장과 관련하여 보다 면밀한 주의가 단지 저소득국가에서만이 아니라 1인당 자원소비와 오염정도가 보다 인구가 많고 덜 발달된 나라에서 보다 많은 '개발된' 고소득 국가에서도 요구된다는 것 역시 명백하다. 지속가능성의 개념은 다가오는 해에 국제적・국내적 정책에서 매우 중요한 측면으로 계속될 것이다. 모든 단계의 정부유인들 뿐 아니라, UN, GEF,

---

212) Leatch v. Director-General, National parks and Wildlife Service and Shoalhaven City Council, 23 November 1993, Land and Environment Court, New South Wales, Australia, No.10376/93(unreported) in Ben Boer, *op. cit.*, p.136.

213) 이 원칙을 채택하면서, Stein판사는 다음과 같이 언급했다. "사전주의원칙의 적용은 내게는 종의 인구, 거주지, 영향에 대한 과학적 지식이 거의 없는 상황 속에서 가장 적당하게 보인다. 사실 한 가지 허용 가능한 접근은 지식의 상태가 더 많은 것을 알기 전까지는 종을 잡거나 죽이는 허가를 해주어서는 안 된다는 종류의 지식이라고 결론짓는 것이다." *Ibid.*

UNEP, UNDP, IUCN-World Conservation, 주요 국제은행들 그리고 다른 국제기구들의 역할이 국제적 토대에서 개발되고 있는 생물학적으로 지속가능한 전략에 결정적이다. 크게 증진된 환경보호조치들의 소개와 수행뿐 아니라, 이러한 전략들을 증진시키는 데 있어서 환경법의 명확한 역할이 또한 계속되어야 할 것이다.

第5章 持續可能한 開發原則의 履行

第1節 原則의 國際的 履行

지속가능한 개발원칙을 제대로 이행할 수 있는 정책을 선택하려면 경제와 무역, 에너지와 농업, 산업 그리고 그 밖의 다른 여러 영역과 정책의 환경적 차원을 종합적으로 고려하여야 한다. 이 모든 차원의 의제를 동일한 국가기구와 국제기구가 담당해야 한다. 브룬트란트 위원회는 일국적·지역적·국제적 차원의 제도와 법의 변화를 위해 다음과 같은 제안을 하고 있다. ① 자원의 확보, ② 결과의 처리, ③ 전 지구적 위험의 평가, ④ 풍부한 정보에 입각한 선택, ⑤ 법적 수단의 마련, ⑥ 우리의 미래에 대한 투자[214] 이 모든 것들은 지속가능한 개발원칙을 이행하기 위해 제도와 법이 변화해 나가야 할 주요방향을 가리키고 있는 것이다. 이 모든 사항에 걸친 구체적인 이행계획이 의제 21에 포괄적으로 제시되어 있는 것이다.

1. 國內體制와 國際協力

1) 政策方向

일국의 지속가능한 수행능력은 생태적, 지리적 조건뿐만 아니라 국민과 제도의 능력에 절대적으로 의존하게 된다. 지속가능한 개발의 능

214) *Our Common Future*, p.313-314.

력구축은 일국의 인적, 과학적, 기술적, 조직적, 제도적 그리고 자원적인 능력을 포괄하며 능력구축의 기본적 목표는 환경적 잠재력 및 한계와 국민들이 인식하는 필요성에 대한 이해에 바탕을 두고 개발문제에서의 정책과 수행방식의 선택과 관련된 핵심적인 문제들을 평가하고 답을 줄 수 있는 능력의 향상이다.[215] 따라서 국가적 능력강화는 모든 국가에 필요한 것이다.

의제 21을 수행하기 위한 자생적 능력을 구축하기 위해서는 선진국 및 UN기구들과 협의하여 각국이 스스로 노력해야만 한다. 각국은 환경적, 경제적 필요를 감안하여 의제 21의 수행능력 구축의 우선순위와 방법을 결정하는 것이 중요하다. 기구설립, 정책분석 그리고 기술이전 촉진과 경제개발 촉진의 관점에서 여러 대체적인 案들의 평가 등을 포함하는 경제개발 운영을 위해서는 개인적 차원과 조직적 차원에서의 기능, 지식 및 기술 노하우 등이 필요하다. 기술이전 및 노하우 관련 협력 등의 기술협력에는 개인적, 집단적 능력을 개발하고 강화하기 위한 모든 노력이 포함되며 이는 장기적인 능력구축 목적과 각국자체의 운영, 조정 등의 수요에 부응하여야 한다.[216] 기술협력은 한 나라의 환경개발에 관한 자체적인 전략과 우선순위에 바탕을 두고 개발기구와 각국 정부가 개선되고 일관된 정책과 절차로써 지원을 행할 경우에만 효과적으로 수행될 수 있는 것이다.

2) 目　標

지속가능한 개발능력의 구축을 위한 국내체제와 국제협력에 관련된 계획 분야에서의 자생적 능력구축이라는 전반적인 목표는, 비정부 부

---

215) Agenda 21, 제37장 제1항.

216) Agenda 21, 제37장 제2항.

문의 참여하에 지속가능한 개발을 위한 국가적 능력 및 그와 관련된 지방 및 지역적 능력을 개발하고 향상시키기 위한 것이며, 이에 관한 지원계획의 내용은[217] 다음 몇 가지로 집약된다.

첫째, 진행 중인 참여적 과정을 촉진함으로써 의제 21의 추진상의 국별 수요와 우선순위를 정의하고 기술 및 전문인력의 양성, 그리고 제도적 능력의 개발을 국가적 과제로서 강조한다. 여기에는 기존의 과학기술기관을 포함한 비정부기관의 효율성 제고뿐만 아니라 기존의 인덕자원의 최적한 이용에 대한 응분의 고려가 수반되어야 한다.

둘째, 수혜국의 특수한 조건과 개별적 수요를 감안하여 기술이전과 노하우 과정 등과 관련된 기술협력의 방향과 우선순위를 재정립하는 한편 기술 공여국들 간의 협조체계를 개선하며, 이 협조체계는 비정부기구와 과학기술기관 및 민간기업도 포괄해야 한다.

셋째, 계획입안과 수행상의 장기적 관점을 확립함으로써 현안문제 위주의 대응에서 벗어나 새롭고 장기적인 문제들에 대한 대응력을 제고하기 위한 제도적 구조의 개발과 강화를 도모해야 한다.

넷째, 기존의 환경개발 관련 국제 다자간 기구들을 개선, 재정립하여 동기구들이 환경과 개발을 통합할 수 있는 능력을 갖추도록 보장한다.

다섯째, 모든 개발계획의 환경영향평가를 위하여 공공 및 민간의 제도적 능력을 개선한다.

이에 대한 구체적 목표로서 각국은 실제적으로 가능한 한 조속히 독자적인 의제 21 실행계획의 입안, 실행 등 국가적인 지속가능 개발전략을 마련하기 위한 능력구축에 필요한 사항에 대한 검토를 완결하도록 하여야 한다.[218]

---

217) Agenda 21, 제37장 제3항.

218) Agenda 21은 제37장 제4항에서 가능하다면 각국이 1994년까지 개별 국가적인 실행계획을 입안하도록 명령하고 있으며, 1997년까지 UN 사무총장은 총회에 지속가능한 개발을 위한 기술협력 강화를 위한 정책, 협력체계 및 절차의 개선결과와 개선방안에 대한 보고서를 제출해야 한다고 명

3) 政策手段

각국은 의제 21의 수행을 위한 국가적 합의와 능력구축전략의 정립을 위해서 사회의 각 수준에서 내부적 합의를 추구해야 한다. 이를 위하여 각국 정부의 요청이 있을 경우 UNDP와 같은 전문기구와 공동으로 그리고 정부 간 및 비정부간기구는 의제 21의 수행을 위한 기술이전 및 노하우와 개발원조 등 기술협력에 필요한 사항들을 파악하는 데 조력할 수 있어야 한다. 국가적 계획과정은 국가적 지속가능개발 실행계획 또는 전략과 연계하여 그와 같은 협력 및 원조의 근간을 제공해야 한다. UNDP는 국가적·지역적 수준의 능력구축을 위한 기술협력 분야에서의 경험을 이용하고 다른 기관, 특히 UNEP, World Bank 그리고 기타 국제적 정부 간 및 비정부기구의 전문지식을 최대한 활용하여 UNDP의 현장사무소 네트워크와 광범위한 원조관련 권한사항을 이용하고 개선해야 한다.[219] 동시에 의제 21은 제37장 제6항에서 기술이전 및 노하우 등의 기술협력을 원하는 국가는 국제기구 및 기술공여기관과 공동으로 장기적인 부문별 또는 세부적인 부문별 능력구축에 관한 능력의 체계에 의거하여 요청사항을 공식화하여야 한다고 언급하고 있다.

의제 21은 이와 같은 정책수단을 위해 검토되어야 할 사항을 다음과 같이 열거하고 있다.

첫째, 기술 및 제도적 능력, 개발 프로젝트의 환경영향평가를 위한 여건 등 환경과 개발의 통합된 운영을 위한 기존능력의 평가, 기술이전 및 노하우 등 기술협력에의 대응능력 평가 및 의제 21과 기술변화 및 생물다양성 협약의 평가.

둘째, 기존의 기술협력 활동이 환경·개발의 통합된 운영을 위해 국

시하고 있다.

219) Agenda 21 제37장 제5항.

가적 능력을 구축하고 강화하는 데 기여한 내용의 평가 및 국제기술 협력의 질을 개선하는 수단에 대한 평가.

셋째, 보다 장기적인 시각에서 환경과 개발을 통합하는 실제적 수단의 필요성에 대한 인식에 바탕을 둔 능력구축 작업으로의 전환. 이는 참여적 과정을 통하여 각국에 의하여 수립된 국가 프로그램들에 기초를 두고 있는 것이다.

넷째, 지방정부, NGOs, 대학, 훈련·연구센터 및 기업, 공공 및 민간기구 등이 외국, 국내, 지역 내의 유사기관들과 함께 행하는 장기적 협력관계의 확대 고려. UNDP의 지속가능개발 네트워크(Sustainable Development Network)와 같은 프로그램은 이와 같은 측면에서 평가되어야 한다.

다섯째, 개발 프로젝트의 계획에 처음부터 운영 및 유지에 필요한 재무적, 조직적 필요사항뿐 아니라 환경영향, 제도적 비용, 인적자원의 개발 및 기술수요에 대한 고려를 포함시킴으로써 프로젝트의 지속가능성을 제고.

여섯째, 환경·개발 프로그램의 지속가능한 개발전략의 필수적 요소로서의 능력구축에 역점을 둔 기술협력 체계의 개선. 이는 국가단위의 협력과정 및 부문별 협조기구 모두에 관련된 것임.[220]

이외에도 의제 21은 정책수단에 있어서 UN 주도의 능력구축사업 추진을 위한 전문지식과 협조체계의 개선과 지역수준에서의 지원사업의 조화와 관련해서 제37장 8항-11항에 걸쳐서 그 방법을 자세히 언급하고 있다.

220) Agenda 21 제37장 제7항.

2. 國際制度裝置

1) 政策方向

UNCED는 지속가능하고 환경적으로 건전한 개발을 촉진시키기 위한 국내 및 국제적 노력이 증가된 상황에서 환경보존의 효과를 증진시키는 전략 및 조치를 마련해야 하며, 개도국의 경제성장 촉진이 환경파괴문제를 다루는 데 긴요함을 지적한 UN총회의 결의 44/228에 의해 그 권한을 위임받게 되었다. UNCED 정부 간 후속조치는 UN체제 틀 내에서 이루어지고, UN총회가 정부, UN체제 및 유관 조약기구에 전반적 지침을 제공하는 최고 정책결정기구가 된다.[221)]

의제 21의 제38장 2항은 UNCED의 위임사항의 수행을 위해서는 UN체제 내의 제도적 장치가 필요하고, 이러한 제도적 장치는 경제, 시회 및 관련된 모든 분야에서의 UN의 재편, 재활성화 정신에 따라 의제 21 및 기타 UNCED 결과의 이행은 행동 및 결과지향적 접근방식에 기초하고 보편성, 민주성, 명료성, 효과성 및 책임성과 조화를 이루어야 한다고 명시하고 있다. 또한 이를 달성하기 위해서 지역단체 및 지역사회, NGOs, 과학단체, 민간부문 등의 적극적이고 효과적인 참여가 의제 21의 이행에 필수적이라고 한다.[222)]

2) 目　標

국제제도장치를 두는 전반적인 목표는 UN체제 내에 제도장치를 포함하는 국내, 지역 및 국제적 차원에서 환경과 개발 문제를 통합하는

---

221) Agenda 21 제38장 제1항.

222) 제38장 제5항.

것이며 그 구체적 목표는 다음과 같다.

첫째, 모든 국가가 지속가능한 개발을 달성하기 위해 의제 21의 이행을 보장하고 검토한다.

둘째, 환경과 개발 분야에서 UN체제의 역할과 기능을 증진시킨다. UN체제의 모든 유관기구, 조직 및 프로그램은 의제 21의 이행을 위한 구체적 프로그램을 채택해야 하고, 그 권한 범위 내에서 UN활동에 정책지침을 제공하거나 요청에 따라 각 정부에 조언을 해야 한다.

셋째, UN체제 내에서 환경과 개발에 관한 협력 및 조정을 강화한다.

넷째, 환경 및 개발 분야에서 UN체제와 기타 정부 간, 비정부 간 지역 및 국제제도, 비정부기구 등과의 상호작용 및 협력을 장려한다.

다섯째, 환경 및 개발 분야에서의 UN체제와 기타 정부 간, 비정부 간 지역 및 국제제도와 장치를 강화한다.

여섯째, 환경 및 개발 분야에서 국가, 소지역 및 지역의 능력과 활동을 강화하고 조정하는 데 지원을 한다.

일곱째, 의제 21의 후속조치를 위한 제도장치 내에서 UN기관, 조직, 프로그램과 다자간 금융기구 간의 효과적 협력과 정보교환을 증진한다.

여덟째, 환경과 개발에 관해 지속되거나 새로운 문제에 대한 대응을 해야 한다.[223)]

3) 制度構造

최고 정부 간 메커니즘인 UN총회는 UNCED 후속조치와 관련한 문제에 대한 최고 정책결정 및 평가기관으로서 총회의 의제 21의 이행을 정기적으로 검토하게 된다. 이러한 임무수행에서 총회는 검토의 시기, 방법 및 조직 측면을 고려해야 한다. 경제사회이사회(ECOSOC)는 총

223) Agenda 21 第38장 8항.

회에 대한 헌장상의 역할과 경제사회 및 관련분야에서 진행 중인 UN의 재편 및 권고를 통해 총회를 지원한다. 또한 경제사회이사회는 UN 정책 및 프로그램에서의 환경 및 개발 측면에 대한 체제적 조정 및 통합을 지도하고, 총회, 유관 전문기구 및 회원국에게 적절한 권고를 행한다. UN헌장 제64조에[224] 따라 의제 21의 이행관련 계획 및 프로그램에 대한 전문기구의 정기보고 접수를 위해 적절한 조치가 취해져야 한다. 경제사회이사회는 고위 및 조정부서를 충분히 이용하여 환경과 개발의 통합을 위한 체제적 활동과 지속개발위원회(CSD)의 작업에[225] 대해서 주기적으로 검토한다. 지속개발위원회는 환경과 개발문제의 통합을 위한 국제협력을 증진시키고 정부간 의사결정 능력을 합리화하며 국내, 지역 및 국제적 차원에서 의제 21의 이행상황을 검토하고 UNCED의 효과적 후속조치를 보장하기 위하여 UN헌장 제68조에[226] 따라 설립되었다. 지속개발위원회의 주요기능은 다음과 같다.

첫째, 각 기구 및 기관의 보고서를 분석·검토함으로써 의제 21의

224) UN헌장 제64조: ① 경제사회이사회는 전문기관으로부터 정기보고를 받기 위하여 적당한 조치를 취할 수 있다. 이사회는 이사회의 권고와 이사회의 권한에 속하는 사항에 관한 총회의 권고를 실시하기 위하여 취해진 조치에 대한 보고를 받기 위하여 국제연합가맹국과 전문기관과의 협정을 체결할 수 있다. ② 이사회는 前記의 보고에 관한 그 의견을 총회에 통보할 수 있다.

225) CSD는 매년 지속가능한 개발실현을 위한 재원조달 현황을 점검함과 아울러 부채전환(Debt Swaps)방식을 포함한 외채경감제도(Debt Relief), 경제적·재정적 유인체계의 사용, 재원조달을 위한 새로운 제도의 개발, 국방비의 재배분 등과 같은 혁신적인 재원조달 방안을 강구한다. 이에 따라 1993년 개최된 1차 CSD회의에서 재원분야 회기간 그룹이 설치되었으며 동 그룹에서 논의되고 있는 주요 재원조달 방법은 Debt for Nature Swaps(DNS), Joint Implementation(JI), 온실가스 배출거래제도(Tradable Emission Permits), 국제항공세(International Air Tax) 등과 같은 것이다.

226) UN헌장 제68조: 경제사회이사회는 경제적 및 사회적 분야에 있어서의 위원회, 인권의 신장에 관한 위원회 및 자기의 임무수행에 필요한 기타의 위원회를 설치한다.

이행 및 환경과 개발의 통합과 관련된 활동의 진전사항을 감시함.

둘째, 의제 21의 이행을 위한 활동, 재원 등 당면문제 및 기타 유관 문제에 대한 각국정부의 국별보고 또는 주기적 통보를 고려함.

셋째, 재원제공, 기술이전 등 의제 21에 포함된 공약의 이행상황을 검토함.

넷째, 의제 21의 이행과 관련된 권한 있는 NGOs의 정보를 입수, 분석함.

다섯째, UN체제 내에서 NGOs 및 UN체제 외의 기관 등과 대화를 증진함.

여섯째, 필요시, 환경협약의 이행의 진전사항에 대한 정보를 검토함.

일곱째, 의제 21의 이행과 관련된 보고서와 이슈를 종합적으로 검토하여 경제사회이사회를 통해 총회에 적절한 권고를 제출함.

여덟째, 적절한 시기에 능력형성 프로그램, 정보망, 작업장 및 기타 환경과 개발의 통합 메커니즘에 관한 모든 UNCED 권고에 관한 UN 사무총장의 조사결과를 검토함.[227)]

4) UN體制內 機構

UNCED의 후속조치 시, UN체제 내 각 기구는 각 전문영역 및 위임사항의 범위 내에서 각국의 노력을 지원, 보완하는 데 있어서 중요한 역할을 수행하게 된다. 환경 및 개발의 통합을 촉진하기 위한 노력의 조정, 상호보완은 각 관리기구가 각국의 일관된 입장을 유지하도록 장려함으로써 증진된다.[228)]

우선적으로 UN환경계획(UNEP)의 업무분야는, ① UN체제 내에서 환경활동 및 고려를 촉진시키는 촉매기능을 강화, ② 환경 분야의 국

227) Agenda 21 제38장 제13항.

228) Agenda 21 제38장 제20항.

제협력 및 적절한 정책의 권고를 촉진, ③ 자연자원회계 및 환경경제학 등의 기술이용 촉진, ④ UN기관의 지구관측 프로그램 참가 촉진 및 민간연구기관의 연계확대를 통한 환경감시 및 평가, ⑤ 의사결정 기반의 제공을 위해 관련 과학적 연구를 조정하고 촉진시킴, ⑥ 국제환경법 개발, 이행촉진 및 기능조정, 환경협약의 사무국 역할 수행, ⑦ 환경영향평가의 광범한 이용 촉진, ⑧ 환경적으로 건전한 기술에 관한 정보교류 촉진, ⑨ 지역 차원의 협력증진 및 환경보호를 위한 유관조치 지원, ⑩ UNDP의 능력형성 노력과 연계하여 각국 정부에서 기술적, 법적, 제도적 조언 제공, ⑪ 정부, 개발기관이 개발정책에 환경측면을 통합시키는 데 지원, ⑫ 환경적 위기 발생시 평가 및 지원 등이 그 주요업무들이다.

UN환경계획의 이러한 기능수행을 위해서는 폭넓은 전문성에 대한 접근과 충분한 재원제공이 필요하고, UN체제의 개발 및 기타 유관기관들과의 보다 긴밀한 협력이 요구된다. 또한 UN환경계획의 지역사무소 역할이 강조되어야 하고, UN개발계획(UNDP) 및 세계은행(World Bank)과의 연계 및 상호작용을 강화하는 조치를 취해야 한다.[229]

UN개발계획(UNDP) 또한 UNCED의 후속조치에 있어서 중요한 역할을 수행한다. UNDP는 현지사무소망을 통해 UN체제의 의제 21의 이행 지원활동을 강화해야 한다. 이를 위해서는 UNDP의 상주대표 및 조정자의 역할강화가 필요하다.[230] 이러한 UNDP의 역할은 첫째, 지방, 국가 및 지역 차원의 능력형성을 위한 UN의 노력을 조직하는 지도적 기관으로서의 역할, 둘째, UNDP원탁회의 메커니즘 등을 통해 지원이 필요한 국가의 능력형성을 위한 공여재원을 확보하는 역할, 셋째, UNCED 후속조치의 지원 프로그램을 강화하는 역할, 넷째, 지원이 필요한 국가의 요청에 따라 국내재원 확보 및 조정을 지원하는 역할, 다

229) Agenda 21 第38장 第23항.

230) Agenda 21 第38장 第24항.

섯째, 의제 21의 이행에서 지원이 필요한 국가의 여성, 청소년 및 기카 주요그룹의 역할 및 참여를 촉진시키는 역할 등이 그것이다.[231)]

의제 21은 이외에도 국제무역과 환경 간의 상호관계에 있어서 중요한 역할을 수행하는 UN무역개발회의(UNCTAD)와 아프리카 국가들의 이용가능성이 많은 UN 수다노·사헬 사무소(UN Sudano-Sahelian Office)에 대해서도 그 중요성을 언급하고 있다.

3. 國際法的 裝置 및 體制

1) 政策方向

의제 21은 세계적, 다자간 및 양자간 조약의 체결시에 다음의 사항들을 고려할 것을 명시하고 있다.

첫째, 환경과 개발문제의 균형에 유의하며 지속가능한 개발에 관한 국제법의 추가개발.

둘째, 개도국의 특수한 필요를 고려하여 환경 분야의 국제협력과 관련경제, 사회분야의 협력에 있어서 관계를 강화해야 하는 필요성.

셋째, 지속가능한 개발에 관한 국제법의 성립과정에서 모든 국가의 참여와 기여의 중요성.

넷째, 다수의 기존 환경 분야 법장치 및 협력이 개도국의 적절한 참여 없이 개발되어온 점에 비추어 개도국의 관심과 이익을 반영하고, 그러한 협력의 균형 잡힌 운영을 위하여 기존 협약의 재검토 필요.

다섯째, 지속가능한 개발 분야에서 개도국의 자체입법 역량의 증진을 위한 기술적 조력의 제공.

231) Agenda 21 제38장 제25항.

여섯째, 지속가능한 개발에 관한 국제법의 법전화는 국제법위원회(ILC)의 진행 중인 작업을 고려.

일곱째, 지속가능한 개발과 관련한 국제법의 발전적 개발 및 법전화 교섭은 지역의 특수사정을 고려한 전 세계적 차원에서 추진.[232]

2) 目 標

국제환경법의 검토, 개발을 위한 전반적인 목표는 보편성의 원칙과 모든 국가의 차등적 필요 및 관심을 고려하여, 국제법의 평가, 실효성 증진 그리고 효과적인 국제조약을 통한 환경과 개발의 통합을 증진하는 데 있다.

이에 관련된 특정한 목표는 첫째, 개도국이 국제협약에 참여하거나 적절히 이행하는 데 있어서 발생하는 요인을 파악하여 대처하고 환경과 개발의 통합과 협약이행의 기반확보를 위하여 필요한 경우에는 그러한 협약을 검토하거나 또는 개정한다. 둘째, 환경과 개발의 통합을 통한 국제협약의 효율성 증진을 위하여 지속가능한 개발에 관한 국제입법의 우선순위를 설정한다. 셋째, 국제협약의 교섭, 이행, 검토 및 운영에 모든 국가의 효율적 참여를 증진하고 지원한다. 그러한 지원에는 기술 및 재정지원과 필요한 경우 차등적인 의무규정 등을 포함한다. 넷째, 전 세계적으로 다자간에 교섭된 협약의 점진적 개발을 통하여 국가별로 다른 사정과 능력을 고려한 국제적 환경보호기준을 증진한다. 환경정책은 환경악화의 근본적인 원인을 다룸으로써, 환경규제조치가 불필요한 교역규제 수단이 되는 것을 방지해야 한다. 환경을 목적으로 한 무역정책의 조치는 국제무역의 불공정한 차별 또는 위장된 규제수단이 되어서는 안 된다. 더불어 수입국가의 관할권 이외 지역의

---

232) Agenda 21 제39장 제1항.

환경문제를 취급하기 위한 일방적 조치를 지양해야 한다. 다섯째, 모든 국가, 특히 개도국의 사정을 고려하여 법적으로 구속력 있는 법적 장치의 효과적이고 완전한 신속한 이행보장과 국제협약의 적시의 검토 및 조정을 촉진한다. 여섯째, 협약관리를 위한 제도, 체계 및 절차의 효과성을 제고한다. 일곱째, 환경 분야에서의 협력과 사회 경제 분야 협약 간의 충돌을 확인 방지하고 충돌이 야기될 경우 적절히 해결한다. 아홉째, 분쟁해결에 관한 기존의 각종 협약을 고려하여 지속가능한 개발 분야의 국제분쟁의 확인, 회피 및 해결을 촉진하기 위한 체제, 특히 UN체제에서의 능력확대와 강화를 연구하고 심의한다.[233]

4. 條約의 能動的 管理의 必要性

1) 適正水準의 遵守確保

국제환경법 분야에 있어서 조약의 효율성과 관련하여 근본적인 변화가 요구되는 부분은 전통적인 主權槪念의 제한적인 해석이다. 주권은 더 이상 자율적 행동을 위한 단순한 자유가 아니다. 특히 냉전 이후 주권은 무역에서 환경, 안보에서의 인권에 이르는 모든 국제협약규정의 범위를 벗어나지 않을 것을 요구한다. 이러한 제도권 내에서의 정식회원 자격이라는 것은 각국의 열망을 성취하기 위한 국가능력의 중요한 결정요소이다.[234]

현대의 국가들은 타국과의 관계를 확대하고 그들 내부경제와 정치에

233) Agenda 21 제39장 제2항, 3항.

234) Antonia Handler Chayes, Abram Chayes & Ronald B. Mitchell, "Active Compliance Management in Environmental Treaties", in Winfried Lang(ed.), *op. cit.*, p.75.

영향을 미치는 범위 내에서 국제합의를 성립시키는 단단한 조직의 일부로서 취급된다. 하나의 조약하에서의 행위는 그 조약의 범위를 초월하는 폭넓은 부수적 문제를 가진다. 주권의 전통적인 개념이 점차 변하고 있다는 것이다.[235] 초강대국들이 때때로 그들의 전적인 힘의 사용에 의해서 그들의 주장을 관철하고 있으나 다른 국가들의 협력 없이는 더 이상 그들의 중요한 목적을 달성하지 못한다. 약소국들은 그들의 필요를 충족시키기 위하여 원활한 국제경제와 국제정치의 기능에 더욱 의존하게 된다.

국제적 규제의 성공여부는 비록 우리가 준수와 효율성을 구분한다 하더라도 바로 그 준수와 협력의 여부에 달려있는 것이다. 첫째, 높은 수준의 준수가 늘 필요한 것은 아니다. 원대한 목표를 향한 부준수는 환경문제를 현저하게 감축시킬 수 있는 중요하고도 긍정적인 대응을 여전히 내포하고 있는 것이다. 둘째, 심지어 완벽한 준수도 충분하지 않을 수도 있다. 적어도 현존하는 문제에 대한 대응을 정형화하거나 과학적인 현상들보다는 정치적 실제를 반영하는 문제들을 장악하는 데 실패하는 모든 당사국들의 완벽한 준수는 환경개선을 위한 열망을 달성하기에는 부적합하다는 것을 증명하게 될 것이다.[236] 몬트리올 의정서에 대한 준수는 완벽한 것으로 입증될 수 있으나 오존층의 상실로 인한 돌이킬 수 없는 피해를 면하기에는 이미 늦은 것이다. 하지만 적정수준의 준수는 해당 조약의 의도대로 효력을 발휘하는 데 필수적이

235) 국제법은 주권국가들에 의해 정립되므로 주권국가들은 국제법률가와 법학에 상응하는 지위를 누리는 것으로, 국제법 최고의 연원이 되지만 이러한 기존의 개념들은 더 이상 오래 지속될 수 없다. Owen J. Lynch, "Comment on the Paper by Wolfgang Burhenne", in Winfried Lang(ed.), *op. cit.*, p.213.

236) 국제포경협약의 규제당사국들은 위원회에 의하여 설정된 어획량을 잘 준수하였으나, 몇몇 종류의 어종은 어획량이 지나치게 높게 책정되어 잘 지켜지지 못했다. Antonia Chayes 외, *op. cit.*, p.76.

다. 준수는 또한 효율성을 위한 가치 있는 대리행사를 제공하기도 한다. 상당한 수준의 준수는 조약들이 비록 환경문제를 해결하지 못한다 하더라도, 애초에 환경관리를 개선하기 위하여 고안되었기 때문에 일반적으로 환경개선을 이룰 수 있을 것이다.

조약에 의한 규제의 초기에는 조약의 효율성을 평가하는 것이 어려운 일로 증명됐을 수도 있다. 규제체제의 초기에는, 문제의 중대성과 그 문제에 대한 최선책과 관련된 합의의 부재가 보편적 의무에 대한 합의를 종종 강요했다. 이것이 현재의 전형적인 협약을 낳는 결과를 가져왔고, 이러한 협약들이 발전하기 위한 시일이 지난 후에 당사국들은 더욱 특수한 규제들을 심사숙고하기 시작했다.[237)]

조약의 효율성을 평가하는 데 있어서, 그 문제가 해소되었는지 아닌지에 대한 우리의 질문을 위축시키지 않도록 조심해야 한다.[238)] 만약 국제적인 합의가 없다면 어떠한 협약에 배치되는 행위를 규율할 수 있는 규범을 발전시킬 수 있는 기회도 없어지게 된다.

많은 분야에서 과학적이고 기술적인 발전들은 규제 효율성의 상황을 변화시키고 있다. 長距離越境大氣汚染協約(Long Range Transboudary Air Pollution Cinvention; 이하 LRTAP라 약함)체제의 역사에서 보듯이, 환경문제가 체제 초기보다 훨씬 심각하고 복잡하다는 것에 대한 한층 성숙된 이해를 LRTAP체제가 그 자체로서 보여주고 있다. 과학적 불명확성은 특정적이고 비용이 많이 드는 규제를 받아들이는 국가들의 의지에 자주 제동을 건다.[239)]

---

237) 그 전형적인 예들은 LRTAP 협약과 오존층 보호를 위한 비엔나협약하에서 협의된 각종 의정서와 수정안 포함하며, 심지어 기후변화협약에 있어서 양적 목표를 설정하기 위한 수많은 제안들은 권고적 위임에 밀려 사실상 거부되었다. *Ibid.*

238) 심지어 오늘날 핵무기의 확산과 그 이동수단의 확산을 방지하기 위한 포괄적인 체제는 존재하지 않는다. 그러나 그 과정이 만약 증가하고 있다면 시간이 흐를수록 더욱 효율성을 더해 갈 것이다. *Ibid.*, pp.76-77.

2) 非效率的이고 드문 制裁

협약당사국들이 해당 협약에 구속된다는 것을 설명하기 위해서는, 법률가들은 일반원칙이나 국내체제로부터 유추된 원칙에 의존하거나 또는 환경적 사항에 관계되지 않을 수도 있는 문제를 다룬 국제적 사례에[240] 의존할 수밖에 없다.

조약의 준수를 포함하는 과정은 표면적으로 보이는 것보다 훨씬 더 미묘하고 복잡하다. 만약 중요하고도 공통된 문제를 규율하는 국가들에 의한 협력체제의 중심에 조약들이 자리잡고 있다면, 거기엔 당사국들이 그들의 의무를 기꺼이 수행하도록 하는 장치가 반드시 있기 마련이다. 소위 treaties with teeth로 불리는데, 이것은 강제적인 제재규정을 포함한 조약이라는 의미이다. 그간의 역사에서 알 수 있듯이, 조약의 부준수에 직면했을 경우 강제적 제재는 거의 없고, 또 있다 하더라도 비효율적이었으며 본질적으로 부적당한 경우도 있었다. 조약의 제재조항을 협의하기 위한 노력과 발생한 위반에 대한 일방적 제재조치를 발동하기 위한 노력은 그만큼 시간낭비인 것이다. 제재를 초래하는 국제적인 위반에 있어서, 국제생활의 체계적인 모습은 제재조치들을 효율적으로 사용하기 위한 능력을 심각하게 억제하고 있다. 각 국가는 제재조치를 거의 취하지 않으며, 일반적으로 그 조치들은 너무 비용이 많이 들고, 효력을 발하는 데 더디며 꾸준히 유지하기도 어렵다.[241]

---

239) 몬트리올 의정서의 경우, 오존층에 미치는 CFCs의 영향에 대한 인식이 높아감에 따라 CFCs의 제거가 가속화되고 있고, 기후변화협약의 경우는 과학적 발전에 따라 논의가 계속되고 있다.

240) ICJ Report 1949, Corfu Channel Case, pp.22-23 참조.

241) 그러나 이러한 부분에 있어서 국제환경법의 효율성을 강화하기 위해서는 최소한 세 가지 전략이 제시될 수 있다. 첫째, 제재의 부과전략, 둘째, 이익합리성(interest-rationality)에의 의존전략, 셋째, "연성책임"(soft responsibility)에의 호소전략 등이 그것이다. Marti Koskenniemi, "Comment on the Paper

군사적 제재조치를 부과하기는 불가능하다는 것이 현재는 거의 명백하다. 공식적인 군사적·경제적 제재조치는 UN헌장과 미주기구 헌장 내에서의 가능성으로만 존재할 뿐이다.[242] 또 다른 안보관련 분야에 있어서 화학무기 협정의 위반에 대한 제재조치들의 구성요소들은 위반자들에 대한 자동적인 경제적 제재조치를 요구하는 조약의 규정을 보장할 수 없다. 몇몇 안보조약들은, 조약준수의 문제는 제재조치들을 부과할 수 있는 UN 안보리와 관련해서 언급할 수 있다고 규정하고 있다. 그러나 많은 사례에서 증명되듯이 안보리 내에서의 합의의 필요성은 제재가 가해질 것이라는 가능성을 희박하게 만든다. 분명히 군사적 제재조치는 환경합의의 위반에 대한 대응으로서는 적합하지도 않고, 또 있을 수도 없는 것으로 보인다.

경제적 제재가 비용이 덜 들기는 하지만, 이것 또한 발동되기 어렵고 종종 비효율적이기도 하다. 경제적 제재는 보통 제재를 받는 국가와 마찬가지로 제재를 가하는 국가에게도 해를 끼치고, 입항 및 출항의 금지나 보이콧의 효과는 제재를 받는 국가로 하여금 다른 곳에서 필요한 물품이나 서비스를 획득하지 못하게 하는 정당하고도 폭넓은 협력에 의존하게 된다.[243]

환경관련 협약들은 군사적 제재를 할 권한을 부여하지 않았고, 경제

---

by Antonia Handler Chayes, Abram Chayes & Ronald B. Mitchell", in Winfried Lang(ed.), *op. cit.*, p.91.

242) Bosnia의 경우, 세르비아의 침공에 대항한 공습을 위한 NATO 회원국들 사이의 합의를 이끌어내는 데 아주 오랜 시간이 걸렸고, 러시아는 사전에 UN 안보리의 결의가 이 사태의 진정을 가져왔는지에 대해서 의문을 제기했다.

243) 세계제2차대전과 1984년 사이에 109회의 제재가 가해졌으나, 그중 39회(36%)만이 어느 정도 성공적이었다고 할 수 있으며, 최근에는, 그 효율성은 감소하는 반면 제재의 사용은 증가했다. 1991년 이후 UN에 의해 확립된 8개의 제재체제 중 그 어떤 것도 아직 두드러진 성과를 보여주지 못하고 있다. M. Koskenniemi, *op. cit.*, p.91.

적 제재도 거의 인정하지 않고 있으며, 대부분 회원국이 갖는 투표권을 제한하거나, 회원국의 특권이나 권리를 제한하는 등의 조약 당사국으로서 받을 수 있는 제재를 최소한으로 규정하고 있다. 하지만 이러한 제재방법도 별다른 효과가 없다는 것을 알게 됐다. 이러한 제재들도 거의 활용되지 않았고 단지 폭넓은 정치적 그리고 외교정책상의 목적으로 우선 사용된다는 것이다.

강대국들은 특정한 경우에, 제재국이 보기에 조약의 규정에 반하거나 그 국가의 이익에 반하는 행동을 변화시키기 위하여 조약체제에서 벗어난 일방적 제재조치를 취하곤 했다. 그러나 이러한 조치도 준수를 증가시키는 데 늘 유용한 것은 아니었다.[244)]

만일 어느 국가가 효과적인 제재조치에 의지할 수 없다면 제재조치의 대안으로서 간결하고도 만족할 만한 설명은 쉽게 얻기 어렵다. 그러나 비교적 낙관적일 수 있는 이유는 다음과 같다. 첫째, 각 국은 미력하나마 그들의 의무에 충실하려는 일반적인 경향이 있다. 둘째, 조약의 준수는 선택의 여지가 없다. 문자 그대로의 준수의 전통적 개념은 준수를 수용할 만한 수준의 개념과 중요한 시간의 비중 모두를 포함하도록 넓어져야 할 필요가 있다. 셋째, 여러 차례에 걸쳐 수행이 개선되도록 취해질 수 있는 조치들이 있기 때문이다.

---

244) 근래나 과거에나, 일본의 수입억제정책에 대한 보복(retaliation)은 위협적이었고, 그 이후 그 보복은 폭넓은 외교정책의 노력으로 완화되었다. 국제 환경문제에 있어서 일방적 제재조치의 가장 빈번한 위협에는 미국의 개입이 있었고, 그 과정에 있어서 미국은 포경협약의 비당사국들로 하여금 협약에 서명토록 유도했으며, 당사국들에게는 1982년까지로 합의된 포획의 일시정지를 받아들이도록 권고했다. 이러한 사례들은 이미 의도된 효력을 가지는 것이고, 비록 그들이 조약에 대한 침해행위가 아니었다 하더라도, 이러한 행위는 조약 자체의 효율성을 감소시키는 것이었다. Antonia Handler Chayes 외, *op. cit.*, p.78.

3) 遵守와 不遵守의 理由

현재 대부분의 경우, 각국은 그들의 조약상의 의무를 수행하는 데 있어서 납득할 만한 노력을 늘 해 왔다. 계획적인 위반은 미미한 예외이지 필수적인 절차는 아니다.

대부분의 국가들은 준수하려는 의도를 가지고 협약에 참여한다. 그들은 그렇게 함으로써 결정비용을 줄이고 관료적 형식주의에 따르며, 조약의 우선 협상원인인 국가이익에 기여하고 준수를 위한 추정적 의무에 일치할 수 있기 때문에 조약을 준수하게 된다. 규범은 국제 조약 규칙에 따르기 위한 기초를 제공한다. 조약은 이미 확립된 국가들의 규범이나 또는 근래에 창조된 국가들의 規範群을 그들 스스로 반영한다. 국가들의 협상을 통해서 발전된 조약의 본문은 그 국가들의 상대적인 국력과 이익을 모두 반영한다. 어떤 핵심적인 논쟁의 분야를 다스려야만 하는 보편적 규범에 관한 국가들 사이의 總意가 존재할 때는 일반 국민들이 그들의 행동에 대해 이미 제약을 가하고 있는 조약과 같은 기존의 규범에 의해서 조약의 준수가 더욱 잘 이루어질 것이다. 만약 이와 같은 總意가 없다면 갈등이 있는 견해들 사이의 타협이 새로운 국제규범을 확립하는 데 도움이 될 것이다. 그러나 이러한 경우는 폭넓은 사회구조의 지지와 강화가 없는 행동의 변화에의 더 많은 요구에 직면하게 된다.

국제법의 발전과정들은 국제조약에의 복종을 강화하게 된다. 대부분의 국가들은 그들 사이의 명백한 힘의 불균형에도 불구하고, 필수적인 공정함으로서 협상과정 그 자체를 중시하는 경향이 있다. 국가들 사이에 힘의 분배에 있어서 심각한 불공평성이 존재함으로 해서, 대부분의 국가들은 국제무대에서의 이용 가능한 기회보다는 결과에 있어서 덜 불공평하도록 협상을 주시하게 된다. '국가는 그의 합의에 의해 구속된다' 즉, '약속은 지켜져야 한다'(pacta sunt servanda)는 국제법의 전통은 이러한 합법성을 강화한다. 각국이 법의 준수를 무시하는 경향이 있다는 것을 가정할 이유는 없다. 의무감이 복종을 보장하지는 않는다. 그러나 그것을 상쇄시키는 심각한 고려가 결여된 상태에서 그러한 의식은 널리 퍼져나간다.[245)]

조약에 서명하는 것은 자발적인 것이지만, 거기엔 조약의 조건에 따르고 이행하기 위한 성실한 노력을 한다는 한 국가의 공공선언이 따르게 된다. 조약의 서명과 비준은 심지어 강대국에게 유리한 차별에도 동의함을 적법화하는 것이다. 당사국들은 "만약 당신이 조약을 준수할 의도가 없었다면, 왜 서명을 했는가?"라고 물을 수 있는 지위를 가지려는 경향이 있다. 예를 들어, NPT는 핵을 보유하지 않은 국가들로 하여금 이러한 지위를 갖지 못하게 금지하는 반면, 5개 핵보유국들은 여전히 핵을 보유하도록 허락하면서도 핵을 보유하지 않은 서명국들을 구속하는 것으로 보인다. 심지어 강대국들로부터 강력한 압력을 받고서 서명한 국가들의 경우,[246)] 그 국가들은 당해 협정에 의해 동등한 구속을 받게 된다. 하지만 그러한 당사국들의 당해 협정에 대한 적극적인 준수는 표면적인 수준에 그칠 우려가 있고, 이것은 잠재적인 부준수의 계기가 될 수도 있는 것이다.

조약들은 인권분야에서 보이듯이 규범의 범위를 넓힐 수 있다. 각국은 처음에는 여론과 외교적 압력 때문에 서명하지만 결국 그 규범은 조약 안에서 중점적으로 구체화된다. 기후변화협약에 대한 전 세계적인 서명은, 서명과 관련해서 대부분 국가들의 계산에 있어서 국제적 대중의 압력이 조약에 서명하게 하는 힘은 상당히 강하지만 준수에 따르는 비용부담에 있어서는 거의 제몫을 못한다는 것을 보여준다. 이런 경향에도 불구하고 이들 조약들은 장래의 행태를 제약하는 환경규범을 확립하는

---

245) *Ibid.*

246) 미국은 페루, 칠레, 한국에 대해서 捕鯨協約에 서명하도록 경제제재의 위협을 가한 경우가 있다.

것처럼 보이며 이 규범들은 더욱 점진적으로 발전되어 왔다.[247]

조약의 준수는 개별 국가로 하여금 그 조약하에서 매번 결정되는 비용과 이익의 반복되는 계산을 피하게 해주는 데 효과적이므로 이러한 이유에 의해서도 조약의 준수는 강화된다. 각국 정부는 만약 준수의 위반이 번번이 되풀이된다면 조약을 더 이상 준수하지 않게 될 수도 있다.

국제기구는 끊임없이 규범의 범위와 목적에 대해서 논의한다. 이러한 과정은 그 기구들의 권위를 한층 강화하며, 기구 내에서 신중하게 다루어진 규범들은 국가들이 거부하기 어렵게 된다. 규범을 위반한 국가는 그 사실에 대해서 반드시 해명을 해야 하고, 조약 자체 내에 규정된 법규범에 대해 종종 이의가 제기되는 규칙과는 동떨어진 행위라고 주장되는 사실에 대해 의혹을 풀어야만 한다. 위반국들은 보통 그들 행위의 해명에 있어서 법규범에 의지하는데, 앞으로의 행위를 제한할 것이라는 기대를 갖게 하는 그러한 규범들이 동시에 강화되기도 한다. 실질적이거나 예견된 이중기준의 논쟁은 계속적으로 다루어지거나, 그 규범들은 효력을 갖지 못하게 될 것이다. 간단히 말해서 규범은 조약의 규칙들을 준수하는 국가들에 대해서 강한 힘을 발휘한다.[248]

하지만 국가들은 조약을 준수하는 데 실패하곤 한다. 조약의 부준수는 부주의, 무능력 때문이거나 또는 의도적인 것일 수도 있다. 만약 조약이 단호한 행동을 요구한다면 상황의 변화[249]가 그러한 행동들을 취할 서명국의 능력에 방해가 될 수 있다.

무능력에 기인하는 부준수는 준수에 대한 의지가 재정부족이나 행정력의 부재 또는 다른 요인들에 의해 꺾이는 결과이다. 규제성 조약에

---

247) Antonia Handler Chayes *et al., op. cit.,* p.79.

248) *Ibid.,* p.80.

249) 1980년대 구소련이 INF와 START 협정에 의해 핵무기를 없앨 수도 있었던 상황이 1990년대에 기술적 지식이 취약한 몇몇 국가들이 핵무기를 보유함으로써 그 상황이 위협을 받게 됐다.

있어서 규제의 목적이 국가가 아니라 개인적이고 개별적인 행동이라면 문제는 더욱 심각해진다. 그 행위를 성공적으로 변화시키는 것은 중간 단계의 복잡한 일련의 절차에 의존하게 된다. 심지어 정치적 의지가 있을 때도, 효율적인 국내 규제기구를 건설하는 것이 복잡하고 힘든 일이라는 것을 증명해 준다. 그 일련의 과정은 선택과 과학적이고 기술적인 판단을 요구하며 예산지원도 요구한다. 심지어 서구 선진국들도 그들이 원하는 목적을 달성할 수 있을 것이라는 확신을 갖고서 이와 같은 체제를 만들지는 못하고 있다.[250)]

사회·경제적인 행동양식에 있어서 주된 변화는, 시간의 경과로 인해서 단계적으로 도입된 규정이 오랜 동안의 수많은 환경협약들에 의해 요구되어질 것이다. 초창기의 '부준수'는 훗날에 준수에로의 전환의 시작이었음이 증명될 수 있을 것이다.

비록 국제적 비준수의 경우가 자주 발생하는 것은 아니나, 준수능력이 있는 국가가 준수하지 않는 극단적인 결정을 내릴 때 가끔 발생한다. IAEA의 규정을 무시한 이라크가 초래한 공습사태가 이와 같은 부준수의 한 예이다. 대부분의 조약의 논의의 영역에 있어서, 이와 같은 국제적 위반 사례들은 극적인 것이기는 하지만 드물게 발생하며 규칙적이기보다는 예외적인 것이다.

조약의 준수와 부준수는 해당 조약의 내용 안에서 파악되어야 한다. 평화협정하에서의 停戰을 경멸하는 것은 환경협약하에서의 요구를 충족시키지 못하는 것과는 다른 성질의 책임을 야기한다. 준수에 실패하는 데는 일정범위의 행태와 이유가 있다. 국익 우선에 근거한 실패보다는 준수하지 못하는 데 대한 폭넓은 인내가 있을 수 있다. 그러나 상황의 급박성은 심지어 준수능력이 없음에 대한 인내에 영향을 줄 수

250) 기후변화협약하에서 각국은 이산화탄소의 감축목표를 충족시키기 위하여 성실하게 부담금을 내도록 하고 있으나, 경제적 여건 내지 정치적 혼란 등과 같은 외부적인 원인으로 인하여 실패하게 되는 경우도 있다.

있다. 몬트리올 의정서의 경우에, 당사국들은 오존층 파괴의 문제가 시급했기 때문에 애를 태웠던 것이다. 본 의정서는 개도국들에게 재정지원을 하고 그들에게 장기간의 시간적 여유를 제공함으로써 준수능력 부족의 문제를 처리하려고 시도한다.[251] 다른 조약들은 목표달성과 시간계획을 연기하거나, 조약의 완전준수에 관해서 부담이 덜 되는 표현의 방법을 쓰고 있다. 각국은, 불가변적인 기준이 아닌, 당사국의 능력과 문제의 급박성에 따라 수시로 변하는, 그러한 납득할 만한 조약 준수의 수준이 있다고 믿고 있는 것이다.

4) 透明性

투명성은 조약의 준수를 강화하기 위한 모든 조약의 가장 중요한 구성요소이다. 이것은 당사국간의 이해관계가 첨예하고 조약의 준수에 실패하는 것이 조약의 목적을 저해하거나 준수국가에게 불이익이 되는 문제와 관련해서는 특히 심각한 문제가 된다.

조약의 투명성은 3가지 다른 방법으로 준수의 여건을 조성한다. 첫째, 투명성은 관계자들로 하여금 그들의 행동을 조정하기 위한 독립된 의사결정을 하도록 한다. 둘째, 투명성은 규범을 준수하는 관계자들이 다른 참여자들에 의한 유사한 행동을 조건으로 한다는 것을 재확인한다. 셋째, 투명성은 관계자들이 부준수를 염려하지 않게 한다. 비록 이론적으로는 이들이 구분되어 있으나, 실제적으로 이들 세 가지 기능은 상호작용을 하고 서로를 강화시킨다.[252]

---

251) 오존층 파괴물질에 관한 몬트리올 의정서는 제5조 [개도국의 특별한 사정] 제1항에서 제9항에 이르기까지 개도국에 대한 획일적인 기준을 완화하고 지연시키는 규정을 둠으로써 본 의정서에 대한 개도국의 적극적인 참여를 유도하고 있다.

252) Antonia Handler Chayes *et al.*, *op. cit.*, p.81.

가장 쉬운 예로, 조약은 규범에 대한 합의를 창조하고 대중화함으로써 그 작용을 촉진한다. 이러한 예에서 조약의 당사국들은 그들의 행위를 다스리는 단일규범에 더욱 신경을 쓴다. 일단 당사국들이 그 규범을 인식하고, 그 규범들이 어떻게 작용하는지 이해하면, 문제의 구조 그 자체는 조약의 위반이 야기한 결과가 위반 당사국에게 충분한 대가를 치르게 될 것임을 암시한다. 이 경우 조약의 준수를 위한 더 이상의 자극은 필요치 않다. 왜냐하면 조약을 위반할 동기가 너무 미약하기 때문이다. 또 다른 협력구도에 있어서, 투명성은 당사국들이 스스로만의 능력으로 수집하기 불가능하거나 그 비용이 너무 비싼 정보의 공유를 가능하게 만든다.[253]

유럽에서의 해양오염협약의 강제에 관한 협력은 담당 관리로 하여금 당시 정박 중인 선박의 최근 사찰 날짜와 결과를 확인하도록 함으로써 협약의 준수와 위반에 관한 데이터베이스를 구축해 놓고 있다.

투명성은 또한 당사국들이 그들의 의무를 다 할 것을 보장하고, 만약 당사국들이 의무를 소홀하면 정상적으로 의무를 이행할 수 있도록 협력을 허용하고 있다. 협력과 의무의 보장 사이에는 밀접한 관계가 있다. 협력에 대한 요구가 갈수록 어려워짐에 따라 그 보장에 대한 요구도 증가한다. 보장은 협약의 준수국가들이 그들의 정상적인 준수가 다른 국가들의 비준수로 인하여 그들 자신이 불리한 상황에 서게 되는 것을 우려하거나, 준수에 대한 의지가 줄어들 때 절실히 필요하게 된다. 협력을 요하는 협약의 성공여부는 결정적으로 그 협약의 투명성에 의존하게 된다.

조약 준수의 방해물은 어떤 의미에 있어서는 보장의 표면일 수도 있다. 조약의 부준수와 보장은 상호작용의 양극단에 위치한다. 조약을 잘

253) LRTAP 체제는 회원국이 개별적으로 산출할 수 없는 대기오염의 총 배출량과 국경을 초월하는 이동에 관한 정보를 연합 환경감시제도의 수행으로 그 수치를 산출해 내고 있다. *Ibid.*, p.81.

준수하는 당사국은 보장이 필요하다. 또한 조약의 위반을 기도하는 당사국은 그러한 의도를 단념하게 해야 한다. 투명성은 양쪽 모두를 충족시킨다. 조약의 의무로부터 벗어나게 하는 행위의 가능성은 前者를 보장하기 위한 작용과 후자를 단념하게 하기 위한 작용을 발견하게 될 것이고, 그 가능성은 조약체제의 투명성과 더불어 증가하게 된다. 정상적인 분석에 있어서, 이러한 발견의 전망은 조약 의무로부터의 이탈이 많은 대가를 초래하는 불이익을 수반할 것으로 보인다. 조약 이행의 방해 요소는 만약 이러한 기대비용이 불이행으로 얻을 수 있는 대가를 초과한다면 성공적일 수 있다. 불이행의 대가는 다양한 형태를 띤다. 가장 명백한 손실은 조약을 준수함으로써 얻을 수 있는 예견된 이익이 될 것이다. 고가의 유류오염 통제장치의 설치의 요구에 대한 충실한 준수는 정부의 감독관으로 하여금 이러한 설비가 없는 것을 쉽게 발견하게 할 것이고, 이를 준수하지 않은 화물이 배달되는 일을 방지하게 할 것이다. 수많은 국가들의 상호의존과 핵심적인 문제들의 상호의존성은 그럼에도 불구하고 효율적인 반응의 형태를 더욱 확산시키고 양산하게 된다.[254)]

환경 분야에 있어서, 투명성은 실질적인 수행과 과학적 자료의 자체 보고를 통해서 상당부분 성과가 있었다. 게다가, 조약의무의 이행은 행위에 관한 몇몇 기준선에 의해서 정해지는데, 오염 배출규제에 관한 환경협약의 경우처럼 이에 대한 각 국가별 보고가 그 기준을 확립하는데 유일한 근거가 된다. 조약의무를 이행하기 위해서 취해진 수단에 관한 보고는 조약 준수의 확인에 더욱 직접적으로 관련되어 있다. 오

254) 아이슬란드는 상업목적의 포경에 관한 일시정지의 존속에 항의하여 국제포경위원회를 탈퇴했으나, 자국에 대한 관광과 수출의 국제적인 보이콧을 두려워하여 아직 고래의 포획행위를 재개하지 못하고 있다. 인권과 환경적 사례들에서 보여 지듯이, 비정부간기구들은 대중적인 캠페인, 상품 불매운동 또는 어선의 침몰 같은 직접적인 행동으로 제재를 가하기도 한다. *Ibid.*, p.82.

존층 파괴물질에 관한 몬트리올 의정서의 당사국들은 규제물질의 최근 소비현황을 반드시 보고하도록 되어 있다.[255] 또한 몬트리올 의정서는 제12조에서 사무국에 제출된 정보를 토대로 정기적으로 보고서를 작성하고 배포하는 임무와 비가맹국에게 적절하게 정보를 제공하고 기술원조의 요청이 있을 경우 이를 가맹국에게 통보하는 임무를 사무국이 수행하도록 하고 있다. MARPOL 협정은 강제와 준수에 관한 연간보고서 뿐만 아니라 碇泊國家가 旗國이 조약을 위반한 사항과 그에 대한 정박국가의 대응도 또한 보고하도록 요구하고 있다.

또한 모든 조약들은 감시와 검증에 의해서 투명성을 증가시킨다. 보통 환경조약들이 국내적으로 자체보고를 요구하는 동안, 이러한 체제 안에서 본질적인 문제를 회피하는 방법이 몇몇 선례를 남겼고, 그것들은 점진적으로 인식되어지고 사용되게 된다. 거래의 양 당사국은 해당 거래에 대해서 보고할 것이 요구된다. CITES 협약하에서는, MARPOL 협정에서 旗國과 碇泊國에게 요구하듯이, 수입에 관해 당사국들이 보고해야만 하는 절차는[256] 조약의 부준수를 밝혀내기 위한 독

---

255) 오존층 파괴물질에 관한 몬트리올 의정서 제7조 [자료제출] 1. 가맹국은 1986년의 부속서 A에 언급된 규제물질별 자국 생산량, 수입량 및 수출량에 관한 통계자료 또는 당해 통계자료를 얻을 수 없는 경우에는 그 최선의 추정치를 가맹국이 된 날로부터 3개월 이내에 사무국에 제출한다. 2. 가맹국은 1989년의 부속서 B에 언급된 규제물질 및 부속서 C의 그룹 1에 속한 과도적 물질별 자국의 생산량, 수입량 및 수출량에 관한 통계자료 또는 당해 통계자료를 얻을 수 없는 경우에는 그 최선의 추정치를 부속서 B에 언급된 물질에 관한 규정이 자국에 대해 효력을 발생한 날 이후 3개월 이내에 사무국에 제출한다. 1987. 9. 16, 26 ILM 1541, 1987, 이의 수정안, 1990. 6. 29, 30 ILM 537, 1991.

256) CITES 협약 제13조 [국제적 조치] 1. 사무국은 접수된 자료에 비추어 부속서 Ⅰ 또는 Ⅱ에 포함된 種이 種의 표본의 거래 때문에 부정적 영향을 받거나 이 협약의 규정이 효과적으로 이행되지 아니 한다고 인정하는 경우, 이러한 자료를 관련 당사국의 권한 있는 관리당국에 통보한다. 2. 당사국이 제1항에 따라 통보를 받는 경우, 당사국은 자기나라의 법이 허용하는 범위 안에서 가능한 한 신속히 관련사실을 사무국에 통지하며 (……).

립된 체제를 제공하고 있다. 비정부 간 과학그룹과 NGOs의 동기는 각국 정부가 갖는 동기와는 차이가 있고 이런 동기들은 행위의 질 또는 환경의 질에 관한 정확한 정보를 수집하도록 유도한다. 그중에서 특히 국제사면위원회와 인권 감시단은 인권관련 조약의 준수를 검증하는 데 핵심적인 역할을 했으며 다수의 환경그룹들은 대기상태, 오존층 그리고 동·식물 종의 개체수를 감시해 왔다. 이 두 분야에 있어서, 국내 NGOs가 배타적으로 그 정보를 알아낼 수 있고, 조약원칙의 감독에 책임이 있는 정부를 감시하고 다른 정부로부터 가해지는 압력을 전달하고 있다. 의제 21에 관련된 행위들을 감시하기 위해 UN에 의해 설립된 지속가능개발 위원회(CSD)는 지침과 사무국에 보고를 하기 위한 입법 창구를 제공했으며 조약의 준수와 부준수를 평가하는 데 있어서 참고할 수 있는 보고내용들을 보유하고 있다. 다수의 경우에 있어서 산업도 또한 조약의 준수에 관한 독립된 정보를 제공한다. 그 예로, 산업지표에 반영되는 다량의 CFCs 생산수치는[257] 정부를 통해 몬트리올 의정서 사무국에 전해지게 된다.[258]

한 국가로부터 얻어진 자료는 다른 국가로부터 전달된 자료와 비교하거나 아주 밀접한 관련이 있는 즉시 활용이 가능한 정보와 비교함으로써 그 정당성을 입증할 수 있다. LRTAP 사무국은 유황배출측정으로 환산된 연료사용의 오염배출에 관한 보고의 정확성을 검증한다.[259] 이와 유사한 절차가 기후변화협약에의 준수를 검증하는 데 도움이 될

---

257) 몬트리올 의정서는 제2조 A 1-6에서 CFCs의 생산량과 규제치를 규정하고 있고, 그 외에도 제2조 B(할론), 제2조 C(할로겐化 된 CFCs), 제2조 D(사염화탄소), 제2조 E(메틸 클로로포름)에 걸쳐서 오존층 파괴물질에 대한 생산수치와 규제치를 규정해놓고 있다.

258) 몬트리올 의정서 제7조 [자료제출].

259) LRTAP 협약은 제8조 [정보교환] (a)에서 합의된 기간에 합의된 규모의 단위에 기인하는 합의된 대기오염물질(최초는 이산화황)의 방출 또는 합의된 거리 및 기간에 합의된 대기오염물질(최초는 이산화황)의 국경 이동에 관한 자료 등을 각국 간의 공통이익을 위해 교환한다고 규정하고 있다.

수 있다. 과학적인 감시장치들은 배출된 오염을 직접 측정하는 데 있어서 그 유용성이 점차 증가하고 있다.

조약 준수의 관리는 수집된 정보가 누가 준수하고 또 누가 준수하지 않는지 그리고 부준수의 이유가 무엇인지 밝혀내고 판단하기 위해서 평가될 것을 요구한다. 현대와 같은 컴퓨터 시대에는 전자형태로 보고할 것을 요구하는 체제를 가지고, 보고된 자료의 수월한 분석을 할 수 있다.[260] 이들 보고의 질은 사무국이 직접 자료에 접하지 않고 오직 분석할 필요가 있을 뿐이라는 사실에 많은 비중을 두게 된다.

투명성은 수준 내지 정도의 문제이다. 모든 조약에 알맞은 이상적인 수준의 투명성은 존재하지 않는다. 더구나, 과도한 투명성은 특정 국가들로 하여금 조약에 서명하는 것을 주저하게 할 수도 있다. 효용비용, 효율성 그리고 형평과 같은 다른 조약들의 목적에 반해서 투명성을 무시할 수도 있다. 하지만, 관련정보에 대한 접근의 증가는 조약이 조약 본래의 목적대로 작용하게 도움을 줄 수 있는 강력한 역동성을 확립할 수 있다.[261]

5. 條約의 能動的 管理

1) 檢討와 評價

능동적인 조약관리의 핵심적인 첫 번째 요소는 조약의무 이행의 규칙적이고 체계적인 검토이다.[262] 검토와 평가는 현존하는 체제의 규칙

---

260) 항구국의 선박통제에 관한 양해각서는 그 좋은 예를 제공한다. 연안당사국은 전산망을 통해 중앙 컴퓨터의 데이터베이스에 접속하여 사찰과 위반행위의 자료를 검토하고, 그 사무국은 사찰과 위반의 경향에 대해 폭넓은 분석을 하게 된다. Antonia Chayes *et al., op. cit.,* p.83.

261) *Ibid.*

262) 기후변화협약 제4조 2항은 부록 1에 포함된 당사국, 즉 OECD 및 동구권

과 구조와 더불어 조약의 준수를 증진시키기 위한 목적을 가진 당사국들의 조약이행에 대한 평가를 수반한다. 이것은 자체보고에 의한 자료의 평가부터 시작한다. 다양한 출처로부터 수집된 정보의 평가와 조약의 요구사항과 관련된 회원국의 이행상황의 분석, 관리가 잘 되는 조약에 있어서, 조약의 이행을 증진시키기 위한 단계는 기술적이고 행정적인 지원에서부터 대중에게 정보를 공개하고 위반자나 위반국의 목록작성에까지 그 범위를 이룬다.[263] 다른 종류의 관리적이거나 행정적인 구도와 마찬가지로 이러한 절차는 뒤바뀌거나 변할 수 없는 것이다. 이러한 假定은 모든 것이 공통된 활동에 관련되어 있다는 것이고, 평가의 목적은 개별적이고 체계적인 이행이 어떻게 개선될 수 있었나에 관련하여 계속적인 진행을 지시하기 위한 것이다. 평가는 타당성의 탐구와 개선의 촉진에 대한 문제의 이행을 설명하는 자료의 분석과는 거리가 멀다. 그러나 만약 저항이 계속된다면 그 과정은 더욱 빈번하게 일어난다. 이러한 경우는 국제노동기구와 통화정책과 조건의 강제에 대한 국제통화기금의 감시체제에서 가장 잘 나타난다. 가장 최근에는, GATT 무역정책 감시기능과 습지보호를 위한 국제협약하에서 개발된 감시체제에 의해서 그러한 과정이 이루어져 왔다. 검토와 평가는 부준수의 이유의 폭을 좁히고 알아내며 기술적인 지원과 압력 같은 적절한 대응을 수용하게 된다. 이러한 것들은 다 같이 관리도구의 강력한 배경을 구축하게 된다.

국가들의 의무사항에 대한 규정에서 제4조 2항 a의 정책과 조치에 대한 구체적 정보와 협약 발효 후 6개월 이내 그리고 그 이후에는 주기적으로 온실가스 배출량과 흡수량에 대해 보고된 전망자료에 대해서 제7조의 규정(총회)에 따라 검토할 것을 규정하고 있다.

263) 기후변화협약의 경우 제2조 [부록 1에 포함된 당사국(OECD 및 동구권)의 의무사항]에서 부록 1, 2에 규정한 국가리스트를 개정하기 위해 관련정보를 재평가해야 한다고 규정하고 있고, 또한 부록 1에 속하지 않은 국가도 임의적으로 제2조 a, b항의 이행의사를 통보할 수 있다고 규정하고 있다.

2) 紛爭의 解決

분쟁의 해결은 확고한 조약의 규범과 규칙을 확립하고 지지하기 위해 매우 중요한 것이다.[264] 대부분의 분쟁은 조약의 해석과 적용을 수반한다. 하나의 조약이 모든 가능한 사태를 예측할 수도 없고 예측하려고 해서도 아니 된다. 분쟁이 공식적인 심판기능에 의해 다뤄질 수가 있다면 예외가 된다. 권위 있는 해석은 발전 중에 있거나 비공식적인 과도기적 과정으로부터 발생하는 분쟁을 예방할 수 있으며 그 분쟁들의 대부분을 해결할 수 있다. 그러나 공식적인 분쟁해결 절차에 의지하는 것이 법적 요건이고 실제로 이용되어지든 아니든 또는 그 결과가 구속력 있든 없든지 간에 그 결과는 상당기간 동안 권위가 인정되는 판결로 취급된다.[265]

대다수의 조약분쟁은 공식절차의 도움 없이 협상에 의해 해결된다. 국제환경협약에 규정된 분쟁해결수단으로는 법적 구속력이 없는 협의, 주선, 중개 및 조정 등과 같은 외교적 수단과 중재[266](arbitration) 및 사법

---

264) 리우선언 원칙 26은 각 국가는 환경분쟁을 UN헌장에 따라 평화적으로 또는 적절한 방법으로 해결하여야 한다고 선언하면서 분쟁발생시 그 해결방법에 있어서 하나의 큰 틀을 제시하고 있고, 다자간 환경협약의 경우 각 협약마다 독자적인 분쟁해결규정을 두고 있기 때문에 분쟁해결의 구도는 서로 다른 점이 있다. 이러한 분쟁해결규정들은 환경협약의 이행과 환경보호라는 목적의 달성을 궁극적인 목적으로 하며 당해 협약의 해석 또는 적용에 관한 분쟁해결을 위한 수단 및 절차에 대해 규정하고 있는 것이다.

265) GATT의 경우 공식적인 분쟁해결의 가장 능동적인 체제를 개발하고 발전시켰다. GATT의 분쟁해결절차는 협상이나 협의가 실패했을 때 전문가 위원회를 위해 제공된다. 사법적 판단과는 달리 그 위원회는 구속력이 없는 보고서를 제출한다. 비록 그 보고서가 비중이 있다 하더라도, 그 절차는 총의(consensus)의 채택을 요구하고, 거부권을 허용하며, 또는 더욱 실질적으로 분쟁의 패배당사자의 보고서 사항의 이행을 지연시키는 행위는 해당 쟁점을 해결하기 위한 장래에 대한 압력으로 작용하게 된다. Antonia Chayes *et al.*, *op. cit.*, p.85 참조.

적 해결과 같은 재판에 의한 해결수단이 있다. 한편 국제환경협약은 분쟁 해결수단에 관한 규정 이외에 감시[267](monitoring), 보고[268](reporting) 및 조사[269](inspection) 등과 같은 분쟁회피(dispute avoidance) 수단에 대한 규정도 두고 있는 것이 하나의 특징이다. 문제는 협상이 실패할 경우에 어떤 일이 발생하는가이다.[270] 만일 분쟁당사자들이 그들 사이의 문제를 해결할 수 없다면 대부분의 조약체제는 비교적 다양한 비공식적 중재절차로 그 모습을 나타낸다. 다자간 체제에 있어서 제도화된 절차들은 사무국이나 비개입 당사국들이 중재역할을 수행할 수 있도록 기회를 제공한다.[271] 분쟁해결 절차가 법적으로 요구된 것이든 아니든 간에, 문제는 그 결과가 권위가 있는 것으로 여겨지는가 아닌가 하는 것이다. 환경문제에 있어서 분쟁해결의 경험은 오히려 드물다. 이것이 환경협약의 제한된 역사 때문인지 아니면 조약의 위반에 합치되는 낮은 관련성 때문인지는 분명하지 않다. 몬트리올 의정서하의 실행위원회는 당사국들로 하여금 의

---

266) CITES 제18조 제2항. 바젤협약 부속서 Ⅵ. 생물다양성협약 부속서 Ⅱ.

267) 바젤협약 제5조 [주무기관과 연락관 지정], 제10조 [국제협력], 제19조 [검증] 등. 몬트리올 의정서 제6조 [규제조치 평가 및 재검토].

268) 바젤협약 제13조 [정보교환]. 몬트리올 의정서 제7조 [자료제출]. CITES 제12조 [사무국].

269) 포경규제에 관한 국제협약(International Convention for the Regulation of Whailing) 제4조의 내용과 같은 규정이 그 예이다. 이와 같은 조사절차는 해양생물자원의 보존에 관한 국제환경협약에서 주로 발견된다.

270) 1997년 국제사법법원(ICJ)의 Gabcikovo-Nagymaros 판결도 일방 당사국인 헝가리의 基本協定案 승인의 거부로 1998년 현재 새로운 국면을 맞고 있다. 전경일, "ICJ 최초의 환경관련판례: Gabcikovo-Nagymaros Project에 관한 사건", 국제법평론, 1998-I/II 통권 제10호, pp.148-149 참조. 본 사건에 관한 판결은 37 ILM162 (1998) 참조.

271) ICAO의 경우가 그 전형이라 할 수 있다. 시카고협정과 다수의 양자 항공교통 협약 모두가 ICAO 위원회에 의한 분쟁해결을 위해서 제공된다. 하지만, 33개국 위원회가 사법적 기능을 수행하는 데 있어서의 어려움이란 것은 분쟁해결의 압도적인 형태가 비공식적인 調停임을 뜻한다. Antonia Chayes *et al.*, *op. cit.*, p.84-85.

정서를 준수하게 유도하는 노력이 높이 평가될 만한 하나의 혁신이다.

다수의 체제 내에서, 선호되는 실질적 분쟁해결은 관련 국제기구의 지명된 기관에 의한 권위 있는 해석이다. 이 방법은 조약규정의 의미에 관한 논쟁을 다루는 데 훨씬 문제점이 적을 뿐만 아니라, 분쟁을 예방하는 데에도 도움이 되고 특정 상황에서는 당사국의 잠재적인 부준수 행위를 억제하기도 한다. 개별 국가들은 그들 스스로 제기한 의문에 대한 답을 무시하지는 않는다. 적대적이지 않은 상황 또한 해결을 요구하는 차이점과 오해를 만들어 내기도 한다. 극단적인 경우, 이러한 해석은 번거롭고 복잡한 수정의 절차에 의존함이 없이 급변한 환경에 대한 조약의 규범과 규칙에 대한 적용을 피하게 할 수도 있다.

3) 遵守體制의 强化

조약 당사자의 조약의무를 충족시키기 위한 능력의 증가는 능동적 관리의 가장 중요한 부분이 될 수 있다. 준수능력의 구축이라 함은 지역적 혹은 지방적 능력구축(local capacity-building)으로 인식되는 한편 준수훈련의 과정(training courses), 공적인 교육(formal education), 內生的 능력구축(endogenous capacity -building) 등으로 불려지기도 한다.[272] 준수능력의 구축은 하나의 역동적인 성향의 과정으로서 이해

---

272) Diana Ponce-Nava, "Capacity Building in Environmental Law and Sustainable Development", in Winfried Lang(ed.), *op. cit.*, p.131., 의제 21의 제37장에서 지속가능한 개발능력 확충을 위한 국내체제와 국제협력에 관하여 다음과 같이 언급하고 있다. 제37장 2절: 의제 21을 수행하기 위한 자생적 능력을 구축하기 위해서는 선진국 및 UN 기구들과 협의하여 각국이 스스로 노력하여야 함. 각 개별 국가는 환경적, 경제적 필요를 감안하여 의제 21 수행능력 구축의 우선순위와 방법을 결정하는 것이 긴요함. 기구설립, 정책분석 그리고 기술이전 촉진과 경제개발 촉진의 관점에서 여러 대체적인 案들의 평가 등을 포함하는 경제개발 운영을 위해서

되어야만 한다. 의제 21에서도 나타나 있듯이 이 과정은 국내적인 기술과 전국에 걸친 전문성의 개발을 암시하며, 이로써 그 나라가 올바른 개발을 선택할 수 있도록 만드는 것이다.[273] 그러나 이것은 실질적인 동기를 요하는 까닭에 성취하기 어려운 부분이 되기도 한다. '조약 준수능력의 부족' 문제가 얼마나 미묘하고 복잡한가는 이미 인식되어 있다. 그 문제의 가장 분명한 측면은 많은 개도국의 준수 동기와 관료들의 능력 부족이다. 그러나 다양한 다른 요소들도 존재한다.[274] 이러한 모든 요소들이 준수를 증진시키기 위한 조약관리에 대한 도전이 되고 있다.

전통적 개념에 있어서 조약은 각국의 행동을 다스리는 것이다. 조약의 준수는 국가의 행위가 조약의 규칙에 합치하도록 만드는 것을 수반한다. 하지만 환경조약들은 개별적인 행위자들의 행동의 변화를 모색한다. 능력 결여의 문제는 준수 과정에 있어서 여러 번에 걸쳐서 나타난다. 몇몇 국가들, 특히 민주주의로 전환하는 과정에 있는 국가들은 조약의 규정에 합치하는 협력과 일반 시민들을 계도하고 규율하는 입법조차도 힘든 상황이다.[275] 대부분의 정부들은 실제적인 오염의 감독

는 개인적 차원과 조직적 차원에서의 기능, 지식 및 기술 노하우 등이 필요함. 기술이전 및 노하우 관련협력 등의 기술협력에는 개인적, 집단적 능력을 개발, 강화하기 위한 모든 노력이 포함. 이는 장기적 능력구축 목적과 각국자체의 운영, 조정 등의 수요에 부응하여야 함. 기술협력은 그것이 한 나라의 환경개발에 관한 자체적인 전략과 우선순위에 바탕을 두고 개발기구와 각국정부가 개선되고 일관된 정책과 절차로써 지원을 행할 경우에만 효과적으로 수행됨.

273) Diana Ponce-Nava, *op. cit.*, p.132.

274) 조약이 포함하고 있는 문제에 있어서의 전문성이 결여된 현 관료정치, 규제에 따른 수많은 대상들, 전환기의 정부, 혼란에 빠진 정부, 관료체제의 과도함, 지방분권과 기득권들의 집착 등을 그 예로 들 수 있다.

275) 개도국이나 후진국의 경우, 정치 및 사회 전반의 민주화가 많이 뒤떨어져 있거나 민주화가 한창 진행 중인 과도기에 있는 경우가 대부분이다. 이러한 개별 국가적 상황은 환경보호의 가치보다 자원의 개발과 이용의 가치

과 동·식물 종의 보존을 위한 입법의 전환에 필요한 행정적이고 정치적인 근거의 결집에도 어려움을 겪고 있다.

선진국들도 개도국과 마찬가지로 조약의 부준수에 이르게 하는 부적절한 능력의 문제에 직면할 수 있다. 심지어 상당히 민감한 핵 확산의 문제에 있어서 미국, 독일, 프랑스 그리고 영국은 파키스탄과 이라크에 핵 물질을 판매하는 개별 행위자들의 행동을 통제하는 데 실패했고, 조약의 채택이 이러한 문제를 바로잡지는 못할 것으로 보인다. 세금과 벌금 같은 경제적 수단은 그 영향이 행위자들에게 분명히 예견되어질 수 없기 때문에 새로운 문제를 야기한다. 잘 정비된 세금제도라 하더라도 오염배출의 억제라는 목표를 달성하는 데는 실패할 수 있다. CITES 협약의 준수는 마약류의 수입과 다른 금지된 물품의 수입을 동시에 금지하는 반면, 세관원들이 동·식물 종의 선명한 구별을 하도록 요구하고 있다. 심지어 미국의 경우처럼 각국 세관원들이 CITES에 강력하게 위임된 경우 필요한 기능과 훈련이 결여될 수도 있다.[276)]

환경 분야에 있어서, 외교관들은 조약규정의 부준수를 구제하기 위해 명시적으로 관련된 문구들에 관해서 점점 더 많은 협상을 하게 된다. 1991년 6월, 몬트리올 의정서하의 임시 전문가 그룹은 대부분의 개도국들이 필요한 기술과 재정자원이 결여된 이유로 규제물질 소비에 관한 자료를 보고하는 데 실패했다고 결론지었다. 몬트리올 의정서의 다자간 기금은 개도국을 위해 보고를 포함한 '합의된 증가성 비용'을 부담하기 위해 위임을 받았다. 이 기금과 지구환경기금(Global Environment Facility: 이하 GEF라 약함)은 보고와 이행의 다른 측면을 위해서, 조약 준수의 능력배양 계획을 위해 재정을 확충할 수 있다. 불행하게도 부준수를 구제하

에 더 비중을 두게 됨으로써 국내 정책적인 방향도 당연히 개발가치를 우선하게 되고 그에 따른 환경의 과도한 기능저하가 발생하게 된다. 이는 곧 국제조약의 차원에서 요구하는 환경수준에 부합할 수 없는 상황이 된다는 의미이다.

276) Antonia Chayes *et al.*, *op. cit.*, p.86.

기 위한 기금조성계획의 충족은 고전적인 '公共財'문제에 달려있다. 각 당사국들은 다른 당사국들이 조약에 복종하기를 바라는 반면, 그 어떤 국가도 다른 당사국들의 준수를 위한 대가를 지불하려 하지 않기 때문이다.

4) 條約의 適用

가끔은 조약을 유지하는 데 있어서, 조약 준수가 예견되는 수준의 관점에서 그 규칙들이 맞춰져야 할 필요가 있다는 다수 당사국에 의한 장기간에 걸친 평가와 비분석적인 평가가 수반된다. 조약은 고정된 채로 남아있는 것이 아니다. 근래에는 조약들이 피할 수 없는 경제적, 기술적, 사회적 그리고 정치적 변화에 적용되어야만 한다. 조약은 의정서의 채택에 의해서 공식적으로 수정되거나 바뀔 수 있다. 점차 증가하는 환경협약 '구조와 의정서'의 접근 방법으로 채택된다.[277] 오존층 보호를 위한 비엔나 협정은 오직 당사자들이 연구에 협력하고, 오존층에 관련된 문제에 대한 법적, 기술적 그리고 관학적 정보를 교환하는 데 협력할 것이라는 것만 규정하고 있다.[278] 그로부터 2년이 채 안 되어서 1987년에는 몬트리올 의정서가 CFCs의 소비를 줄일 것을 규정했다. 1990년에는 회원국들이 통제물질의 목록의 확충과 사용금지를 위해서 의정서를 수정했다.

의정서가 본 조약과 같은 비준절차를 따르긴 했으나, 그 의정서를 비준하지 않은 당사국에 의해서 더 이상 효력을 가지지 못할 수도 있고 거부되어 질 수도 있다. 몇몇 조약들은 특별 다수의 회원국들의 투표에 의한 기술적인 규제로 적용이 가능해지고, 구속력도 발생한다.[279]

277) LRTAP체제는 이산화황, 산화질소 그리고 휘발성조직 물질에 관한 의정서를 채택한 바가 있다.

278) 오존층 보호를 위한 비엔나 협정, 제2, 3, 4, 5조, 1985. 3. 22, 26 ILM 1529(1985).

다수의 규제조약에 있어서는, '기술적' 문제가 부록에 추가될 수도 있으며 그 문제는 회원국들의 투표에 의해 바뀌어 질 수도 있다.[280] 1946년 국제포경협정은 연간 할당량이 장기간의 비준 연장 없이 바뀌어 질 수 있고 채택될 수 있다는 것을 확실히 하기 위해서 부록에 연간 포획량을 분명히 정해두고 있다.

5) 國際機構의 監督機能强化

국제기구들은 조약 당사자들의 대표와 참모들 사이에 끊임없는 상호작용을 위한 場이다. 이 절차는 설득과 상호교환의 중요한 요소를 수반한다. 직접적인 접촉 외에도, 그들은 정치적 거래와 산만한 상호관계의 끝이 없는 역할을 하는 계속적인 상호교섭의 줄기를 양산한다. 심지어 단일 환경문제 내에서도, 각기 다른 국가들의 관심도의 차이 때문에 중요한 거래가 계속 이루어질 수도 있다. 이들 문제들 사이에 타협을 위한 협정을 만들기 위한 거래는 당사국들 사이에 정규적인 상호작용을 위한 공간을 갖는 데 의존한다.

국제기구의 사무국은 그들의 의제의 조정을 통해 영향력을 행사한다.[281]

국제기구의 책임자 그룹을 강화시키는 것은 국제무대에서의 의견조

279) ICAO가 국제 항공교통에 있어서 그 작용과 안전에 관련된 문제에 대해서는 위와 같은 힘을 발휘한다. 국제해사기구(IMO) 조약도 당해 문제에 관련된 위원회에 의해 채택된 수정안이 전체 회원국들이 16개월 내에 분명한 반대를 하지 않으면 자동적으로 효력을 발하게 되는 것에 대한 '묵시적 찬성' 규정을 포함하고 있다. Antonia Chayes *et al., op. cit.*, p.87.

280) 몬트리올 의정서 제2조 제9항 참조.

281) 국제무대에 있어서는, UNEP의 사무총장인 Tolba 박사는 그의 저예산과 공식적 권력의 부재에도 불구하고, 1970, 80년대에 많은 환경조약의 의제를 만들어 냈다. IAEA의 감독관 Hans Blix는 IAEA의 안전시스템을 강화하기 위한 기회로써 이라크의 핵 지대를 폭로했다.

정과 이에 근거한 특정행위를 강제하게 된다. 유럽위원회의 관료들은 EU의 정치에서 이러한 역할을 정규적으로 수행한다.

국제기구는 또한 그들 회원국의 정책에 영향을 준다. WHO의 관리들은 건강분야에 있어서 가족계획과 인구문제를 다루기 위한 정부와 국제공동체의 설득을 위하여 보건당국, 의료집단과 NGOs 등 기구의 강력한 단체를 변형시킴으로써 의견의 불일치를 지연시킨다. 국제기구와 관련 각료들 사이의 관료주의의 연대는 국내정책에 있어서 우선적으로 중요한 영향을 미친다. IMF와 WHO는 그들의 정책을 증진시키기 위하여 그리고 정보를 제공하고 한층 더 완벽한 준수를 보장하는 당사자들을 지원하기 위하여 폭넓은 접촉과 연대를 이용한다.

현재 세계는 과도하게 부풀어 있는 국제기구 관료주의에 저항해야 하는 운명에 처해 있다. 만약 이러한 추세가 변하지 않는다면, 많은 국제 분야에 있어서 국제기구가 직면하고 있는 점차 복잡해지고 있는 문제를 해결하기 위한 전망은 암담할 뿐이다.

능동적인 조약관리는 근거와 사람들을 필요로 한다. 환경영역에 있어서 사무국은 골격에 불과하다. 당사국들은 조약관리의 요구를 더 이상 외면할 수 없다. 당사국의 참여는 각자의 국내적 우선 사항을 확립하는 데 상당히 중요하다. 그러나 강력한 사무국 또한 능동적 관리 전략을 수행하는 데 필요하며, 특히 조약 준수의 능력을 키우기 위해 조약 담당기구는 조약을 준수하려는 경향을 강화시키게 된다.[282] 만약 강력한 기구가 있다면, 진실을 밝혀내는 데 주의를 모으고 압력을 가할 수 있으며, 조약을 준수하는 흉내만 내는 회원국에게 준수 능력의 부족이 부준수의 이유가 될 수 없음을 알게 할 것이다.

282) Antonia Chayes *et al., op. cit.*, p.88.

6. 統合管理의 戰略

조약규범과 동떨어진 행위가 당사국들, 조약기구 그리고 폭넓은 대중 사이에서 여러 차례 반복되는 대화의 과정에 의해서, 조약규범과 관련하여 받아들일 수 있는 수준에서 통상 유지되고 있다는 것을 이미 알고 있다. 다른 당사자들처럼 각국은 합의된 규범과 동떨어진 행위를 정당화시켜 줄 것을 서로 요청한다. 그 사이의 대화는 관련 의무의 의미를 점진적으로 발전시키며, 그 행동은 특수 상황에서 요구된다. 이러한 과정은 강제라기보다는 오히려 관리라고 봄이 옳을 것이다. 다른 관리체제와 마찬가지로, 행위자들은 처벌보다는 오히려 협력적 상호대화, 분석, 설득 그리고 논쟁을 통해서 불만족스러운 행위의 문제에 접근한다.

현대 국가에 있어서 정치와 경제의 깊은 상호의존성은 그 어느 때보다도 양자의 통합과 체제의존성을 보존하는 길을 모색케 한다. 능숙하고 상상력이 풍부한 조약기구와 제도는 조약의 준수를 강화하기 위하여 이 기초 위에 세울 수단을 새로이 고안하고 더욱 세련되게 만든다.

관리의 이러한 요소들은, 비록 전반적으로는 몇 안 되는 규제협약들이 발전되었다 하더라도 매우 강력한 것임을 알아야 한다. 몇몇 특별한 조약들의 경우 상당히 발달되어 있으나, 조약준수능력의 배양과 같은 경우는 아직 걸음마 단계를 벗어나지 못하고 있다. 주지하다시피, 조약관리의 요소들은 원래부터 준수관리를 위해 강화된 전략의 일부분이 아니다. 이것은 사무국에게 효율적인 관리를 위한 포괄적 전략은 거의 존재하지 않는다. 이것은 사무국에게 효율적인 관리를 위해 필요한 권위와 근거를 부여하는 데 실패한 것에 부분적으로 기인한다. 더욱 중요한 것은, 준수는 포괄적인 전략을 통해서 능동적으로 관리되어질 수 있다는 개념이 폭넓게 이해되지 않았다는 것이다. 국제적 제도에 의한 규제에 관한 합의는 조약 의무의 이행을 관리하기 위한 적합한 참모와 자료를 가진 중앙기구에 권위를 부여하는 데 상당히 소극적이다.

결론적으로 조약의 부준수가 발생한 경우에는 통상적인 국제정치적 절차에 의해 관리되어질 수 있다는 사실에 주목해야 한다. 따라서 개선된 논쟁해결 과정은 준수와 비준수의 격차를 좁힘으로써 부준수의 발생가능성을 사전에 방지할 수 있을 것이다. 부준수의 큰 이유가 되는 기술적·재정적 지원은 경우에 따라 줄어들 수도 있는 것이다. 만약 그렇지 않다면 준수능력에 관한 문제는 없어진다. 그리고 조약의 투명성과 체결절차 및 준수과정에 있어서의 검증된 절차들은 국내정책이 합의된 국제수준에 점진적으로 근접할 것이라는 가능성을 높여주게 된다. 국제적 조약의 준수는 조약의 협의·체결·비준 및 발효에 이르는 절차에 관련된 문제를 개선하는 길을 모색함으로써 한층 더 성공적인 준수를 이끌어 낼 수 있는 것이다.

第2節 持續可能開發原則의 履行確保를 위한 NGO의 役割

1. NGOs의 國際法的 地位와 役割

NGOs에 대하여는 UN의 경우에도 공식적 지위를 부여하고 있지는 않지만 경제사회이사회를 중심으로 일정한 비정부간기구에 자문역할을 부여하고 있다.[283] 그러나 현 국제법 상황에서 비정부간기구가 정부

283) UN헌장 제71조는 비정부간기구와 협의협정(consultative agreement)을 체결할 수 있도록 규정하고 있다. UN헌장 제71조: 경제사회이사회는 그 권한 내에 있는 사항에 관계있는 민간단체와 협의하기 위하여 적당한 협정을 체결할 수 있다. 이 협정은 국제단체와의 사이에 또 적당한 경우에

간 국제기구와 마찬가지의 의미에서의 국제법적 지위를 가지고 있다고 말하기는 어렵다.[284] 그런데 이러한 지위의 결여가 국제환경법에 있어서 비정부간기구의 역할을 중요하게 하는 원인의 하나가 되고 있다. 즉, 국제법상 공식적 지위를 갖지 못한다는 것이 이해관계에 있는 다른 국가 또는 국제기구에 있어 이들 NGOs의 영향력에 변화를 주지 못하고 있다는 것이다. 이것은 국내법적으로 비정부간기구가 국내법상 법적 지위를 부여받고 있고 그들의 활동영역을 넓히고 영향력을 키워가는 데 있어서 법적 지위가 필요한 것으로 보아 이러한 지위 확보에 적극적인 것과는 대조를 이루고 있다. 반면, 지위를 확고히 하지 못함으로써 나타나는 부정적인 결과도 있다. 국제기구나 외국의 법적 규제과정에 참여하고자 할 때 법적인 지위의 결여로 이들 국제기구 또는 외국의 호의적 배려와 참가요구가 있는 경우에만 가능하다는 것은 법적인 지위의 결여로 인한 불이익이라고 볼 수 있다.

비정부간기구가 국가들에 의한 조치에 비하여 이점을 갖는 것도 NGOs의 중요성을 더해주는 원인이 된다. 이러한 점으로 들 수 있는 것은, 첫째 국제환경보호를 위한 이행기준을 수립하는 데 있어서 비정부간기구는 보편적인 환경보호라는 단일목적만을 위한 강력한 기준을 수립할 수 있다는 것이다. 즉 비정부간기구는 강력한 이익집단과의 마찰을 피해야만 하는 큰 장애물이 없기 때문에 환경 이외의 다른 목적과 타협할 필요가 없다는 것이다. 두 번째는 같은 이유로 어떤 환경문제에 대한 과학적 결론이 난 경우 이것을 경제적 논리와 같은 다른 요소들과 타협할 필요가 없다는 것이다. 세 번째로 국제적 비정부간기구가 재원이나 장비 또는 환경지식 등이 부족한 경우 이를 지원할 수 있

는 관계있는 국제연합가맹국과 협의한 후에 국내단체와의 사이에 체결할 수 있다.

284) 이재곤, "국제환경법과 비정부간기구", 충북대학교 법학연구 제7권 제1호, 충북대학교 법학연구소, 1996.

다는 것이다.

환경관련 규제내용에 비해서 기존의 국제법의 기본 규제내용은 이해관계가 서로 복잡하게 상충되는 국가 간의 관계를 최소한의 내용으로 규제하는 것이었다. 문제는 환경보호를 위해서는 최소한의 규제가 아닌 최대한의 규제가 필요하고, 동시에 최선의 규제가 이루어져야 한다는 것이다. 다시 말해서, 국가주권의 강조는 국가 간 경쟁을 강조하는데, 환경의 보호는 국가 간의 협력을 철저히 요구한다. 이러한 기존 국제법의 결함을 비정부간기구가 다양하게 개입함으로써 상당부분 개선할 수 있다는 것이다.[285)]

1) 國際的 環境政策의 基準 및 意見提示[286)]

비정부간기구는 국제적 환경보호정책 형성과정에 있어서 새로운 정보와 시각을 제공하는 적극적인 역할을 수행한다. 이러한 기능은 과거 이들 기구들이 환경에 대한 정보를 수집하고 이를 분석하는 기능을 수행하여 왔던 것에서 발전된 것이다. 그들은 국제적인 과학회의, 비공식적 국제기구의 회합 등을 통하여 이루어지기도 하였지만 기존 정부간

285) 초국경적 환경문제는 국가 및 국제사회의 '모든 구성원에 의해서만' 효과적으로 해결될 수 있으며, 국가는 NGOs의 이러한 협력과 지원을 필요로 한다. 국제환경법의 이행과 정책결정과정에 효과적으로 기여할 수 있는 실제기회를 민간단체에 제공하기 위해서는 민간요소들이 국가 간의 장치 특히 국제환경협약에 보다 많이 통합되고 흡수되어야 한다. Alfred Rest, *op. cit.*, p.12 참조.

286) 비정부간기구에 의한 보편적 정책제시 기능수행의 좋은 예들은 국제금융기구에서 후진국 개발사업을 재정적으로 지원함으로써 나타난다. 과거 IBRD는 동 기관의 재정지원 과정에서 지원하는 사업의 환경적, 사회적 영향에 대한 적극적인 고려를 하지 않아 많은 비난을 받아왔는데 비정부간기구가 세계은행의 정책을 변경하여 이러한 고려를 적극적으로 하도록 하는 데 결정적인 영향력을 행사하였다. 이재곤, *op. cit.*, p.10.

기구에서의 자신들의 평등한 지위를 주장하는 과정에서 그 역할을 증대시켜 온 것이다.

비정부간기구들이 국가들의 이해관계와는 상관없이 활동하는 직접적인 정치적 행위자의 하나로 등장하게 된 것은 스톡홀름 환경회의를 통해서라고 할 수 있다.[287] 이 회의를 통하여 환경문제가 국제사회에 있어서 우선적 고려대상이 되었고 지금도 그러한 인식이 계속되고 있다. 또한 이 회의를 통하여 오늘날 국제환경법을 논하는 데 있어서 출발점이 되고 있는 역외적 환경오염에 대한 책임원칙을 비롯한 기본원칙과 조약의 기준들이 정립된 계기가 되었고, UNEP를 비롯하여 국제연합 내에 환경보호에 관한 제도적 장치를 마련하게 되었다.

비정부간기구는 국가들의 편협한 이기적 정책에 대항하기 위하여 정치적 동등성을 추구하고 있다. 즉 정책결정 과정에서의 실질적 참여를 보장받으려 한다는 것이다. 이미 국내법적으로는 미국을 비롯한 많은 국가에서 환경운동 그룹의 참여를 보장하고 있다. 이러한 비정부간기구의 의사결정 과정에의 참여보장은 모든 정당한 견해에 근거한 결정은 정당한 결정이라고 보는 다원주의 개념에 의하여 정당화되고 있다. 또한 이러한 민주적 의사결정과정은 환경보호주의의 생성과 존립을 위한 최소한의 조건으로 논의되고 있다.

국제사회에 있어서는 비정부간기구에 대한 강력한 제도적 제약이 주어지지 않고 있기 때문에 비정부간기구의 정책결정 과정에서의 역할이 더욱 정당화 될 수 있다.[288] 국제기구들은 개발도상국들에게 그들의 입장을 호소할 수 있는 효과적인 토론장을 제공하여 왔고 비정부간기구는 선·후진국 간의 양극화한 입장에 해결의 실마리가 될 수 있는 필수적인 이해관계를 상기시키게 하는 객관적인 과학적 입장을 제시할

---

287) *Ibid.*, p.9.

288) 이러한 점이 바로 비정부간기구가 국제적인 공적 지위가 모호함으로 인해서 비롯되는 이익이라고 할 수 있는 것이다.

수가 있다. 비정부간기구는 그들의 국제법적 지위가 다르기 때문에 국내법의 제한에 구속되지 않는다. 현시점에서 비정부간기구는 정부 간 국제기구의 재량에 의하여 참여 여부가 결정되며 일부 국제기구는 비정부간기구를 참여시키는 절차를 가지고 있다.[289]

2) 普遍的 視覺의 提示

비정부간기구는 국제기구가 개별 국가의 입장이 아닌 보편적인 시각에서 문제에 접근하도록 새로운 시각을 제공한다. 국제무대에서 비정부간기구는 좀 더 초월적인 입장을 주장하여 국가들이 제안한 것과는 근본적으로 다른 시각을 제공한다. 지금까지 국제환경법의 형성과정에서 가장 비판의 대상이 되어 온 것은 국가들이 협상과정에서 자국의 이해관계를 너무 고집하고 이것이 주권의 행사로써 가능하였다는 것이다.[290] 그 결과 환경규제에 대한 협상은 최소한의 공동규제기준에 합의하는 것으로 결론이 났다. 이와 달리 비정부간기구는 국가이해관계

---

289) 국제해사기구는 1993년 7월 현재 49개 비정부간기구와 협의관계를 맺고 있으며, 인도양참치위원회가 이 분야에서 활동하는 비정부간기구를 회의에 참석시킬 수 있도록 규정하고 있다. 이재곤, *op. cit.*, p.9.

290) 특별히 개발도상국들이 국제적 환경기준을 수립하고 이것을 적용하는 데 대하여 강한 거부감을 표출하여 왔는데, 이들의 이러한 주장은 다섯 가지 주장에 근거한다. 첫째, 강력한 환경기준과 신보호주의를 통하여 개발도상국 상품의 국제무역을 제한하려는 것. 둘째, 환경보호를 위한 재활용의 강조는 개발도상국이 주요 생산국으로 되어 있는 원자재의 수요를 감소시키며, 농약잔류기준 등의 비오염 생산기술을 강조하는 환경기준의 적용은 개도국의 농산물 수요도 감소시킨다는 것. 셋째, 선진국의 재원이 자국 환경문제에 집중되어 개발도상국에 대한 원조가 감소할 것이라는 것. 넷째, 개도국에 미칠 효과를 전혀 고려하지 않은 환경기준을 일방적으로 부과하려 한다는 것. 다섯째, 환경문제에 있어서의 우선적 고려사항이 선진국의 시각에서 결정되어 이를 개발도상국에 강요한다는 것 등이다. *Ibid.*, p.12.

에 구애받지 않고 세계의 환경보호라는 보편적인 시각에서 문제를 도출해내고 그러한 입장에 있는 의견을 옹호할 수 있다.[291]

3) 法執行 過程에의 參與

현 국제법체제하에서 비정부간기구가 공식적인 국제법적 지위를 가지고 있지 않기 때문에 비정부간기구의 국제환경법 집행과정에의 참여에 대한 국제법적 근거는 찾기 어렵다. 국내법에서는 미국이나 일부 유럽국가들이 그들 국가 국내법의 집행과정에서 시민단체에게 소송제기 능력을 인정하여 법집행 과정에 참여하는 경우가 있다. 하지만 국제사법재판소(ICJ)는 국가에게만 소송제기 능력을 인정하고 있기 때문에 국제적 환경문제에 있어서 소송의 당사자가 되는 국내법상의 개인이나 기업에게는 국내법과 같은 의미의 공식적인 참여의 형태가 있을 수 없다.[292] 이에 대해서 국제환경법원의 설립의 필요성이 더욱 설득력을 갖게 된다. 만약 국제환경법원이 설립된다면 국제환경법원은 국내법 울타리 내에서 국제환경법을 가장 성공적으로 적용할 수 있는 방

291) 이러한 반면에 비정부간기구의 초월적 입장은 과학적 결론뿐만 아니라 정당한 비환경적 관심사와 상충되는 상황이 발생할 수 있다. 이러한 상충상황을 잘 보여주는 것이 CITES협약의 교토 당사국회의에서 보여준 일부 비정부간기구의 융통성 없는 태도에서 잘 나타나고 있다. 이 회의에서 많은 야생동물보호에 관한 비정부간기구들은 멸종위기 동물의 보호라는 보편적 가치에 집착하여 코끼리의 상아나 가죽에 대한 국제거래를 일부 허용해주도록 요구하는 일부 동남아프리카 국가들의 요구에 반대하여, 회의결과 이들 비정부간기구의 주장이 받아들여지는 경우도 있었다.

292) 국제적인 차원에 있어서 의제 21의 제39장 10절은 무엇보다 분쟁의 사법적 해결의 중요성을 강조하고 있다. 그것은 "분쟁회피와 해결을 위한 방식과 같은, 국제협약의 효과적인 이행장치들을 계속 연구할 것을" 국가들에게 요구하고 있으며, 사전협의, 사실확정, 심사위원회, 조정, 중개, 비준수절차, 중재, 분쟁의 사법적 해결과 같은 광범위한 분쟁해결 방법을 명시하고 있다.

법을 국내법원에게 제시할 수 있을 것이다. 그리고 이러한 국제법원에는 장차 비정부간기구나 개인에게도 소송능력을 부여하도록 하고, 국내법원 또한 법의 해석이나 선결적 판결절차에 의해 국제환경법과 국내환경법 간의 충돌문제를 법원에 회부하도록 하는 것이 바람직한 방향이 될 수 있을 것이다.[293] ICJ를 비롯한 사법기관이 능동적이고 적극적으로 활동하지 못하고, UNEP 등의 환경관련 국제기구들의 법집행기능도 한계를 가지고 있기 때문에 비정부간기구의 역할이 개입될 여지가 있게 된 것이다.[294]

국제적 환경규범의 집행과정에 비정부간기구가 참여하는 것은 특별히 효율적인 규제체제가 완비되어 있지 않은 개도국의 상황에서는 정당화하기가 쉽다. 비정부간기구에게는 국제법상의 기본원칙으로서의 국내문제불간섭 의무가 적용될 수 없기 때문에 전통 국제법하에서 국가의 배타적 주권하에 있어서 간섭이 금지된 국내문제에 대하여도 자유롭게 행동할 수 있다. 비정부간기구들은 이를 위하여 국제기구에서 로비활동을 벌일 수도 있고 국내정치에 있어서의 정치적 의제를 작성하는 데 영향력을 행사할 수도 있다.[295]

---

293) Alfred Rest, *op. cit.*, pp.1-3 참조.

294) Gabcikovo-Nagymaros(Hungary v. Slovakia) 사건에 대해서 ICJ에서 처음 판결이 나왔을 때 헝가리환경보호협회(Foundation to Protect the Hungarian Environment)와 Greenpeace와 같은 NGOs로부터 많은 절충안이 제출된 것이 그 좋은 예라 할 수 있다. 이러한 노력에 의해 양당사국은 판결의 이행을 위한 방식을 협상하기 위해 일련의 회담을 가졌으며 기본협정(Framework Agreement)에 假署名하는 성과도 있었던 것이다. 전경일, *op. cit.*, p.148 참조.

295) 그 대표적인 예로, 열대우림을 파괴할 수 있다는 이유로 미국의 기업이 제안한 대규모 펄프 및 제지공장 건설을 온두라스 정부가 거부하도록 하는 데 개입한 많은 국내 및 국제적 비정부간기구의 활동을 들 수 있다. 이재곤, *op. cit.*, p.13.

4) 資源配分過程에의 參與

비정부간기구는 개발도상국이 환경친화적 정책을 실행하도록 선구적인 유인책을 제공하는 데 있어 중요한 역할을 수행하여 궁극적으로 선·후진국 간의 형평성 문제를 진정시키는 데 일조하였다. 현재 지구상에 생존하고 있는 인간들 사이의 형평을 뜻하는 세대 내형평(intragenerational equity)원칙은 단순한 경제논리만에 의한 환경보존이 아니라 지속가능한 개발을 전제로 한 경제개발이 통합된 의미의 환경보존을 요구한다. 선진국과 후진국 간의 이해관계 충돌은 해결되어야 할 가장 중요한 환경문제 중의 하나이다. 이 문제는 과거 선진국들이 개발도상국의 자원을 제국주의와 식민지배에 의하여 수탈하여 갔고 현재의 환경오염의 주범이 선진국이라는 개도국의 시각이 반영된 것이다. 그간 개도국의 경제개발이 긴요하다는 차원에서 세계은행 등의 국제적 금융기관과 선진국의 재원 및 1, 2차 세계석유가 파동 후의 OPEC회원국의 재원이 상당히 투자되어 왔다. 이들 투자자본은 그 자본에 의해 경제개발에 성공하지 못한 개도국에게는 상당한 부담이 되고 있는 것이 현실이다. 비정부간기구의 자원분배과정에의 직접적 참여라는 기능은 이들 개도국이 부담하고 있는 외채문제를 해결함에 있어서 국제적 환경보호와 외채상환을 연결하고 이 과정에 비정부간기구가 참여하는 것이다.[296]

---

296) 이러한 비정부간기구의 기능은 소위 debt-for-nature swaps라는 형식으로 이루어지는데, 이것은 1984년 WWF 부총재이던 Thomas Lovejoy가 상관관계를 갖는 개발도상국의 외채위기와 온실효과, 생물다양성의 상실 등과 같은 국제환경상황을 악화시키는 개발도상국 내의 환경문제의 해결을 위하여 제안한 것이다. 그 기본내용은 비정부간기구가 변제기일이 닥친 개도국의 단기외채를 차관제공 은행이 감액해준 금액으로 硬貨로써 지불하고, 외채문서상의 채무액을 채무국 통화상의 채무로 전환하여 채무국의 개발계획에 의하여 위협받는 토지를 매입하거나 환경보존사업을 지원하는 방법이다. *Ibid.*, pp.14-15 참조.

2. 議題 21과 NGOs

NGOs[297]는 근대에 창설된 개념이 아니라 중세시대의 '길드'로 그 기원이 거슬러 올라간다. 사회가 변화함에 따라 길드는 발전했으며 다양한 형태를 이루며 각기 다른 역할을 수행해나갔다. 노동조합과 더불어 무역협회나 산업협회 및 상업협회는 이러한 발전의 좋은 실례이다. 이러한 기구의 구성원들은 특정지위나 직업을 배경으로 갖는 사람들로 제한되어 있었기에 NGOs는 인간사회의 한 부분이었고 그 결과물이기도 했다.

NGOs의 넓은 분포는 그들의 전문화에 기인한다. 실제로 환경운동은 서로 다른 영역을 다루는 많은 NGOs의 연합체에 의해 행해진다. NGOs는 그 수가 너무나 많기 때문에 정확히 분류하고 범주화하는 것은 어렵다. 그러므로 NGOs의 증가와 서로 다른 시각은 그들로 하여금 거시적으로 문제를 파악하도록 요구하기도 한다. 전문화로의 진행은 긍정적인 것이라 할지라도, 대다수의 환경자원 이용자들 사이에 상호관계나 상호영역에 대한 측면에 대한 관심을 잃을 수 있는 위험이 내재해 있는 것이다.[298]

---

297) 엄격하게 말해서, "비정부간기구"(non-governmental organizations)라는 용어는 정부 외에 모든 그룹에 적용되며, 사업, 전문가협회, 노동연맹, 교회 등을 모두 포함하게 된다. 미국에서는 PVO(private voluntary organization)가 국제적 개발원조 사업에 개입된 비영리 기구에 관련되어 가장 공통적으로 사용되는 용어 중의 하나이다. NGOs라는 용어는 환경 및 가족계획 그룹에 의해 선호되는 용어이다. 캐나다에서는 모든 그룹들에 의해서 NGOs라는 용어가 사용되며, 필리핀에서는 프로젝트와 인적자원을 공급하는 그룹과 이에 의해 이익을 얻는 그룹을 구별하여 NGOs라는 용어를 사용한다. Nonita Yap, "NGOs and Sustainable Development", *International Journal*, vol. 45 No.1, 1989, Winter, p.77.

298) Wolfgang E. Burhenne, "The Role of NGOs", in Winfried Lang(ed.), *op. cit.*, p.207.

NGOs의 행동은 그들 자신의 특정이익을 위한 문제에 초점을 맞추어야만 한다. 효율성을 기하기 위해서 NGOs는 특정문제에 대해서 상대를 포함한 그들 자신의 모든 측면을 고려하여 연구해야 한다. 불행하게 서방의 NGOs는 그들에게 영향을 미치는 직접적인 환경문제에 대해서는 관심을 기울이면서 후진국과의 상호의존관계를 무시하는 편협한 자세를 너무나 오랫동안 보여 왔다.

NGOs의 효율성은 그 기구의 구조와 직접적으로 관련된다. 기구의 구조는 ① 그들이 소개하려는 문제들, ② 업무방식, ③ 보유정보, ④ 다른 기구와의 경쟁력 등을 반영한다. 한편, 각 NGOs는 제한된 정보량과 경쟁력을 강화하기 위해 국내적으로나 국외적으로 체제개편을 하는 추세이다. UNCED의 결과로 NGOs은 전문가와 지원자로서 없어서는 안 될 존재로 그 지위가 격상됐다. NGOs의 외부활동은 Agenda 21의 27장에 규정되어[299) 있으나 그 내용에 대한 논의보다는 그 규정의 목적이 실행 가능한 것인지가 중요한 문제이므로 그에 대한 논의가 있어야만 할 것이다.

근래의 국제결의의 의사결정과정에 있어서 NGOs를 포함시켜야하는 필요성이 인식되고 있다. 대다수의 NGOs들이 Agenda 21의 이상을 만족시키는 활동을 벌여왔고 다른 NGOs들 역시 적극적인 활동을 벌이

---

299) Agenda 21의 27장에서 정부가 동의한 내용은 다음과 같다.

27.1 "참여민주주의의 형성과 이행에 있어서 NGO는 중요한 역할을 하고 있다. Agenda 21의 이행에 있어 각종운동뿐 아니라 공식 · 비공식적인 기구들이 동반자로서 인식되어야 한다. 독립적 역할의 본성은 …… 진정한 참여를 요구한다 …… 그러므로 (재정적)독립은 중요한 기여 ……"

27.4 "NGOs의 잠재적 기여가 실현되도록 보장하고 국제기구 · 국내정부 · NGOs 사이의 대화와 협력을 증진시킨다.", 본 규정의 핵심은 대화(communication), 참여(participation), 협력(cooperation)이다. 그 이행과 관련하여 27장은 재정금액, 비용평가금액 및 수용 가능한 건물의 필요성에 대해 설명하고 있다.

고 있다. 하지만 그러한 추세에 맞춰 정부와 NGOs는 어떻게 행동해야 하는지가 문제된다. 한정된 시간동안 제한된 규모의 국내·국제적 논의가 계속될 것이 명백하므로, 정부와 NGOs 모두는 Agenda 21의 목적달성을 위한 지침이나 구체적 규정이 필요하다는 것에는 동의한다. 하지만 다양하고 폭넓은 NGOs의 활동이 어떠한 방식으로 행해져야만 이에 기여하게 되는가가 중요한 문제가 아닐 수 없다. UNCED의 활동과정에서 일어났던 정부와 NGO 간의 마찰과 오해에서 보듯이 앞으로는 어떻게 兩者가 의견을 조율해 나갈 것인지가 관건이다.

협력절차에 있어서 公開性·平等性·公正性은 양측 모두에게 중요하다. 一方이 적절하게 행동하지 않는다면 동반자적인 관계가 유지될 수 없기 때문이다.

아직까지 실질적인 NGOs가 존재하지 않는 국가에서는 그들이 성장할 수 있는 여건이 마련되어야만 한다. 그렇다고 NGOs에 대한 公的 재정지원을 하는 것에 찬성하는 것은 아니다. 몇 개의 開途國에서 NGOs의 성립을 돕기 위해 기금이 필요할 수도 있겠지만, 기본적으로 NGOs는 재정적으로 독립해야 하며 정부의 지원에 구속되어 사이비 NGOs로 전락해서는 안 된다. 공적인 지원은 NGOs가 한정된 범위의 특정 프로젝트를 이행하는 데 지급되는 것이 바람직하다.

유럽경제위원회의 각료회담에서 특별전문위원회(Task Force)로 하여금 환경과 관련한 의사결정에 公的參與를 권장하기 위해 효율적인 수단과 기구에 관한 지침을 마련토록 했다. Sofia 각료회담에서 초안이 제출됐고 Alpine회의에서 NGOs관련 절차규칙이 작성됐다. 그러한 지침에 포함될 수 있는 가능한 요소들은 다음과 같다.

정부는 적어도 다음과 같은 약속들은 이행해야만 한다.

1) 알 권리, 이와 관련하여

(1) 정보를 제공하고 그에 대한 접근을 인정할 것.

(2) 정보를 공급하고 보급하기 위한 기구를 설치하고 기구의 사용을 권장할 것.

(3) 정보 접근권자에 대한 결정.

(4) 확보할 수 있는 일반 · 특정 환경정보를 분류할 것.

(5) 정보제공을 거부한다면 이를 정당화할 수 있는 명확한 기준을 제시할 것.

(6) 정보제공에 있어서 그 적절한 방법과 적당한 가격에 대한 조건을 제시할 것.

(7) 정보제공거부행위가 위법한 경우 이에 대한 抗訴를 提起할 수 있는 기구를 설치할 것.

2) 청취권, 그 예로 의사결정과정에 참석이 있다.

3) 질의권, 결정에 대해 질의할 수 있어야 한다.

27.1장의 요구를 충족시키기 위해 국가들이 세부적으로 이행하도록 기대할 수 있는 몇 개의 요소가 있다. 또한 유럽경제위원회의 각료회담에서 특별전문위원회는 이에 포함될 만한 요소들을 검토 · 제출한 바 있다.

이러한 요청들은 국제적 수준에서 면밀히 살펴봐야 하겠지만, 개별 국가를 통한 접근방식도 감안해야 한다. 왜냐하면 정보로의 接近, 公的 參與, 行政節次에 대한 조건들은 국가마다 다르기 때문이다. 다음과 같은 일반적인 문제점들이 해결되어야만 한다.

(1) 의사결정에 있어서 환경적 고려의 통합성 부족.

(2) 법적 · 행정적 체계의 부족.

(3) 자금부족.

(4) NGOs와 다른 민간그룹의 적절한 법적 지위부족.

(5) 독립된 전문기구의 부족.

하지만 정부만의 노력으로는 부족하다. 정부가 의사결정과정을 개방한다면, NGOs 역시 과정의 공정성 · 평등성 · 투명성을 보장하는 규칙을 받아들어야만 한다. 과거 NGOs는 의사결정과정에 있어서 그들의 역할에 대한 수많은 비판이 뒤따른바 있으며 현재도 마찬가지이다. 외교회담에 있어서 몇몇 NGOs의 행동이 그 실례이다. 그들은 너무 감정적이고 소극적이어서 상대방의 입장을 이해하지 않으려 한다. 그들은 조정을 받아들이지 않으려 하고 심지어 그들의 요구는 비현실적이며 실행 불가능하다. 그러므로 NGOs은 다음과 같은 행동규범을 준수해야 한다.

(1) 원칙에 대한 논의보다는 현실적 문제나 특정사안에 대한 논의에 초점을 맞춘다.

(2) 당해 사안에 대한 특정정보를 제공한다.

(3) 代案에 대해 개방적 자세를 취한다.

(4) 그들의 요구 중 실현가능성이 없다면 이를 인식하고 협상에 응한다.

(5) 비판적 분석에 따라 그들의 자세를 수정할 줄 알아야한다.

(6) 폭넓은 기반과 民主性을 지녀야 하며 이를 증명한다.

(7) 정부간회의에 참가할 경우 그들이 그들 자신이 제정한 절차규칙에 의하여 회의를 진행해 나갈 필요가 있음을 인정한다.

(8) NGOs는 의사결정자가 아니라 支援者, 助言者, 전문지식의 연원으로서 운용됨을 인지한다.

(9) 결정사항과 정보에 대한 기밀성을 존중한다.

몇몇 정부는 NGO의 간섭에 의해 그들의 회의가 좌지우지될 것이라고 두려워하고 있다. 또한 몇몇의 NGOs들은 기밀성 존중과 같은 일반적 규칙에 의한 행동을 하지 않을 것이라고 걱정하고 있다. 그러므로 정부는 사전에 보도하지 않을 것을 약속하는(off-the-record)형식의 발언을 자제한다. 실제로 비정부간기구의 옵저버들은 협상장소를 벗어나지 말아야 하며 기자들을 만나 협상절차에 대한 비판적인 발언을 하지 않아야 한다.

정부들은 교섭과 조정을 수행하지만 대다수의 NGOs는 그렇지 않다. 문화적 차이가 그 주된 이유일 것이다. 그러므로 NGOs는 그들이 걱정하는 한도 내에서 새로운 문화를 발전시켜야함을 인정해야 한다. NGOs의 연합은 반대 의견자의 권리를 制限하지 않는 동시에 하나의 群을 형성하여 주장할 수 있는 장점이 있다. 교섭과정 내에서 NGOs는 최상의 總意에 접근할 수 있는 조정을 해야만 한다.

Agenda 21에서 요구하는 동반자적 관계의 기본을 설정하기 위해 정부와 NGOs가 준수해야 할 규칙의 가장 기본적인 것은 지난 몇 년 동안 IUCN 환경법 위원회에서 작성했던 '환경과 개발에 관한 협정초안'에서 반영하고 있다.[300)]

앞으로 정부나 NGOs는 조심스럽게 행동해야 한다. 하루아침에 모든 것이 바뀔 수는 없을 것이다. 전반적인 절차를 무시하는 극단적인 公開와 參與보다는 조심스럽게 節次와 병행하는 자세가 필요하다. 또한 위에서 언급한 지침은 절대적으로 수용되어야 할 것이다. 이 경우에 있어서 '동반자적 관계'라 함은 서로 다른 수준의 집단연합을 의미한다. 일반적으로 정부는 주권을 가지며 국민들에 대해 책임을 지는 반면에 NGOs는 단지 조언을 하며 알리고 설득하는 역할을 할 뿐이다. NGOs 측이 어떤 입장을 취하든 최종적인 결정은 정부 측에 있다는 것을 인정해야만 한다.[301)]

국내수준에서 요구되는 것은 보통 국제수준에서도 요구되는 것이다. 국제수준에서 초안된 지침은 성질상 일반적일 수밖에 없다. 그 이유는

---

300) Wolfgang E. Burhenne, *op. cit.*, p.210.

301) 만약 NGOs가 국제법적으로 그 지위가 확립되고 보장받게 된다면 비정부간기구와 국내정부와의 상호관계에 있어서 비정부간기구가 어떠한 경우에도 당연히 정부의 결정에 따라야만 하는 상황은 분명히 줄어들 것이고 상호간에 충분한 협의가 이루어질 수 있을 것이다.

각 국가마다 상황이 다르기 때문이다. 몇몇 국가들은 옴부즈만 제도를 시행하고 있으며 다른 국가들은 선진적 행정법원체계를 가지고 있고, 다른 국가들은 그와는 다른 기구들을 운용하고 있다. 이 모든 상황들이 고려되어야 한다.

그러나 두 가지 문제점이 있다. 첫째, 이러한 지침이 국제자연보존연합(IUCN)과 같이 정부도 아닌 동시에 NGOs도 아닌 기구에게 적용될 수 있는가 하는 것이다. 국제자연보존연합은 정부를 대표하는 동시에 NGOs의 대표들로 구성되어 있다. 둘째, 의회 간 연합(Interparliamentary Union)이나 글로브(Globe)와 같은 의회기구에[302] 관한 것이다. 리우회담에서 NGOs의 행동강령이 채택되었을 뿐 아니라 구체적 요구들이 이에 제시된 바 있다.[303] 이러한 논의가 계속됨에 따라 지침현안이 곧 공표될 것이다. 그것이 공적영역과 사적영역 사이에 향상된 동반자적 관계형성을 위한 토대가 되어야 하며, 더불어 동반자적 관계가 지구상의 환경과 지속가능한 개발을 증진시킬 수 있어야 할 것이다.

3. NGOs와 持續可能한 開發

지속가능한 개발원칙은 1987년 '인류공동의 미래'라는 브룬트란트 위원회의 보고서에서 자주 논의되었다. 이 보고서에서는 거론하고 있지

---

302) 이들은 미국 부통령인 Al Gore에 의해 설립된 것으로 그 구성원은 상원의원이다. 국내의회가 그 의원을 청문회에 세워 증언토록 하는 것은 자연스런 상황이다. 하지만 국제수준에서 의회의 기구가 NGOs의 자격으로 청문회에 응하는 것이 가능한지가 의문으로 남는다.

303) 리우회의에서 6,000여 단체에서 18,000여 명의 민간단체 대표들이 참가하여 '92 글로벌 포럼을 공식회의와는 별도로 개최하고 국가이기주의를 초월한 지구시민으로서의 주권확립과 지구를 구하자는 원칙을 확인하는 NGOs 결의문을 채택하는 등 활발한 활동을 개최하였다. 김만선, "비정부 민간환경단체의 현황과 활동", 입법조사월보, 1992. 10, p.115.

는 않지만, 1960년대 이래로 NGOs는 다음 사항들을 주목해오고 있다. ① 농업화학 약품이 인간보건과 생태계에 미치는 영향, ② 녹색혁명(Green Revolution), ③ 원주민들로 하여금 그들의 자원이용 및 주거지를 박탈하는 것, ④ 산림산업에 있어서 잘못된 벌목관행, ⑤ 파괴적인 어업, 산림, 농업 기술로 인한 산호초 생태계의 황폐화, ⑥ 무분별한 이용과 공해로 인한 야생동식물의 감소 등이 그것이다.[304)]

여기서는 ① 브룬트란트 초기에 있어서의 지속가능한 개발을 위한 NGOs의 역할과 ② 위원회 보고서로 인해 야기될 변화를 살펴보고, ③ NGOs 운동의 변화가 주는 시사점을 분석해보기로 한다. 또한 논점은 개도국에 있어서 국제적인 발전과정에 영향을 미치는 NGOs를 중심으로 논의한다.

1) NGOs와 發展過程

(1) Brundtland 以前時代

개발은 진행되고 있고 어떠한 방식으로 이루어져야 하는지도 논의되고 있다. 즉, '개발'이 '산업화', '경제성장', '능력', '선택의 자유', '기본적 수요의 충족' 등 여러 개념으로 이해되고 있는 것이다. 비정부적 활동은 이러한 다양한 개발모델에 반응해왔다. 어떤 NGOs는 경제개발 계획을 이행했고 다른 NGOs는 그에 반대하는 운동을 펼쳤다. 어떤 NGOs는 발전으로 인한 사회적 영향을 감시했고 다른 NGOs는 환경적 영향을 감시했다. 개발에 장애요소를 제거하는 데 협조하는 행동강령을 가지는 NGOs가 있는 반면, 사회복지시설과 구호를 통해 이러한 목적을 추구하는 NGOs가 있으며, 지역체 조직을 도움으로써 이를 추구

---

304) Nonita Yap, *op. cit.*, p.76.

하는 NGOs도 있다. 해충제나 종자와 같은 특정한 수단의 사용을 반대하는 NGOs도 있는가하면 좀 더 적당한 기술을 연구하거나 대안을 찾으려는 NGOs도 있다. 농민그룹이나 여성그룹 같이 특정계층의 관심사를 소개하기 위해 구성되는 NGOs, 또는 적절한 기술개발과 연구 같은 특정서비스를 제공하기 위해 구성되는 NGOs도 있다. 그리고 여러 영역에서 복합적인 이슈를 다루는 NGOs가 있는가 하면 발전과정이라는 특정이슈만을 다루는 NGOs도 있다.

그 4가지로 일반적 NGOs를 범주화한다. 환경 NGOs, 개발 NGOs, 적절기술 NGOs, 원주민 기구 등이 그것이다.

(2) 環境 NGOs

환경운동은 1960년대 중반과 1970년대 초반 서유럽과 북미에서 활발했다. 그것은 산업발전으로 인한 야생동식물의 멸종, 대기 및 토질오염, 수질오염 등 그 영향에 대한 반증이었다. 대중들의 관심을 산업, 농업용수나 화력발전소 등으로 인한 심각한 환경파괴에 돌리도록 한 것은 환경 NGOs였다.[305] 이에 서방정부는 환경관련기구를 구성하고 해결책을 찾기 위해 노력했고 환경청이 설립됐다.

환경 NGOs은 환경정책이행을 감시했고 언론을 통해 계속해서 압력을 가한다. 그러나 1970년대 후반과 1980년대 초반에 정부와 산업계에서는 대부분의 환경 NGOs를 '회색집단'(fringe group)[306]으로 간주하

305) 이러한 결과를 발생시키는 데에는 대중 언론매체가 여론을 형성하고 정부에 대중적인 압력을 전달하는 데 비판력 있는 역할을 수행했고, 이에 서방정부는 환경관련기구를 구성하고 해결책을 찾기 위해 노력했고 환경청이 설립됐으며, 살충제의 사용, 매연의 배출 그리고 산업폐기물의 投棄를 규제하기 위한 법률이 제정되었다. *Ibid.*, p.78.

306) 두 문화 사이에서 어느 쪽에도 속하지 않는 집단을 뜻함.

며 여론의 충분한 지지를 받을 경우에만 이들의 주장을 고려할 필요가 있다고 생각했다. 그리고 여론의 충분한 지지는 항상 뒤따르는 것은 아니라고 했다. 공해배출 규제규정은 공해를 억제하는 결과를 가져왔고 특정해충제의 사용에 관한 규제나 금지조치가 취해졌으며 북미에서는 환경영향측정절차가 마련되어 대중으로 하여금 그들의 관심사에 대해 언급하거나 발전계획에 대해 반대를 표시하기도 했다.

지난 몇 년 동안 환경에 대한 여론의 관심이 극적으로 고조됐으며 이는 곧 정부활동에 대한 관심이기도 했다. 현재 그러한 문제는 국경을 초월하고 있다. 일련의 사건들이 이러한 변화에 기여했다. 1970년대 후반의 Seveso, Love Canal, Three-Mile Island 사건과 1980년대 중반의 Sahelian 가뭄, Bhopal, Rhine River 화학유출, Chernobyl 사건 등이 그것이다.[307)]

1972년 인간환경에 관한 스톡홀름 회담에 앞서 선진국 소속의 몇몇

---

307) 1976년 이탈리아 Seveso에 위치한 공장에서 독성화학물질을 배출했다. 4천 에이커의 토지가 오염됐고 10만 마리의 목초동물들이 죽었으며 수천 명의 사람들이 장기적인 후유증에 시달렸다. 1978년 Valley of the Drums와 Love Canal에서 폐기물이 방출되어 세간의 이목을 집중시켰으며, 공해방지규정을 마련하자는 논의가 있었다. 1984년 언론매체는 인간이 발전기술의 실패뿐 아니라 발전정책에서도 실패했다고 하는 보도를 하기도 했다. 1983과 84년 사의의 Sahelian가뭄은 1973년과 74년 사이의 악몽을 재현했으며 인간과 환경과의 불균형이 얼마나 엄청난 결과를 초래하는지 사람들로 하여금 각인시켰다. 또한 Bhopal 참화는 선진국으로 하여금 과학기술의 실패가 무엇인지 깨닫게 해주었다.
Sahelian가뭄은 그 사건 이전에 토지의 부식 및 황폐화와 사막화의 위험을 경고했던 환경 NGOs와 과학자들의 경고가 단순한 杞憂가 아니라는 것을 분명하게 보여주고 있다. Bhopal 비극은 정부와 산업계가 계속해서 환경의 중요성을 인식하지 못하고 실수를 반복한다는 회의감을 느끼게 한다. Chernobyl이 그 대표적인 예이다. NGOs 중 하나인 Friends of the Earth Canada가 1986년 말엽 오존층 파괴의 주범인 CFCs의 사용을 반대하는 운동을 벌여나갔을 때, 회원들은 Great Lakes의 오염을 대중에게 警告했던 북미환경운동가와 과학자들이었다. Nonita Yap, *op. cit.*, pp.79-80.

NGOs가 후진국의 환경문제에 관심을 표명했다. 야생동식물의 보존에 관여하고 있는 '자연 및 자연자원 보존을 위한 국제연합(IUCN)'이나 '세계야생동식물 기금(WWF)'가 그것이다. 스톡홀름회담 중 중요한 환경문제에 대한 경제적 선진국과 후진국의 논쟁이 있었다.

스톡홀름회담으로 인해 UNEP의 결성이 있었고, 스톡홀름에서 활동을 해오고 있었던 환경 NGOs의 연합체인 환경연락센터(ELC)가 개설되었다. ELC는 NGOs와 정부간기구와의 연계를 강화시키는 연락사무소로서 그 역할을 수행했다. 선진국 NGOs와 후진국 NGOs 간의 조직화된 촉매역할을 하기 시작한 것이다.[308)]

잠재적인 지구환경의 영향에 대한 과학자들의 지지가 확산됨에 따라 선진국 환경 NGOs의 범위가 급속히 국제적으로 확산되었다.[309)]

국제수준의 활동은 몇 가지 중요한 시사점이 있다. 첫째, 이는 지구의 생태계 문제의 분석의 범위를 넓힌다. 종전에는 NGOs의 다양성과 복잡성으로 말미암아 운용의 목적이 매우 광범위했다. Green Peace나 Pollution Probe의 경우 공해문제에 초점을 맞추었고, Probe International이나 World Resources Institute같은 다른 NGOs은 자원의 이용과 관리에 관심을 두었다. 반면 IIED와 환경보호기금은 양쪽영역에서 모두 활동했다.

이러한 전문화는 인간의 위협 아래 처한 환경의 심각성을 잘 반영해

---

308) 초기의 ELC(Environment Liaison Center)는 선진국의 몇 안 되는 NGOs의 연합으로 출발했으나 230개의 회원국으로 늘어났으며, 후진국 소속의 7,000여 개의 다른 그룹들과 접촉하고 있다. *Ibid.*, p.79.

309) Friends of the Earth International, Probe International(CANADA), Environmental Defence Fund(US), Natural Resources Defence Council(US), 유럽환경사무소가 있으며, 세계감시기구(World Watch)와 국제환경과 발전기구(IIED)와 협력하는 동시에 多者間, 兩者間 및 정부간 기구와의 긴밀성을 유지하면서 국제수준의 결정에 영향력을 행사하기 위해 노력하고 있다. 다른 단체들은 그들의 사무실을 확장함으로써 그 세력을 넓히고 있는데, Greenpeace의 경우 코스타리카, 브라질, 그리고 최근에는 러시아까지 그 범위를 확장하고 있다. *Ibid.*, p.81.

준다. 환경운동가들은 삶의 질을 유지하기 위한 핵심으로서 환경의 4가지 기능을 제시하고 있다. 1) 생산체계를 위한 재생 가능한 자원과 재생 불가능한 자원의 공급자로서의 기능, 2) 다양한 생태계 진행과정상 이루어지는 자연자정능력을 통한 폐기물 처리장으로서의 기능, 3) 공기, 물, 토양과 같은 삶의 유지자원으로서의 기능, 4) 쾌적 자원으로서의 기능. 사람들은 기술과 경제수단을 이러한 환경기능에 적용함으로써 삶의 질을 변화시킨다. 환경주의자들은 量的·質的측면에서 이러한 기능은 제한되어 있다고 주장한다. 그러므로 개발의 장소는 제한되어야만 한다. 그렇지 않을 경우 자원은 지속가능할 수 없다. 그러나 어떠한 환경적 기능이 가장 큰 위협아래 있는가에 대해서는 어느 정도 의견의 일치가 있지만, 어떤 것을 최우선 과제로 삼아 해결해야 하는지에 대한 충분한 합의는 이루어지지 않고 있다.[310)]

1984년 WorldWatch에서 최초로 인구증가율에 대한 보고서를 발표한 이래로 인구증가율은 계속해서 상승하고 있다. WorldWatch는 각국 정부가 가족계획을 통해 이런 문제점을 어느 정도 해소할 수 있다고 언급하고 있다.[311)] '지속가능한 개발' 아래 세계보존전략(WCS)의 20여개 기구들이 참여했고 개도국을 비롯한 지역체나 개인들이 자연자원의 중요성을 인식하게 되고 그들의 인구증가와 그에 따른 문제점을 자각하게 되었다. 그러나 WCS는 이들의 행동지침으로써 선행요구사항을 마련하지 않았으므로, 이후 구체적인 실천이 나타나지 않았다.

다른 환경 NGOs는 '인구'와 '지속가능한 개발' 사이에 좀 더 복잡한 상관관계가 있다고 믿고 있다. IIED에서 발간한 '유일한 지구'라는 책에서 인구증가율과 자원고갈 간의 관계는 항상 비례하는 것은 아니라

---

310) *Ibid.*, p.84.

311) 여기에는 결혼최저연령을 규정하는 법안과 여성의 사회적 지위를 향상시키는 것 같이 여성의 경제적 기회에 영향을 미치는 公共政策을 시행하는 것 등이 담겨져 있다.

고 언급하고 있다. 실례로 싱가포르는 세네갈에 비해 50배가 넘는 인구 밀집도를 보이고 있으나, 평균수명은 세네갈을 앞지른다. 환언하면, 인구수가 문제가 아니라 얼마나 그들이 많은 소비를 하느냐는 것이 문제인 것이다.[312] Greenpeace의 시각에 의하면, 정부나 산업계층의 유한자원이용정책의 실패가 더 큰 문제라고 하고 있다. Friends of the Earth Canada의 정책국장인 Kai Millyard은 IIED의 언급을 인용하면서 '소비패턴'[313]을 가장 큰 문제로 꼽고 있다.

이런 새로운 국제단체들은 정책의 옹호에 있어서도 다른 스타일을 보여주고 있다. IUCN, HED, WorldWatch Institute, World Resources Institute 등은 일반적으로 정책변화에 대한 압력을 행사하는 데 있어 정부간기구(세계은행, IMF, FAO, 유럽의회, 유럽공동체)와 국가내기구(IDA, USAID)와의 결속을 통한다. 그들은 회담을 개최하고 과학적 조사결과를 바탕으로 자료를 발간함으로써 여론에게 그들의 주장을 전달한다. Friends of the Earth(캐나다, 영국), 환경보호기금, 자연자원보호위원회, 유럽환경사무소, Pollution Probe, Probe International은 언론매체(media)를 통한 활동을 전개한다. Greenpeace는 직접적인 활동을 벌이며, 이들은 이러한 방법이 능률적이라고 믿고 숨쉬는 공간확보에 주력한다.

환경운동은 '개발'에 대해 반대하지는 않는다. 그러기보다는 환경자원의 낭비나 위협을 일으키는 발전의 특정모델에 대항하는 편이다. 브

312) 미국이나 영국의 아이들은 세네갈이나 페루의 아이보다 20-40배의 자원을 소비한다. Greenpeace는 인구문제에 대해 이와 유사한 우려를 표명한 바 있다. Michael Mandolson에 의하면 Greenpeace Canada의 사무총장은 "인구는 문제가 아니다. 가장 큰 오염문제는 인구증가율 0%인 국가에서 발생한다."라고 말했다. Nonita Yap, *op. cit.*, p.84.

313) 리우선언 원칙 8: 지속가능한 개발과 모든 사람의 보다 나은 생활의 질을 추구하기 위해 각 국가는 지속 불가능한 생산과 소비패턴을 줄이고 제거하여야 하며 적절한 인구정책을 촉진하여야 함.

룬트란트 보고서는 '지속가능한 개발'을 '미래세대가 필요로 하는 발전'을 의미한다고 정의하고 있다. '지속가능한 개발'에 대한 용어의 정의는 세계보존전략(WCS)이 1980년에 관련서적을 발행하고 나서야 명확하게 규정됐다. 습지파괴, 온실효과, 오존층파괴, 인간정주 파괴, 생물다양성 손실, 야생동식물의 불법적이고 지속적 포획과 같은 문제점이 제기됨으로써 환경 NGOs는 자원에 의존해서 살아가는 인간사회와 발전과정에 긍정적 내지 부정적 영향을 미치기 시작했다. 그들의 노력은 더욱 강력해질 것으로 기대되며 원주민그룹과 개발그룹과 같은 다른 NGO 지역체들과 마찰을 일으킬 것이다.

(3) 開發 NGOs

선진국 개발 NGOs는 후진국지역의 신생독립국의 경제발전의 요구에 의해 60년대 초반에 처음으로 등장했다. 이들 국가가 중국과 쿠바 같은 국가로 전락되는 것을 방지하기 위한 것이 그 이유였다. 70년대 정부로부터 지원받은 기금으로 다수의 NGOs들이 탄생됐다. 또한 1984년 Sahelian위기 이후 더욱 많은 NGOs들이 생겨나고 있다.

개발 NGOs은 국제발전에 있어 다양한 역할을 수행한다. 그들의 역량은 지역체의 다양한 요구에 충실히 대응하는 능력에 있으며, 여론과 私的 기부금을 동원하여 그들의 목적을 추구하는 데 쓰이고 있다. 선진국의 개발 NGOs는 일년에 약 30억 달러의 금액을 私的 寄附로 운영해나가고 나머지 15억 달러는 公的 支援인 것으로 추산된다. 환경 NGOs와 유사하게 개발 NGOs 또한 전문화 되어있다. 대부분이 4개 활동[314] 중 1개 이상의 영역에서 활동을 벌이고 있으며 국제적 단계는 아니며 지역적 단계이다.[315] 경제생산력의 경우 산림, 어업, 농업 등을 들 수 있고,

314) 본 연구 146쪽 참조.

사회복지의 경우는 교육, 의료보험, 문학을 들 수 있으며, 지역체기구의 경우는 협력, 여성공간을 들 수 있으며, 아동들의 인권보장의 경우는 인종차별반대운동, 원주민에 대한 자결권 등을 그 예로 든다.

추구하는 利益에 있어서 多樣性을 보임에도 불구하고 NGOs가 그들의 기본적인 요구는 '개발'이라는 것은 확실하다. 환경 NGOs와는 반대로 개발 NGOs에서 '지속가능한 개발'이란 용어는 오랫동안 익숙해져 있다. 그러나 그 개념은 다르게 이해되고 있다. 개발이라는 의미가 지역체의 참여와 자기신용을 향상시키므로 지역체에 의해 정의되는 용어는 지속적일 수 있다.

개발에 대한 지역체의 논의는 過程의 속성으로, 기구는 발전의 목적을 충족시키기 위해 요구되는 것으로 이해된다. 관개공사에 있어서와 같이 환경이 고려된다면, 이것은 발전의 수동적 요소이다. 즉, 소형공사에서는 환경은 그리 큰 영향을 미치지 못하며 대형공사에서만 문제된다는 것이다. 그러한 사고방식은 지속된다. 環境과 開發 사이의 다양한 관계가 구분되고 선진국에서 더 나은 이해가 이루어진다 할지라도 선진국 NGOs는 구조적으로 후진국에서 이루어지는 그들의 프로젝트를 설계, 이행, 감시, 평가 등을 할 수 있는 통찰력을 결여하게 된다.

몇몇의 지역체 기구들은 이러한 변화의 부족을 그들의 계획 내지 프로젝트가 유동적이라는 과장된 사실로 변명한다. 선진국 NGOs는 후진

315) CUSO(캐나다), World University Service of Canada(WUSC), CARE, Helvetas(스위스) 등은 처음 세 개의 영역에서 정부의 발전기구에 의해 마련된 프로젝트를 이행한다. 또한 CIMADE(프랑스), NOVIB나 다른 7개의 Oxfam그룹(캐나다, 퀘벡, 영국, 미국)은 모두 4개의 영역에 관계되어 있고 정부의 재정적 지원을 받는다. Foster Family Plan이나 International Planned Parenthood Federation이나 다른 유사한 그룹들은 가족계획의 이행 같은 사회복지에 초점을 맞춘다. Caritas(독일, 네덜란드), ICCO(네덜란드), CEEEMO(네덜란드) CCODP(캐나다) ICFID(카나다)와 같은 기독교계통의 종교에 기반을 둔 NGOs은 교육, 인권 지역공동체와 같은 문제에 초점을 맞춘다. Nonita Yap, *op. cit.*, pp.85-86.

국의 동반자의 필요에 부흥해야 한다고 주장한다. 후진국 NGOs의 관심사는 식량생산의 증대, 보건과 교육의 향상, 母子 및 아동보호라는 초보적 발전형태라는 것에 대한 異見은 없다. 이러한 要求를 充足시켜주는 능력과 환경의 質 사이의 상호의존성은 후진국 NGOs에 의해 구성되는 경우는 좀처럼 드물다. 선진국 NGOs의 경우도 마찬가지이다. 실례로 많은 선진국 NGOs가 후진국 NGOs들의 요청에 의해 각종 지원기구로 하여금 녹색혁명의 근로 및 소유형태에 대해 관심을 두도록 하지만, 단일문화나 다양한 요소의 사용으로 인한 생태계에 미치는 영향에 대해서는 언급하지 않는다.

그러나 '반응'(responsiveness)만으로는 선진국의 NGOs가 환경적 측면을 프로젝트에 적용하는 것에 대한 실패의 설명이 될 수 없다. 후진국 NGOs와 함께 동반자를 구성하고 있는 선진국 NGOs는 기금이나 인력적인 측면보다는 더 많은 것을 포함한다: 그들의 활동에 대한 정기적인 분석과 자체적인 훈련 및 그것을 강화하기 위해 계속해서 노력한다. 선진국 NGOs는 개발에 있어서 단순한 동반자가 아니다. 그들은 정부기관이나 관리자에 의해 만들어진 기준을 제공해주기도 하고 기금에 대한 프로젝트를 감시하기도 한다. 그리하여 그들은 후진국에서 어떠한 기구와 어떠한 프로젝트가 기부를 받을 것인가에 대한 강력한 영향력을 행사한다.[316)]

개발 NGOs의 환경에 있어서의 맹점은 과학적 근거에 의해 지식을 습득하여 조사하고 업무를 착수하는 작업을 하지 못한 데에 기인한다. 거의 모든 환경 NGOs은 그들보다 다른 기구들이 좀 더 강력한 조사능력을 가지고 있다는 것이 명백히 보여도 그들의 정책상 조사에 착수한다는 것이다. 인권옹호나 보건에 있어서는 예외라 할지라도 선진국 발전 NGOs는 연구 내지 조사를 행하는 경우는 드물다.[317)]

---

316) *Ibid.*, p.88.

317) 국제연합 비정부간기구연락소(NGLS)의 본문제에 대한 조사에서, 사무국

몇 개의 미국 개발 NGOs는 특히 두드러진 예외이다. CODEL은 40개의 국제적 개발 NGOs의 비영리적 연합체이다. 1979년 그 구성단체의 명확한 요구에 의해 결성됐다. CODEL은 환경 및 개발 프로그램을 설립했다. 그 이후로 NGO 직원들에게 다양한 수준의 환경 교육 워크샵을 제공해왔다. 또한 환경과 개발에 관한 자원개발도구를 발전시켜왔다. 적절한 과학기술연구 및 개발을 위한 NGOs인 VITA와 더불어 CODEL은 농업, 에너지, 용수 및 산림프로젝트에 관한 대체기술 계획서를 발간했다.

미국의 개발 공동체의 환경적 양심에 관한 방향은 US AID에 의해 1977년에 채택된 정책에 부분적으로 표명되어있다. 이 정책은 모든 프로젝트에 대한 의무적인 환경평가를 요구했다. 물론 국내기구에 의한 평가가 선행되어야 함은 물론이다. 이는 미국 내에서의 환경 NGOs의 역량을 잘 반영해주고 있다. 또한 다른 국가에서 아직까지 일어난 적이 없었던 개발NGOs와 환경NGOs 간에 발생한 상호촉진성을 반영해준다.

유럽에서 Oxfam(영국)과 CIMADE은 연구를 활발히 해왔다. Oxfam은 토질보존과 해충제 문제와 관련해서 오랜 역사를 유지해오고 있다. 1983년 발간된 '증가하는 문제: 해충제와 제3세계 국가'는 당해 문제에 관한 가장 권위 있고 훌륭한 연구로 기록되고 있다. CIMADE는 연구와 훈련 없이 지속가능한 개발은 있을 수 없다는 원칙을 내세웠다. 1986년 CIMADE는 50가지 프로젝트를 이행했다. 그것들 중의 절반은 연구자와 연구기구의 직접적 협력에 의한 것이었다. 베트남으로의 백신공급, 의료

의 F. Martinet는 다음과 같이 언급하고 있다. "여전히 많은 NGOs가 과학적 연구를 무시하거나 그것과는 정책적으로 다르다 …… 극단적인 경우, 이념적 독립보존을 위한 연구에 대해서도 명백한 불신을 표시하는 NGOs가 있으며 정부에 의해 지원받은 연구소와도 일정 거리를 유지한다. 같은 맥락으로, 그들의 반대는 연구의 형태를 조사의 수단으로 보는 경향이 있다. 시간이나 자원의 부족은 연구나 행위가 조화될 수 없는 목적이라는 느낌을 가지게 한다." *Ibid.*, pp.88-89.

연구 및 제공, 하이티에 전통의료, 저투입 농업, 브라질에서 Carajas 프로젝트의 사회적 및 생태적 영향평가 등이 그 예이다.

Inter Pares는 환경 및 개발을 주장하는 인권본위의 NGOs가 아닌 캐나다의 NGOs로써 그 前位에 있다. 1977년 설립되었고 공동유산 프로그램을 마련하여 교육자를 위한 지구촌 발전과 환경문제 관한 자료집을 출간했다. 이러한 혁신적 교재는 캐나다 내에서 교재로 널리 이용되고 있다. 1983년에는 CIDA로부터 지원을 받고 Inter Pares의 후원하에 발전에너지에 관한 지역회담이 열렸다. Nairobi에서 열린 이 회담에서 캐나다의 기본입장을 밝힌 바 있다. Inter Pares는 또한 세네갈과 캐나다에서 유전자원보존계획을 지원하고 있다.

하지만 일반적으로 발전 NGOs의 역량이 프로젝트의 수준에 있어서 환경적 측면의 통합에는 미치지 못한다 할지라도 결국 후진국에 있어서의 장기간에 걸친 지속가능한 개발에는 기여할 것이다.

(4) **科學技術** NGOs

NGOs의 3번째 영역은 적절한 과학기술그룹이다. 이들은 발전 NGOs와 밀접한 관계를 가지는 동시에 어느 정도 거리를 두고 있다. 무엇이 적절한 과학기술을 의미하는가에 대한 논란이 있지만 사회적, 경제적, 환경적 목적에 합치되는 것이 과학기술이라는 것에 대해서는 異見이 없다.[318] 적절한 기술의 관심은 대개 현대의 지배적인 과학기술 발전형태나 부적절한 기술에 대한 비판이나 거부로 표출된다. 하지만 이러한 경향은 선진산업국에서 주로 나타나며 제3세계국가까지 미치지는 못한다.

이러한 몇몇 그룹은 문화적, 사회적, 생태적으로 적절한 과학기술의 연구와 지도를 행한다. 다른 그룹들은 정보망을 이용하여 정보를 보급

---

318) *Ibid.*, pp.90-91.

한다. 혹자에 의하면, 그들의 포괄적 목표는 貧者의 욕구충족과 사회, 경제, 환경목표를 광범위하게 수행하기 위한 일환으로 과학기술 발전 형태의 방향을 재조정하는 데 있다고 한다.[319)]

이러한 NGOs의 영향력을 기대했던 것만큼은 미치지 못했다. 다양한 이유가 실패의 원인이다. 문화적 부적합성, 기술신용도의 부족, 외국기술자에 대한 의존, 전위 및 후위 결합체의 부족, 지역 및 참여부족, 인센티브의 부족 등이 그 대체적인 이유들이다.

(5) 原住民 機構들

원주민 기구들은 소규모로써 최근에 조직되고 있는 NGOs로 구성되어 있으며 이들은 지속가능한 개발이 설득력이 없다는 주장을 한다. 원주민에게 있어서 발전은 개인의 발전이 아닌 지역체의 발전이며 문화적, 정체성이 기본적 발전이라고 간주한다. 원주민 문화와 그들의 지역체들은 정부나 산업체 심지어는 국내 및 국제적 관심을 나타내는 NGOs로부터 끊임없는 공격을 받고 있다.

대부분의 원주민 문화는 자연과 공존하여 살아갈 수 있는 인구의 통제체제나 자연의 이용, 개발 방법을 발전시켜왔다. ICJ도 1975년 Western Sahara Case의 판결에서 스페인의 식민통치 이전에 이미 토착민의 합법적인 권리가 존재했다고 언급한 바가 있다.[320)] Western Sahara 판결은

---

319) 런던에 본부를 둔 Intermediated Technology Development Group은 그러한 연구그룹의 표본이다. ILEIA(네덜란드), CRET(프랑스) SKAT는 정보그룹이다. SATIS(네덜란드)는 전 지구적 차원에서 적절한 과학기술 NGOs를 연대시키는 것을 목표로 하고 있다. *Ibid.*, p.91.

320) ICJ는 1880년대 중반의 식민시대에 Western Sahara는 이미 토착민들을 대표할 수 있는 종족의 우두머리하에 사회적, 정치적으로 조직된 토착민들에 의해 거주되고 있었다고 결론지었다. 서구화된 체제와는 구별되는 토착적인 제도와 절차에 근거한 합법적인 정부의 존재를 인식함으로써

개도국에 있어서 토착민들의 인권의 인식을 중요시하고 주장하는 사람들에게 중요한 계기가 되었다. 이러한 관점은 시민적·정치적 권리에 관한 국제규약에 의해서 더욱 지지를 얻게 되었다. 본 규약의 제27조는 공동체를 기반으로 한 천연자원의 관리를 위한 가장 큰 가능성을 제시하고 있다.[321] 브룬트란트 위원회에 의하면, "이러한 지역체들은 고대기원과 인간애 사이를 연결시켜주는 전통적 지식과 경험이 축적된 박물관이다." 라는 것이다. 외부적으로 인식된 발전과 현대화의 이점으로 인해 이러한 문화가 파괴되는 것은 그 지식체계를 붕괴시키고 인간과 자연의 균형을 깨뜨리게 된다는 것이다. 그러한 분기점, 즉 그들의 문화가 소멸되지 않고 유지되는 최소기준은 복잡한 생태계를 지속적으로 관리해온 그들의 전통적 기술로부터 배울 수 있다는 것이다. 환경의 오염 및 급속한 가치변화의 문화적 영향을 종종 개발에 관한 간섭에 의해서도 이루어진다.[322]

최근의 원주민 문화에 대한 가장 큰 위협 중 하나는 동물의 복지권 운동으로부터이다. 이 운동의 역사와 핵심은 본고의 영역 밖에 있으나, 다음과 같은 점은 언급될 수 있다. 인간이 부유해지는 것과 생태계의 통합 사이의 관계를 설정하여 이해하는 것은 어렵다. 과거에는 인간의 관심사로부터 동물의 이동권을 보장해 주었기에 생태계를 우선시 했으

Western Sahara Case는 국제법의 근본적인 변화를 가져왔다. 본 판결이 시사하는 것은 그 외의 수많은 합법적인 토착민들의 정부들이 식민제국 시대의 전성기 동안에 무시당하고 파괴되었다는 것이다. 더욱 중요한 것은 그 판결이 근대 민족국가들로부터 그들의 합법성이 분리되지 않는 권리와 제도의 법적 유효성을 인식하기 위한 근대적 기초를 제공했다는 것이다., Owen Lynch, "Comment on the Paper by Wolfgang Burhenne", in Winfried Lang(ed.), *op. cit.*, pp.216-217.

321) 시민적·정치적 권리에 관한 국제규약 제27조: 인종적·종교적·언어적 소수민족이 존재하는 나라에 있어서 이러한 소수민족에 속하는 자는 그 집단의 다른 구성원과 같이 자기의 문화를 향유하고, 자기의 종교를 표명하고 실천하며, 자기의 언어를 사용할 권리를 부정당하는 것은 아니다.

322) 그러한 것들이 International Indian Treaty Council과 World Council of Indigenous peoples와 같은 그룹의 주요 관심사이다.

나, 원주민 그룹과 환경그룹 간의 마찰을 불러 일으켰다. 물개사냥에 관한 Greenpeace와 원주민 간의 대립을 그 예로 들어 볼 수 있다.[323)]

후진국에 위치한 원주민들은 이와 비슷한 상황에 직면에 있거나 심지어는 좀 더 심각한 위협을 받고 있다. 게다가 산업화나 국제야생보존그룹에 의한 再配置의 영향으로 원주민 지역사회는 희생양이 되고 있다. 이런 상황은 특히 남미나 동남아지역에서 심각하다. 선진국 원주민사회와는 대조적으로, 후진국 원주민사회는 좀처럼 국제적 정책에 대항하여 그들의 이익을 대변할 창구나 자원을 보유하고 있지 못하다. 단지 몇 개의 선진국과 종교적 연대를 행할 뿐이다.[324)]

(6) 後進國 NGOs: 그 比較와 對照

후진국 NGO는 본 논의의 목적과 다소 다를 수 있다. 후진국에서는 개발 NGOs라 불릴만한 그룹이 없다. 모든 후진국 NGOs들은 필요에 따라 개발에 관해 다룰 뿐이다.[325)]

---

323) Indigenous Survival International(캐나다)는 캐나다, 알라스카, 그린란드에서 활동하고 있는 15억 명의 모피사냥꾼들을 대표하나, 과거에는 원주민의 문화와 경제적 이익을 위해 결성되었다. Dave Monture의 말을 인용해보면, "우리는 우리 구성원의 발전요구에 활동의 초점을 맞추기보다는 동물의 권리그룹들과 싸우려는 데 우리의 많은 자원을 소비하고 있다."라고 한다.

324) 후진국 원주민을 지원하는 선진국 그룹은 거의 없다. 가장 역사가 깊은 그룹은 하버드 대학교에 본부를 두고 있는 Cultureal Survival Incorporated일 것이다. 이들은 원주민들의 운명과 그들의 자치수단 보유능력 및 그들의 연속성을 위한 자결권의 인정에 그 목적이 있다. Cultureal Survival은 최근 브라질 아마존유역으로부터 서유럽과 북미의 비목재상품(즉 호두, 과일)에 대한 연구를 해왔다. 또 다른 원주민 지원 그룹은 영국에 본부를 두고 있는 Survival International이다. 그들은 세계에 존재하는 원주민의 인권상황에 대한 감시를 행하고 그 결과에 대한 책을 펴낸다.

325) 그런 이유로, 오직 소수의 환경 NGOs들만이 있을 뿐이다. 필리핀의

일반적으로 후진국의 NGOs은 선진국의 발전 NGOs에 비해 좀 더 공격적인 접근방식을 취한다. 그들은 또한 연구와 분석의 기초적인 역할을 인식한다. 대부분은 자택 내에 연구장소가 있으며 직접적으로 연구를 행하므로, 많은 장점이 있다.[326)]

필리핀에서의 많은 NGOs 중의 하나는 HAIN이다 그들은 전통의학에 관한 연구와 정보의 제공에 주력한다. 또한 해충제의 남용, 산업폐기관행, 제약회사에 대한 감시도 행한다. 그들의 계간지인 Health Alert를 통해 노동관계에 관한 기사를 싣기도 하고 여성 및 아동의 保健, 지역 保健과 환경관련 소식을 전하기도 한다. 심지어 필리핀의 보건장관은 HAIN으로부터 정보를 얻어 정책을 결정하는 데 참고하기도 한다.

인도에서의 과학 및 환경센터는 사회자연과학 연구를 행하는 기관으로 가난한 사람의 요구에 부응하고 정부의 정책변화에 압력을 행사하

HARIBON, 잠비아의 Wildlife Conservation Society, Fundacion Perucana pare la Conservacion de la Naturalezab 등이 있다. 지난 40년간 후진국 NGOs의 주요 이슈는 發展에 관한 것이었다. 1972년 조류관찰그룹으로 설립된 HARIBON은 1978년 그 목적을 資源保護로 확대하였다. 최근 지역발전은 그들의 프로그램에 따르고 있다. 말레이시아의 Friends of the Earth는 환경과 발전 사이의 관계를 정보 측면에서 이용하고 있다. 페낭에 본부를 두고 있을지라도 전 세계적인 후진사회, 즉 해충제의 사용에 의해 農民이나 농업근로자 혹은 공해에 의한 자원오염으로 피해 받는 漁民 등을 대표하며 그들을 위해 연구하고 있다.

326) 일례로 1972년 스톡홀름 회담 이후에 세네갈에 설립됐던 ENDA이다. ENDA는 농업, 산림, 토양, 유전자원보존에 관한 연구에 착수했다. 그들은 또한 환경교육과 후진국 간 기술이전에 힘을 쏟았다. 또 다른 영향력 있는 NGO는 AFOTEC이다. AFOTEC는 수질 및 토질보존과 경작기술, 과정 및 음식상품에 관한 연구와 서비스를 행했다. 그들은 변화에 대응하기 위해 지역체 기구들로 하여금 신용, 마케팅, 유통 등에 관한 정보를 제공했다. 또한 지역 내에서의 문화적 교류뿐 아니라 기술이전도 실시했다. AFOTEC는 그들의 철학을 다음과 같이 소개하고 있다.: 어떠한 특정 주제가 소개되던지 AFOTEC의 주요 관심사는 人間에게 있다. 기술의 적절한 이용과 훈련 및 정보만이 그러한 목적을 달성하기 위한 유일한 수단이다.

는 역할을 한다. '인도의 환경상황'이라는 그들의 출판물은 사회행동을 요구하는 가장 강력한 수단이 된다. 브라질에 있는 CEDI는 1974년 창설된 연구소이다. 그들은 원주민, 지방 및 도시 근로자, 그리고 다는 유명한 기관들의 요구를 분석하고 연구하는 역할을 수행한다. 과테말라에 위치한 CEMAT는 중앙아메리카지역에서 적절한 기술 이전과 발전 및 연구를 행한다. 또한 사회 및 경제발전의 대안에 관한 훈련과 연구를 한다.

후진국의 NGOs은 선진국 NGOs와 발전 NGOs의 혼합된 형태를 보여주고 있다. 선진국 NGOs처럼 '인간본위'를 우선시하나, 정부의 정책을 옹호한다는 측면에서는 개발NGOs에 가깝다.

후진국 NGOs은 선진국 NGOs보다 정부에 강압적인 압력에 좀 더 지속적이다. 이는 이들이 왜 국내적, 지역적, 국제적 차원의 연합에 호의적인가를 설명해준다. 필리핀에 위치한 ANGOC, 팔레이지아의 APPEN나 케냐에 위치한 ANEN 등과 같은 지역을 초월한 연합기구들이 그 예이다. 필리핀의 '국민발전을 위한 위원회', 인도네시아의 WALHI, 멕시코의 ANADEGES, 케냐의 KENGO 같은 국내적 차원의 연합체들이 있다.

후진국 NGOs와 선진국 NGOs와의 또 다른 차이점은 전 지구적 환경 및 발전문제의 분석적 측면에 있다. 인구-환경 문제는 적절한 지적이다.[327]

---

327) 인도의 과학 및 환경 센터는 다음과 같이 언급하고 있다. "전 지구적 차원에서 환경에 관한 영향력을 행사하는 두 개의 인간집단이 있다. 첫째는 가장 많은 논의가 되고 있는 貧民이다. 환경-인구의 상관관계는 어떻게 가난한 자(가장 오랜 책임이 있다고 비난받아왔다)가 환경을 파괴하느냐의 관심을 보여주는 경우이다. 두 번째 환경파괴의 인간그룹은 貧民이다. 이들은 빈자에 비해 덜 논의가 된다. 이러한 가설은 세계보전전략에서 잘 보여주고 있다. 전략은 지속가능한 개발에 대한 가장 절박한 필요성에 대해서만 강조하고 선진국 내지 도시의 지속가능성에 대한 중대한 필요성에 대한 언급은 흠결하고 있다."

후진국 원주민그룹과 선진국 환경 NGOs들 사이의 갈등 또한 잠재적인 분쟁요소이다. 여기에는 두 가지 해결 가능한 방법이 있다. 야생동물공원을 세우고 자연을 돌려줌으로써 주민의 빚을 청산한다는 계획(debt-for-nature schemes)을 세워나간다는 것이다. 이 모두 다 거주지를 가지고 원주민이 관여하게 된다. 분쟁의 잠재성은 최근 "국민들의 빚을 갚아주기 위해 습지대를 교환하는 것을 아마존 인디안들이 반대하다"라는 표제의 Ottawa Citizen라는 잡지책에서 보여주고 있다.[328)]

NGOs는 역사적으로 매우 다양한 의미를 지니고 있다. 운영 목적, 기구의 자원, 그리고 이익의 주제나 지역적 특성 등에 있어서 그들은 서로 다르며, 개발과정에 있어서도 다르게 참여한다. 또한 '지속가능한 개발'이란 의미도 다르게 생각한다. 심지어는 같은 지역 내에서도 당해 문제에 대한 복잡성을 반영하면서 그 분석 및 접근방식이 相異하다.

자세히 관찰해보면, 이러한 복잡한 다양성에도 불구하고 다른 지역체의 목표가 항상 상호 배타적인 것은 아니다. 그 과정에 있어서 개발은 인간체계와 환경체계 사이에는 상호작용을 하기 때문이다. 인간체계는 상호작용하는 문화, 다양한 기술, 그리고 인간기구의 형태를 포함

---

328) 그 일부는 다음과 같다.

"습지대에 거주하고 있는 원주민에 의하면, debt-for-nature를 지지하는 환경운동가들이 아마존강의 습지대를 교환하려는 것은 예측할 수 없는 장애로 뛰어드는 것이라고 한다.

네 명의 아마존 거주 인디안들은 미국환경기구를 상대로 그들은 거주지에 계속해서 머물러 있기를 바라며 교환계획에 반대한다고 여러 번 언급했다는 것이다.

콜롬비아로부터 온 어떤 추장은 환경주의자 그룹들은 아마존의 미래에 우리를 배제하고 있다고 하고 있다.

수천 년 동안 수풀에 거주하는 인디안의 지도자에게 문의하는 자는 거의 드물다. 선조로부터 물려받은 땅에 대해 정의를 내리는 자는 외부로부터 온 과학자, 여행가, 광산업자에 의한 것일 뿐이다.

페루에서 온 인디안 중 한 명과 인디안 기구의 대표는 '우리의 정부는 우리에게 어떠한 돈도 貸與해 주지 않으며 그들은 현재 갑작스럽게 빚진 돈을 갚기 위해 우리의 땅을 교환하자고 말하고 있는 것이다.'라고 한다."

하게 된다. 환경 NGOs는 자연에 대한 인간활동의 간섭과 인간의 요구와 환경의 수용력 사이의 균형유지에 관심을 가진다. 이들에게 있어 '지속가능성'의 의미는 환경의 연속성을 심각하게 침해하지 않는 인간의 욕구충족과 그에 알맞은 환경자원의 이용으로 이해한다. 원주민 기구들은 발전에 의한 그들 文化의 잠재적 침해와 그와 동행하는 가치체계에 관심을 기울인다. 이러한 두 지역체는 적절한 과학기술 NGOs의 그것과 일치한다. 하지만, 대부분의 발전 NGOs는 인간으로 하여금 지식을 습득하고 선택권을 부여하는 사회체계로의 변화를 지지한다.

분명히 이들은 相互 목적을 증진시킨다. 이들은 서로 다른 영역에서 다른 역할을 수행한다. 환경적으로 지속가능한 개발의 변화는 인구 및 소비형태와 환경기능의 혼합 간의 균형을 이루는 것으로 나타나게 된다.

환경과 발전의 통합은 브룬트란트 위원회 보고서가 강조하고 있는 메시지인 것이다.

2) 브룬트란트 以後時代

세계적으로 권위 있는 기관인 WCED의 브룬트란트 보고서는 환경 NGOs와 과학자들이 무엇을 말해오고 있는지 알 수 있게 해 준다.[329)]

NGOs는 여론과 정책자들에게 새로운 정당성을 확보하고 있다. 그러나 현상은 再규명되기 마련이다. 환경과 개발문제는 하나의 지속가능한 개발이라는 하나의 틀 안에서 그 초점이 맞춰진다. 지속가능한 개발에 대한 논의는 NGOs가 전통적으로 주장해오던 정치적, 정책적 영

329) 야생거주자들은 죽었고 유전자원은 황폐와 오염으로 손실되고 있다. 또한 국제적 무역형태와 구조에 의해 후진국 사회가 왜곡되고 잘못된 발전계획에 의해 인간사회가 어떠한 영향을 미치게 되는지 발전 NGOs의 언급을 인용해 자세히 보여주고 있다. '*Our Common Future*'는 정부, 정책, 경제, 과학기술, 문화, 평화, 환경 등 모든 것을 연결해주고 있다.

역에서 논의되던 것으로 정책결정과는 다른 수준에서 그것들을 추구하고 있는 것이다.

현재 정책을 옹호하는 내용이 변화되고 있다. 어떻게 NGOs가 대응하고 있는가에 대해서는 미국과 캐나다의 그룹들은 상반된 대응방식을 보여주고 있다. 미국 NGOs는 환경의 변화를 예상하고 이를 대비했었다. 브룬트란트 보고서가 발표되기 이전, 1986년 미국에 본부를 두고 있는 개발 NGOs, 환경 NGOs, 인구 NGOs는 'Making Common Cause: 선언과 행동강령'이라는 문서를 발표했다. 그 문서는 NGOs 연합체를 구성하는 데 있어 대담성과 명확성으로 유명해진 획기적인 내용의 글이었다.[330)]

1985년 환경연락센터는 환경 NGOs와 개발 NGOs로 하여금 지속가능한 개발에 대한 공동규정과 협력을 위한 방법을 모색하기 위한 회동을 주선했다. 한 달 뒤, 그 회동에 참석했던 미국 대표와 여타 다른 이익집단들이 뉴욕에서 만나 향후 문제의 해결책을 찾기 위해 논의했다. 이후 인구 NGOs와 가족계획 NGOs를 포함한 운영위원회(steering committee)가 설립됐다.[331)]

결국 100개의 NGOs의 지지를 받아 공동 선언과 행동강령이 발표됐

---

330) WWW와 Conservation Foundation의 의장이며 그 문서에 背書했던 K. Reilly는 다음과 같이 기술하고 있다. "조정의 임무는 중대하며 이 중요한 선언은 다양한 이익을 포괄하고 명확하고 설득적인 관점을 표현하는 데 있어 진보적이다."

331) Making Common Cause에서 공동선언에 도달하기 위해 극복해야만 하는 난관을 다음과 같이 서술하고 있다: 지난 몇 개월에 걸쳐 3개의 NGOs 대표들은 개도국 내에 貧者의 문제를 공동으로 소개하지 못하는 것에 대한 그들의 다양한 의견을 교환했다. 어떤 국제발전 연구가는 그들이 환경운동자를 貧者보다는 희귀한 새나 원시림을 연구하는 전문가로 느끼고 있다고 말했다. 소수의 환경주의자들은 발전지원전문가에 대해 그렇게 많은 부정적 시각을 가지고 있는 것은 아니지만, 아직까지도 오랜 적대감을 내보이고 있다. 兩 NGOs의 몇몇 대표들은 인구전문가들을 옹고집이라고 비난하고 있다. 반대로, 인구전문가들은 발전 NGOs와 환경 NGOs가 인구증가의 문제의 심각성을 알면서도 외부적 요소라면 논외로 한다고 비난한다(특히 논쟁 중일 경우는 더욱 그렇다).

고, 이는 개도국문제를 소개하는 데 공동의 노력하는 데 합의한다는 시발점인 것이다. Making Common Cause에서는 다음과 같이 결론을 내리고 있다. '미국 NGOs은 세계에 있는 NGOs와 같이 유사한 협력을 행할 것이다.'

그러한 변화는 캐나다에서만 일어났던 것은 아니다. 각 NGO은 서로 다른 방식으로 유리되어 반응하고 있다. 캐나다의 환경 NGOs은 더 이상 과격하지 않다. 브룬트란트 위원회에 의해 제안된 '다자간 협상'의 개념 이후에, 세계은행, 미주개발은행(Inter-American Development Bank), FAO, 국내발전기구의 조언상대로 초대되어 정부, 과학 및 산업기구와 논의를 한 바 있다. '대화할 것인가 아닌가, 협력할 것인가 아닌가' 하는 문제는 현재 대다수의 환경 NGOs가 직면하고 있는 문제이다.

Greenpeace와 같은 몇몇 NGOs은 아직까지도 외부에 머무르고 있다. Friends of the Earth와 Pollution Probe같은 NGOs은 산업계와 대화하기로 결정했다. 그러나 兩 NGOs은 모두 지속가능한 개발의 현재 이용에 대해 우려를 표명했다.[332)]

대부분의 캐나다의 개발 NGOs는 여전히 브룬트란트 이후 개발의제

---

332) 캐나다의 Friends of the Earth의 집행국장인 Julia Langer는 다음과 같이 그 문제를 설명하고 있다. 지속가능한 개발은 사업에 적합하다. 지방행정청으로부터 온 혹자는 '환경주의자들은 손해보고 있다. 산업계는 핵심을 얻었고 환경주의자들은 부산물을 얻었을 뿐이다'라고 한다. 정부와 산업계는 미스테리와 같은 생각을 하고 있다. 우리가 어떠한 행동을 취하기 전에 연구해야만 한다. 지속가능한 개발은 갑자기 아무런 代價없이 되는 것은 아니다. 산업계가 강물을 오염시킨다면 지속가능한 개발은 정부가 그 오염을 중지시켜야함을 의미한다. 기업체가 너무나 많은 用水를 사용한다면, 그 용수의 소비량을 감소시켜야 하는 것인 지속가능한 개발의 의미인 것이다. 산업계는 언제나 勝-勝상황이 될 수 없고, 때로는 勝-敗상황도 될 수 있다는 것을 명심해야 한다. 이는 Greenpeace의 Michael Manolson에 의해 표현되는 감상주의적인 발상과는 다른 것이다. Michael Manolson는 '캐나다에서 사용했듯이 지속가능한 개발은 순수한 정통이론이다. 그 강조점은 발전에 있다. 우리가 해야 하는 것은 발전적인 지속가능성이다.' Nonita Yap, *op. cit.*, pp.102-103.

는 그들 자신의 프로그램과 프로젝트라고 이해하고 있다. 여기서 전반적인 자신감의 결여를 엿볼 수 있다. 결국 전반적 실패이다. 논의에 있어 전반적인 자신감이 결여되어 있다. 개발 NGOs는 지속가능한 개발에 대한 비전을 제시하고 잠정적인 수단을 제시하는 데 자신감을 결여하고 있다. 환경의 기반의 보호나 인권, 평화, 여성지위향상, 교육, 보건, 상품생산을 위한 목적에 있어서 개발 NGOs의 전반적인 실패는 이러한 자신감의 결여와는 간접적으로 관련되어 있는 것이다.[333)]

그럼에도 불구하고 낙관적인 의견이 있다. '캐나다 국제개발기구(CIDA)'는 개발 NGOs로 하여금 그들의 프로젝트가 환경에 어떠한 영향을 미칠지에 대한 평가를 요구하고 있다. CIDA의 정책에 대한 대응으로 '국제협력을 위한 캐나다 이사회'는 그 구성원을 위한 환경평가교육세미나를 계속해서 개최하고 있다. 이러한 활동은 결국 이러한 NGOs의 운용영역에 있어서의 몇 개의 변화가 뒤따를 것이다.

다양한 NGOs들이 그들 간의 연합체를 구성하려고 노력하고 있다. 20개의 캐나다 NGOs는 주로 환경그룹이지만 원주민 집단과도 협력하며 1909년 6월 국무총리에게 환경의제를 제출한 바 있다. 상호촉진을 위한 또 다른 시도는 최근 Pollution Probe에 의해 행해진 바 있다. 이 팀은 노동자, 원주민, 환경 NGOs, 개발 NGOs의 대표들로 이루어져있다. Pollution Probe의 부집행국장은 캐나다 무역관계 및 캐나다 개발지원을 위한 정책권고를 떠나 세부적 행동강령을 직접적 목적으로 서술했다.

캐나다에서 가장 획기적이고 희망적인 상호촉진과정은 New Brunswick Environment Development Group 내에서 발생한다. 지역체 내에서 가장 오래된 환경 NGOs인 CUSO에 의해 1986년에 설립된 New Brunswick보존위원회는 다양한 NGOs 사이의 대화를 추진한다. 이 과정에 있어서의

333) 좋은 예는 남아프리카의 자원관리와 환경보호를 위해 캐나다 본국의 NGOs와 남아프리카 내 20여 개의 캐나다 NGOs가 연대하여 활동한 것이 실패했다는 것을 들 수 있다. *Ibid.*

핵심은 1989년 3월에 '우리 지역사회의 지속'이라는 주제하에 열린 3일간의 회담이었다. 여기에는 노조, 학계, 목재소유자연합, 원주민그룹, 빈곤퇴치그룹, 환경그룹, 평화그룹, 여성그룹 등을 대표하는 150여 명의 사람들이 참석했다.[334]

연계는 행해져야만 하고, 상호촉진성은 발생해야만 한다. NGOs는 환경, 개발, 기술 및 연구에 관한 특정관심사를 추구함으로써 지속가능한 개발을 추구한다. 지속가능한 개발의 다른 영역, 각 NGOs의 기여, 그들의 모든 관심사의 정당성을 구성함으로써, NGOs는 지속가능한 개발에 기여하고 정부와의 대화에 참여하여 정책에 의견을 제시할 수 있을 것이다.

기본적으로, 기업이나, 소비와 생산공동체에 대한 NGOs의 가장 핵심적인 역할은, 마치 국가가 국민들의 생명과 재산을 보호해 주는 기능과 같은 것이다.

계속적인 생산활동과 각 조직체의 원활한 운영을 위해서는 NGOs로 하여금 철저한 감시기능을 바탕으로 하여 주기적으로 자극을 줄 수 있는 여건을 조성해야 한다. 행정의 실패로 신뢰를 상실할 수도 있는 정부나 회복이 불가능한 오염의 배출로 인해서 영원히 생산기능을 상실할 수도 있는 기업들은 NGOs를 개발과 발전을 저해하는 방해물로 인식하지 말고, 활동이 영구히 중단될 수도 있는 위기를 면하게 해주는 구원자로 재인식하여야 하며, 더 나아가서 그들의 활동을 철저히 보장하고 전면적인 지원을 아끼지 말아야 한다. 여기엔 정부, 기업 그리고 각 자치단체의 구별이 있을 수 없다.

---

334) 모임의 추진위원장이었던 Jean Arnold은 다음과 같이 그들의 주장하고 있다: "환경위기의 해결책은 모든 이의 참여를 요구한다. 그 요구는 모든 영역에 있어서의 연대를 필요로 한다 …… 우리는 무엇이 지속가능성인지 의견을 합치하지 못하고 있다 …… 우리는 모든 동반자와의 협력과정에 있으며 다른 영역에 있어서 실질적 적용과 실제적 이행을 위한 지속가능성의 전망과 토론에 의해 행동할 수 있다고 말할 수 있다." Nonita Yap, *op. cit.*, pp.104-105.

第3節 環境協約의 國內法的 履行

지속가능한 개발원칙이 직접 국내적으로 영향을 미칠 수는 없다. 지속가능한 개발원칙의 국내적인 적용은 원칙이 반영된 국제환경협약의 국내적 편입으로 이루어지며 그렇게 되기 위해서는 국제환경법과 국내환경법 사이에 합치성이 필수적으로 존재해야 한다. 국제 및 국내환경법 사이의 합치성은 환경협약의 준수를 확보할 수 있는 기본적인 조건이며, 동시에 이를 바탕으로 실효성의 확보를 통한 환경협약의 국제 및 국내적 타당성을 인정받게 된다.

국제환경법 원칙들을 국내적으로 이행하는 방법으로는 그러한 원칙들을 공동체가 추구할 하나의 가치로 부여하는 방법, 정책결정과정에서 절차적으로 반영하는 방법, 그들 원칙을 반영한 행정정책을 수립하고 이행하는 방법 등이 제시될 수 있을 것이다. 그러나 이들 원칙을 제도화하고 이행하는 것은 국내법 자체에 반영하는 것이 가장 효과적인 방법이 될 수 있다.[335)]

1. 環境協約과 國內立法

환경보호에 관한 국내적, 국제적 규율들 간의 명쾌한 구별은 힘든 일이며 여러 가지 의미에서 시대에 부합되지 않는 점도 있는 것이 사실이다. 또한 개인의 법적 지위에 관련된 국제환경법의 다양한 기준들을 확립해야 하는 경우에도 이와 유사한 어려움이 존재한다.[336)] 환경

335) Susan L. Smith, "Ecologically Sustainable Development: Integrating Economics, Ecology and Law", *Willamette Law Review*, vol. 31, 1995, p.301.

336) Jonas Ebbesson, *op. cit.*, p.203 참조.

보호에 관한 국제 규칙들은 위험한 물질 등의 사용을 방지함으로써, 그들이 국내법에 근거한 개별적인 제도의 확립을 요구하지 않을 때에도, 개인들의 行態를 변화시키는 것을 목표로 하고 있다. 국내법의 규칙들은 더 이상 환경보호에 관한 국내법 상호간의 관계와 입법의 동기에만 한정되지 않는다. 더구나 우리가 직면하고 있는 것은 국내영역에 침투하는 국제규칙의 점진적인 증가이다. 국가들은 실제 규칙들에 대한 그들의 수용에 의지하여, 조약에 가입할 것인가 거부할 것인가에 대한 공식적인 권능을 여전히 가지고 있다. 각국은 환경보호의 영역에서 증가하고 있는 국제규범들을 만약 정부들뿐만이 아니라 국제사회 전체가 공동규범과 행동에 동의하지 않는다면 환경파괴의 위협을 결코 피할 수 없을 것이라는 공동의 인식이 필요하다.

국제환경법과 국제정치의 영역에서 다양한 비정부적 실체들의 영향은, 그들이 참가한 몇몇의 조약협상에서 보다 엄격한 규칙과 새로운 진보적인 개념의 인식이라는 결과로 나타났다.[337] 비정부간기구들은 각국 정부가 국제협약을 수행하는 데 있어서 해당 정부에 대해 감시자로[338] 활동하는 중요한 역할을 담당하고 있다. 비정부간기구들 외에도, 기업에 의한 로비활동도 다양한 조약협상에 영향을 미쳤지만, 오히려 그들은 비정부간기구들과는 정반대의 영향을 미쳤다.[339] 따라서 국내

337) NGOs의 참여는, 정부 간 의사결정의 합법성을 강화하고, 그 결정의 질을 개선하며, 의사결정자에 대한 균형적인 수용을 돕고, 대중에 대한 홍보와 교육을 강화함으로써 국제환경법에 긍정적인 영향을 주게 된다. 국제환경법 분야에 있어서 NGOs의 역할은 법원칙의 실체를 밝히는 것과 관련성을 가지며, 환경에 대한 감시자로서 활동을 하며 국제적인 기준과 규범을 창출하고, 국제법의 기준을 강화하여 국제 및 국내행정에 조언을 하는 것이다.

338) 비정부간기구들은 정부에 대한 감시자로서의 역할뿐만 아니라 입법과정에의 참여와 법의 준수상황을 수시로 감시하며 실질적인 법집행 과정까지 그 영향력을 미치고 있는 실정이다. 따라서 향후 비정부간기구의 역할은 입법, 집행 그리고 감시에 이르기까지 점점 더 그 역할이 증가하고 또 중요해질 전망이다.

적 영역에서 일어나는 정치적일 뿐만 아니라 법적인 활동들은 국제환경법의 개발, 효율성과 역동성에 영향을 미친다.

국제환경법의 통제와 강제는 각국이 국제사법법원(ICJ)이나 다양한 중재법원과 같은 그들의 訴를 제기할 수 있는 국제무대에서만 관련되거나 또는 외교적 마찰에만 관련되는 것은 아니다. 단지 해결 가능한 국제환경분쟁의 몇몇만이 사법기구에 의해 해결되어 왔던 것이다. 국제환경법은 종종 외교적 채널과 정부 간 제도들을 통해 보다 강제되어 왔다. 그러나 국제환경법의 강제는 국내법원과 행정부, 사법기구들 앞에서 국제규칙의 국내적 압력, 감독, 그리고 적용에 의존한다.[340] 이것이 국제적·국내적 환경법의 합치성의 개념을 발전시키는 이유 중의 하나이다. 이것은 국내기관뿐만 아니라 국제기구들 앞에서 국제규칙의 적용과 수행에 관계되며, 비정부적뿐 아니라 정부적 행동과 강제에 관련된다.

국내적 측면에서는 다음과 같은 문제가 있다. 즉 (ⅰ) 환경조약의 수행을 위한 수단들 그리고 (ⅱ) 국내법원과 행정당국에 미치는 국제조약의 법적 효과의 문제 등이 그것이다. 국제규칙들과 개인들의 법적 지위 간의 연계가 국내법의 합치성의 기준으로 간주되는 반면, 여기서

---

339) 경제 및 산업분야는 포경, 열대산림벌채, 해양 유류오염 그리고 오존층 파괴와 관련해서, 이들을 방지하고자 하는 지구적 환경보호체제의 형성을 막거나 지연시켜 왔다. 이 분야의 미국 회사법인 공동체는 이산화탄소 배출을 줄이려 하는 미국 당국에 반대하기 위하여 에너지 산업에 있어서의 연합을 도모했다. 또 다른 분야에 있어서 회사법인들은 유류 오염피해, 유독성물질, 해양 유류배출과 핵에너지 피해로 인한 효율적인 민사책임제도의 등장을 막기 위해 로비활동을 펼치기도 했다. Jonas Ebbesson, *op. cit.*, p.204.

340) 국제환경법상의 목적은 국제규칙과 원칙 그리고 그에 상응하는 국제적 통제와 감시하에 달성된다. 이러한 국제적 차원의 노력을 뒷받침하기 위하여 국제적 차원에서 요구되어지는 각국의 철저한 이행이 강조되는 것이다. 따라서 각국별 이행은 환경법, 환경정책, 행정임무의 수행, 그리고 국내적 통제와 감시에 의해 이루어진다.

의 문제는 어떻게 국제규범들이 국내정책 결정자들에게 접근할만하고 적용할만하게 만들어지는가 하는 것이다. 어떻게 환경보호에 관한 국제규칙들이 허가와 감독 부서들에게 영향을 미칠 수 있는가와 이들 규칙들이 어떻게 비정부 활동자들에 의해 고취될 수 있는가 하는 문제들은 더욱 실제적인 개념으로 합치성의 문제와 관계된다. 이 논의는 일반적 수준으로 남을 것이며, 초점은 단지 제한된 수의 국가들이 적용하는 데 맞추어지지 않는다. 그러나 국내기관들에 의한 국제법의 적용에 대한 국가들의 다양한 접근을 소개하기 위해, 북유럽국가들, 영국, 미국, 네덜란드 같은 서로 다른 전통을 가진 몇몇 국가들을 예로 들면, 이들 국가들이 국내에서 국제규칙들을 적용하는 데 있어 다른 태도들을 보이기 때문에 그들이 모두 북반구에 위치한다는 사실은 중요치 않을 것이다. 서로 다른 국가들의 대표들이 그들의 사회, 문화적 역사에 의지하여 조약들을 다르게 이해하고 해석할 것이라는 사실이 중요한 문제이다.

어떤 의미에서는, 일반국제법은 조약준수의 수단과는 직접적인 관련이 없다고 볼 수도 있다. 국제적으로 요구된 법적 내용, 수단 또는 결과인 결정적인 초점은 국내적 입법으로 확립된다. 따라서 한 국가는 요구되는 법적 확립을 위한 수단을 선택할 수 있다. 이론적으로 한 국가는 어떤 조약이 국가에 의해 규제하는 내용의 일반원리로, 종종 헌법적으로 편입되는 조약의 일반내용을 가질 수 있다. 즉, 이를 '일반적 편입'이라 한다.[341] 또 그 대신 개별 조약들에 대해 특별편입입법을 부과할 수 있다. 그러나 실제로 상황은 훨씬 복잡하다. 국제규칙은 국내사법기구에 접근할 수 있게 만드는 수단들을 논의한 후에 조약의 일반

341) 국제관습법도 원칙적으로는 특별변형을 통해서만 국내법으로 전환될 수 있었다. 그러나 오늘날 이러한 특별변형은 이론상 입증하기가 힘들다. 바로 이런 곤란함을 해소하려는 것이 일반적 변형이다. 이장희, "국제법의 국내법적 도입에 관한 이론" -변형이론·수용이론·집행이론-, 입법조사월보 통권 제234호, 1995년 8월호, p.4.

적 · 특수적 편입을 포함하는, 국제규칙의 수행과 적용에 대한 통합 접근법이 논의되어야 할 것이다. 이것은 다른 규제적 접근방식들과 연관될 것이다.

환경협약들의 엄격함은 조약체결국가들 중의 일부 국가에 대한 협약상 의무의 최소 공통분모를 표현하므로, 환경적 관점에서는 가능한 한 이 의무들이 개별 국가가 더욱 엄격한 조치를 취하는 것을 방해하지 않는 최소한의 기준으로 생각하는 것이 중요하다.[342] 이것은 또한 국내입법행위의 적용에 있어서도 조약을 충분히 고려해야 하는 상황에 관계된다.

2. 協約의 國內的 受容

1) 個別的 條約의 編入

명백히, 조약이행의 수단은 무엇보다 조약의 내용에 의존한다. 만약 조약이 다른 국가들의 환경부 간의 정보와 상담, 합동조사나 정부 간 협력과 같은 행정적 위임에 관련된다면, 행정을 위한 각료들 간의 교류는 충분하다. 재정적 원조를 다른 국가에 부여되도록 요구하는 조약은 정부결정에 의해 수행될 것이다. 어떤 범위에서, 이것은 권력의 분배에 있어 대표적인 헌법규정이나 관행들에 의존하는 관료나 입법부를 위한 논점이다. 그러나 조약이 개인의 법적 지위와 관계될 때, 이것은 일반적으로 입법부에 의한 행동을 요구할 것이라고 보일 수 있다. 그

---

342) 다수의 조약들은 당사국들이 조약에서 요구하는 것보다 국내적으로 훨씬 더 강력한 규제조치를 두는 자유를 부여하고 있다. 그 예로 1974년 파리협약 제8조, 1992년 북동대서양협약 제2조 5항, 1985년 오존협정 제2조 3항, 1987년 몬트리올 의정서 제2조 11항, 1989년 바젤협약 제4조 11항 등을 들 수 있다.

러나 어떻게 수많은 국가들이 적절히 이 문제들을 조율하는지에 대해서는 그들의 서로 다른 역사와 정치 · 사회적 배경과 경제를 고려하면서 일반화시키는 것은 불가능하다.[343] 개인의 법적 지위에 대한 조약을 편입하는 일반적 방법은 원래 조약문서를 단순히 언급하고, 따라서 이것에 국내법률과 동등한 지위를 부여하는 입법행위를 통해서이다. 즉, '위임에 의한 편입'을 일컫는다.

개별조약을 편입하는 또 다른 대안적 방법은 일반적, 전통적 입법에 의한 조약의무를 재편성하는 국내법률을 제정하는 것이다. 여기서는 '변형에 의한 편입'이라고 일컫는다.

편입의 두 방법에 세 번째 방법이 더해질 수 있다. 즉, 정부에 의한 결론과 국내법이 이미 조약과 조화되어 더 이상의 조치가 필요하지 않은 입법이다. 이 안정적인 태도－'수동적 편입'－는 어렵게 예견되는 상황을 무시하는 커다란 모험을 의미하며, 따라서 국내법은 국제적 수준을 달성하지 못한다. 이것은 특별히 국내제도들이 직접적으로 조약을 적용하는 것으로부터 방지될 때의 상황이다. 이런 관점에서 법적 자원에 대한 보다 개방된 접근이 부분적으로 조약의 수행을 자연스럽게 할 것이다.

위임 또는 변형에 의한 개별조약의 편입은 일반적으로 조약에 편입입법과 같은 일반적 지위를 부여한다.[344] 그러한 입법은 일반적으로 수행이나 승낙이 그 조약의 내용의 채택의 문제만이 아니기 때문에 사려 깊은 준비를 요한다. 이것은 또한 다양한 체계적, 절차적, 법적 문제들의 공동작업에 관계한다. 자동적인 일반적 조약편입에의 단순한

343) 일반적 변형은 국제관습법을 일반적이고 총체적으로, 특별변형은 국제조약을 개별적으로 공히 국제법규범으로 그 규범성격을 전환시킨다. 그 변형의 수단역할을 하는 것이 성문헌법상의 일반조항과 적용명령이다. 이장희, *op. cit.*, p.5.

344) 만약 정부당국이나 행정당국의 규율에 의해 개별편입이 이루어진다면, 해당조약은 그 지위를 획득하게 되는 것이다.

의존과 비교하여, 개별조약의 편입은 판사들과 행정적 정책 결정자들에게 만약 그들이 이 영역의 법에 익숙하지 않다면 보다 조약에 대한 용이한 접근을 허용한다. 일반적으로 인정되는 "법원이 그 법을 안다"(Iura novit curia)는 로마의 격언에도 불구하고, 특정 국내법원과 행정 당국들은 국제법에 대한 적절한 지식이 부족하다. 그러므로 심지어 조약의 직접적용에 대한 접근이 자유로운 국가들도 종종 조약의 이행의 수단으로서 개별적인 환경입법을 채택하게 된다.

이것은 개별적인 법적 상황과 관련된 몇몇 환경조약을 참고함으로써 인식될 수 있다. 1973/78 MARPOL협약은 계약국가의 관할권하에서 선주에게 부여된 의무들을 명백히 나타내는, 선박오염과 관련된 확립된 자원기준을 정의한다. 모든 국가들은 직접 조약적용을 위한 다양한 접근법들에도 불구하고, 여기서 언급되는 이 협약을 수행하기 위한 국내입법을 채택했다.[345] 그 조약들이 개인의 법적 지위에 관계되는 것이 명백한 또 다른 초점은 시민의 책임이 표현된 곳이다. 따라서 1969년 유류 손해배상책임협약(Oil Liability Convention)의 수행을 위해 개별입법이 필요했던 것이다.[346] 이 두 협약은 법적 지위가 확립되어야

345) 네덜란드는 1983년 Act on the Prevention of Pollution from Ships를; 미국은 Prevention of Pollution from Ships(33 USC §§1901-1912(1988) and 33 CFR, part 151)를; 스웨덴은 Act(1980: 424) and Ordinance on Marine Pollution을; 덴마크는 Act(1980; 130) on the Protection of the Marine Environment; 노르웨이는 Act(1903: 7) on State Control on the Seaworthiness of Ships and Regulation on the Prevention of Pollution from Ships; 핀란드는 Water Pollution Caused by Vessels Control Act(1979: 300)를; 영국은 Mechant Shipping Act의 국내입법 절차를 거쳤다.

346) 편입입법의 예로는, 네덜란드의 경우 1975년 Act on Liability of Oil Tankers; 스웨덴의 경우 Act on Liability for Oil Pollution Damage at Sea; 덴마크는 Act on the Law of the Sea, chapter 12; 노르웨이는 Maritime Act, chapter 12; 핀란드는 Act on Civil Liability for Oil Pollution Damage; 영국은 Merchant Shipping Act를 입법했다. 미국의 경우 1969년 유류 손해배상책임협약의 당사자는 아니지만 유류오염의 손

한다고 기술하지 않는 의무를 규정하지만, 오히려 행정적 인수와 조화되는 다른 법적 수단에 의해 수행될 수 있는 타협을 요구한다. 명백히, 이러한 의무들을 위해서 일반적 편입은 적절치 않다.

몇몇 국가들의 개별입법에 대한 위와 같은 예시는 입법적 수단들의 통계의 예를 제공한 것도 아니고, 취해진 법적 조치들이 조약을 만족시킨다는 것을 입증하기 위해 의도된 것도 아니다. 이는 오히려 국내제도들에 의해 직접조약적용을 승인한 국가들까지도 수행의 수단으로서 그러한 적용에만 의존하지는 않는다는 것을 지적하기 위해 의도된 것이다. 어떤 종류의 개별편입은 그 조약들의 '자기 집행적'(self executing) 성격에도 불구하고, 포괄적인 이행을 필요로 한다.[347] 그 외에도, 수많은 조약들이 명백히 이행의 수단으로서 법률의 제정을 요구한다.[348]

한 국가가 개별입법으로 조약을 편입할 때, 그 문제가 단지 직접적용성에만 의존할 때 보다 더욱 체계적으로 분석된다는 것을 예상할 수 있다. 조약의 개별적 편입을 위한 두 가지의 선택가능성은 조약에 대한 국제적으로 승인되는 해석으로부터의 일탈을 의미할 수 있으며, 따라서 문제의 국가는 국제적 의도에 부응하지 않는다.

그러므로 비록 개별편입이 적절한 이행을 위해 종종 필요하다 하더라도, 전체로서 환경보호는 조약의 직접적용과 관련하여 통합적인 접근을 함으로써 이루어질 수 있다.[349]

해배상책임에 관해서 Oil Pollution Act (33 USC §§ 2701-2761)를 보유하고 있다.

347) 일반적 변형은 헌법규정이 자기집행적(self-executing) 국제법규범을 자동적으로 국내법적으로 효력을 가지게 하는 한 국내법상 이 자기집행적 국제법규범이 국내법의 구성부분으로서 개인에게 직접 권리부여와 의무부과를 창설케 하는 구속력을 갖게 됨을 말한다.

348) Ian Brownlie, *op. cit.*, p.37 참조.

349) 지구환경문제의 특성상 하나의 조약이나 관습법이 모든 국가들에게 획일

2) 各國의 直接適用形態

이미 지적된 것처럼, 국가들은 국내법에 국제규칙들의 적용과 관련하여 각기 상이한 입장을 취한다. 이 관점에서 일반적인 구별이 '일원론'인 국가와 '이원론'인 국가들의 구별이다. 그러나 이 내용에서 그 의미는 더욱 실제적인 의미로, 즉 법원과 행정 당국들과 같은 국내기관들에 의한 국제규제들의 고려와 적용과 관련하여 사용된다. 이 이분법에 따라, 일원론국가들의 국내기관들은 국제규칙에 대해 직접적으로 그들의 결정을 지지할 수 있으나, 반면 이원론국가들은 그러한 직접적용을 인정하지 않는다.

다소 단순하게, 최고로 극심한 이원론의 입장은 국제법의 개념을 국내법원과 행정 부서들을 위한 모든 법의 근원으로서 인식하지 않을 것이다. 국제규범은 어떤 국내적 효력을 갖기 위해 개별입법을 통해 흡수되어야만 할 것이다. 반면, 극심한 일원론의 입장은 심화된 국내규칙은 국제적 근거에도 불구하고, 이미 적용규칙들이 있기 때문에 불필요한 것으로서 간주할 것이다. 논의들이 효과적인 수행의 관점에서 두 가지 접근방식을 선호하는 쪽으로 이루어져 왔다. 환경조약들과 합치성의 논제와 관련한 심각한 문제는 하나 또는 다른 접근방식이 국제법에 의해 기술되는 것보다 더 낮은 국내법의 환경보호기준들을 낳는 법적 공백상태를 일으킬 위험이 있는가 하는 것이다.350)

적으로 적용되기는 어렵겠지만 조약이나 관습법의 성질을 변형한다거나 우회적으로 규범을 적용한다는 것은 환경문제에 제대로 대처하는 방법이 될 수 없을 것이다. 조약의 체결과정이나 관습법의 형성과정에서 이미 문제해결을 위한 본질에 합의가 된 사항이라면 개별 국가에게 직접적으로 적용되어도 무방한 것으로 보인다.

350) 환경적인 관점에서, 국내적으로 한층 더 엄격한 규칙은 환경보존에 측면에서 해로울 것이 없다. 당사국들이 조약 자체에서 제공하고 있는 것보다 훨씬 더 강력한 통제수단을 도입하는 것이 금지되어 있지 않은 것도 대부분의 환경조약에서의 하나의 원칙인 것이다. 하지만 이러한 경향이 자

실질적으로, 국내기관들에 의한 조약의 직접적용의 문제는 법의 국내근원의 범위에 관련된다. 즉, 어떤 범위까지 국제규칙들이 국내법의 근원을 형성하는가 하는 문제, 즉 국내법원들과 행정 부서들이 국제법으로부터 취한 주장으로서 그들의 결정을 지지할 수 있는가 하는 문제가 있다. 다음의 예에서 보이듯이, 일원론과 이원론국가의 양분법은 단순하다. 국가들의 관행은 오히려 兩極端的인 입장 사이의 어딘가에서 정의될 수 있다. 몇몇 국가들은 어떤 종류의 자동적이고 일반적인 국내법에의 조약의 편입을 인정하고, 그때 조약은 강제력을 갖게 되며 권한 있는 국가기관들에 의해 정식으로 승인된다. 따라서 일원론의 개념에 가까워진다. 그러나 심지어 이런 국가들 내에서도 이것이 개인에게 직접적으로 적용될 수 있는지의 여부를 결정하는 것은 여전히 조약에 달려있다.[351] 이와 관련해서 국제환경협약의 국내적용형태에 관한 각국의 입장을 살펴보면 다음과 같다.

(1) 네덜란드

국제협약을 직접 적용하는 데 가장 개방적인 국가는 네덜란드이다.[352] 네덜란드의 헌법은 의회에 의해 승인되고 공포된 조약들은, 국

유무역이나 자유항행과 서로 상충된다면 이 논의는 더욱 복잡해지고 심각해질 수도 있을 것이다.

351) Jonas Ebbesson, *op. cit.*, p.209 참조.

352) Hague Court of Appeal은 "네덜란드 국내법의 일부분을 형성하는 문서화되지 않은 국제법규칙은 직접적인 영향을 갖지 않으며 이러한 국제법규칙들은 법의 지배를 받는 대상으로서의 국가에게만 적용되는 경향이 있으며, 개인 간의 분쟁에 있어서만 적용될 수 있다"(It is incorrect that unwritten rules of international law, forming part of Dutch municipal law, which have no direct effect and are intended to apply solely to States as subjects of law, should be applied in a dipute between private persons)고 판시했다. *Ibid.*, p.209 note 17.

내범위에서 모든 개인들에게 직접적으로 구속력이 있게 된다고 규정하고 있다.[353]

따라서 조약의 직접적용가능성의 결정시, 네덜란드의 기관들에게 결정적인 문제는 조약의 용어이다. 그 조약은 따라서 더 이상의 입법이 없이 국내기관들에 적용할 수 있을 것이다. 한번 승인되고 공표 되면, 법원은 조약의 유효성이나 합헌성에 대해 문제 삼을 수 없다. 반대로, 조약은 보통 법률보다 높은 지위를 얻게 된다. 이것은 원리상, 결국 채택된 입법이라도 충돌하는 앞선 조약에 의해 무효로 된다는 의미를 함축한다. 그러나 국내의 규범체계 내에서의 조약의 높은 위치와 국제규범의 적용에 대해 개방된 접근방식에도 불구하고, 네덜란드의 법원은 조약의 적용에 이해 의회의 법률을 파기하는 것은 거부하는 것 같다. 법원은 오히려 해석을 통해 그 충돌을 감소시키기를 시도한다. 그러나 조약은 법원과 행정 부서들 앞에서 개인에 의해 또한 주장될 수 있다.

(2) 미국

미국의 경우는 다소 다르며, 네덜란드보다 더욱 복잡하다. 미국 헌법은 일원론의 접근방식을 나타낸다.

"미국의 행정부에 의해 만들어졌거나 만들어질 모든 조약들은 이 땅의 최고 법이 될 것이다. 그리고 모든 주의 법관들은 어떤 주의 헌법이나 법률이 반대되더라도, 이에 구속된다."[354]

비록 이것이 어떤 조약의 직접적용가능성을 뜻하는 것처럼 보이지만, 그러나 사례법을 통해 직접적용을 위한 다양한 조건이 개발되어 왔다.

353) 조약과 국제기관들에 의한 결정들의 규정들은, 즉 그들의 내용에 의해서 모든 개인들을 구속하는 규정들은 그것들이 공표된 후에 구속력이 있게 된다: 네덜란드 헌법 제93조.

354) 미국헌법, article Ⅵ, clause 2.

그중 한 조건은 의회동의의 필요이다. 조약이 직접적으로 적용할 만한지-또는 미국에서의 핵심개념인 '자기 집행적'인지의 문제가 종국의 내용에 달려 있다. 이것은 1829년 Foster 대 Neilson[355] 사건에서 표명되었는데, 여기서 미국 연방대법원에 의해 조약은 법원에 의해 "조약이 어떤 법률규정의 조력 없이도 그 자체로 기능할 때마다 법률의 입법과 동등한 것으로" 간주되어진다고 주장되었다. 그러나 이 재판소는 "당사자들이 개별입법을 수행할 때마다, 그 조약은 사법부가 아니라 정치가들에게 그 자신을 소개한다"라고 말했다. 이런 사례들에서 입법부는 규칙이 법원에 의하여 생성되기 전에 입법해야만 한다.[356]

이 문제에 대한 거대한 사례법에도 불구하고 자기 집행적 조약에 대한 미국의 원칙은 사건이 결정될 때, 개별 조약이 그러한 권능을 가지는지 아니면 그런 상황 속에서 그것이 개인들에 의해 직접적으로 주장될 수 있는지가 분명치 않다. 그러나 조약들은 만약 조약의 문구가 특별한 법적 내용-우선 개인적 권리들-이 국내법에 반영되도록 한다는 것을 지칭하지 않으면 직접적으로 적용할 수 없는 것처럼 보인다.

미국 헌법에 의해 자기집행적 성격이 부여되는 조약은 연방법과 동등한 지위를 얻는다. 즉, 미국의 연방규정이 앞선 국제조약을 대체하기도 하고 그 반대로 조약이 연방규정을 대체하기도 한다는 것이다. 그러나 자기 집행적 조약은 제정될 때마다 국내 다른 州들의 법률에 우선하여 적용된다.

네덜란드와 미국이 조약적용에 관해 일반적으로 일원론 국가로 간주되는 반면, 북유럽국가들과 영국은 이원론국가로 종종 일컬어진다. 이

355) Rebecca M. M. Wallace, *International Law*, Sweet & Maxwell, 1986, p.43 참조.

356) Foster and Elam v. Nielson case, D. J. Harris, *Cases and Materials on International Law* 5th ed., 1998, p.96.

들 국가들에게 있어서 출발점은 개인에게 대한 국제규칙의 적용을 위하여, 조약을 국내법안으로 편입하는 특별입법이나 행정당국의 결정들이 통과되어야 한다.

그러나 이원론국가로 분류됨에도 불구하고, 이러한 나라들에서 국제규칙들이 만약 입법을 통해 편입되지 않는다면, 국내 법원이나 행정당국들에 대해 아무 영향력도 가지지 못한다고 주장하는 것은 지나친 단순화가 될 것이다. 따라서 실제로, 국제법과 국내법 간의 차단벽은 그렇게 완벽하지 않다.

(3) 스웨덴

스웨덴에서는, 조약의 국내순위가 헌법적으로 규율되어 있지 않다. 정부가 국제적 업무에 책임을 지는 기관이기는 하나, 정부는 어떤 조약도 국회 동의 없이 새 법의 제정이나 법의 개정 또는 폐지를 미리 간주한다고 결정 내릴 수 없다. 국회의 동의는 또한 '만약 합의가 중요한 것일 때' 다른 국제적 협약에도 역시 요구된다.[357] 이는 네덜란드의 헌법과 비슷하다. 실제로, 조약이 새로운 법이 폐지되거나 입법되기를 요구하는지 또는 이것이 주된 중점이라면, 따라서 의회승인이 요구되는지를 결정하는 것은 정부이다. 이 점과 관련하여 정부에 대한 불충분한 분석들이 적절한 법률의 입법이나 개정 없이, 스웨덴에 의해 승인된 환경보호와 같은 많은 국제조약들로 귀착되었다.[358]

비록 헌법이 직접적으로 조약의 법적 효력의 논점을 규율하지 않아도, 두 가지 규정이 이원론의 입장을 지지하는 것으로 볼 수 있다. 첫째는 "공공의 권력은 법에 기하여 행사될 수 있다"는[359] 일반 규정이고,

357) 스웨덴 헌법 chapter 10, section 2.

358) 그 예로는, 1971년 Wetland Convention, 1979년 Convention on the Convention of European Wildlife and Natural Habitat를 들 수 있다.

둘째는 "어떤 법도 법이 아닌 다른 것으로 개정되거나 폐지될 수 없다"는[360] 것이다. 최소한도 후자의 "법"의 의미는 제정법으로 한정되며, 따라서 흡수되지 않은 조약은 포함하지 않는 것으로 보인다. 이것은 네덜란드와 미국의 입장과 반대로, 흡수되지 않은 조약들은 비록 의회 동의가 있더라도, 제정 법률과 동등한 지위를 획득하지 못한다는 것을 의미한다. 1970년대 초에, 이러한 이원론의 입장이 몇 개의 사례를 통해 굳혀졌다. 한 중요한 사건에서 최고 법원은 다음과 같이 주장했다.

"심지어 스웨덴이 국제적 협약에 동의했다 하더라도, 그것을 국내 법률질서에 직접적으로 적용할 수는 없다. 협약이 이 나라에서 먼저 규율하지 않는 원칙들을 표현한 범위 내에서, 입법과의 일치(변형)가 수행된다."[361]

어느 정도 이러한 판단들은 조약들은 적용 가능하게 되기 위해서 특별입법에 의해 편입되어야 한다고 하는 스웨덴 법관들의 우세한 태도를 반영한다. 이 문제에 대해서 대부분의 학자들은 그럼에도 불구하고 스웨덴 법원들이 국내법은 가능한 한 국제의무들과 일치하게 해석되어야 한다는 원칙(수동적 해석의 원칙이라 부름)을 적용한다고 주장한다. 그러나 그렇게 하기를 거부하는 몇몇 법원들에 의한 거부가 편입되지 않은 환경조약들의 고려에 대해 방어효력을 가져왔다.

그러나 일단 조약이 보통 제정법에 의해 편입되면, 스웨덴 법원들은 해석의 지침을 위해 조약 원전을 조사하기 위해 보다 빨리 준비된다. 게다가, 지난 10년 동안 특별입법으로 편입되지 않은 조약들에 대한

---

359) 스웨덴 헌법 chapter 1, section 1.

360) 스웨덴 헌법 chapter 8, section 17.

361) Sandström v Statens Järnvägar, Jonas Ebbesson, *op. cit.*, p.213, note 36 참조.

증가하는 신뢰를 향한 느린 경향을 인식할 수 있다. 편입되지 않은 환경조약들에 대한 고찰이 환경보호에 대한 몇몇의 정부정책에서 또한 인식될 수 있다. 어떤 범위에서 행정적 결정들의 이러한 고찰들이 정책의 내용에 영향을 미쳤는가의 문제가 여전히 의문으로 남는다.[362)]

(4) 덴마크

다른 북유럽국가들의 상황이 다소 스웨덴의 입장과 비슷하다. 덴마크의 헌법적 관행은 조약들은 일종의 특별편입을 통해 수행되고 완성된다는 것이다. 의회에 의한 승인은 국내 법률내용 속에서 법을 통해 변화가 필요하거나, 그렇지 않으면 동의가 주된 중점일 때 조약에 요구된다.[363)]

아마도 EC법의 영향으로, 덴마크의 법원은 스웨덴보다 국내법의 체계 내에서 다소간 편입되지 않은 조약들을 고려하고자 하는 것으로 보인다. 비록 출발점이 조약들은 특별입법으로 편입되어야 한다는 것이지만, 덴마크에 의해 체결된 조약들은 국내법의 일부라는 것이 일반적으로 원칙으로 여겨지고 있다. 비록 갈등이 발생하면 입법이 조약을 폐기하지만, 국내기관들은 수동적 해석의 원칙과 충돌을 피하기 위한 입법의 조약과 일치하도록 하려는 의도의 추정을 적용할 것이다. 조약들은 아주 큰 영향력을 가진다고 또한 주장된다.

환경보호의 영역에서, 어떤 덴마크의 정부기관들은 국제조약들을 국내법의 적용과 해석에 고려하기 위해 점진적인 접근법을 취했다. 이는 1971년 Wetland협약과 관련해 이루어졌다.

---

362) 그 예로, Öresund Bridge Case에서 스웨덴 정부(환경과 천연자원부)가 결정을 내리는 과정에 있어서 1974년 발틱협정과 1991년 환경영향평가협약(EIA Convention)이 전혀 고려되지 않았다. *Ibid.*, note 41 참조.

363) 덴마크 헌법 section 19.

(5) 노르웨이

노르웨이의 경우에 출발점도 역시 조약들은 국내기관들에 의해 적용되기 위해서 특별입법에 이해 편입되어야 한다는 것이다. 조약이 새로운 입법을 전제조건으로 하거나 중요한 범위에서, 의회의 승인은 노르웨이가 조약의 효력을 받기 전에 요구된다.[364] 노르웨이는 그럼에도 불구하고 입법에 의한 특별 편입 없이 수행의 문제를 행정부에 남기며, 수많은 조약들을 인준했다. 노르웨이가 실제적으로 환경보호에 대한 지신의 국제적 의무를 수행한 "법적 재확인"이 없다는 것도 주장되었다.

또한, 노르웨이에서는, 국내법과 조약 간의 충돌의 경우에, 국내법이 우세하다. 노르웨이 법원은 그럼에도 인권문제와 관련된 몇몇 사례들과 환경문제와 관련해서 흡수되지 않은 조약들을 고려했다.

다른 북유럽 국가들에서처럼, 핀란드에서도 입법의 영역에 관련된 조약들에는 의회의 승인이 필요하다.[365] 조약을 국내기관에 적용 가능케 하기 위해서, 출발점은 편입을 위한 특별입법이 요구된다는 것이다. 그럼에도 불구하고, 조약의 고려의 문제가 인권문제와 관련하여 핀란드에서도 일어났다. 게다가 핀란드의 EU회원자격이 이 문제에 대한 그들의 개별 원칙에 영향을 미칠 것인지가 해결해야 할 문제이다.

(6) 영국

영국은 북유럽국가들처럼 다소 단순한 방식으로 그러나 조약규칙들과 국내 입법을 엄격히 구별하면서 이 문제에 접근한다. 헌법이 없는

---

364) 노르웨이 헌법 section 26.

365) 핀란드 헌법 section 33, 하지만 2차세계대전 이후로 핀란드 의회는 정부가 제의한 협약을 거부한 적이 없다. Jonas Ebbesson, *op. cit.*, p.215, note 54.

가운데 영국법의 기본개념은 국왕의 특권을 만드는 조약과 의회의 입법권 간의 구별에 관계된다. 그러나 북유럽의 체계와 다르게, 조약들이 효력에 들어가는 언제든지 의회의 승인이 필요하지 않다. 이런 의미에서, 국내법과 국제규칙 간의 영국의 구별은 왕권이 의회의 승인 없이 조약을 통해 간접적으로 입법하는 것을 막기 때문에, 북유럽국가들의 것보다 설득력이 있고, 비록 영국법에서 편입되지 않은 조약들이 아무런 정식의 지위를 가지지 않더라도, 만약 특별입법으로 편입되면 고려될 수 있다.[366)]

비록 편입되지 않은 조약들이 영국에서처럼 공식적인 지위를 가지지 않는다 하더라도, 특별입법을 통해서 편입된다면 그 나름대로 효력을 가질 것이다. 만약, 국내규정의 표현이 애매하지 않다면, 그것이 영국의 국제법상 의무에 배치되든 아니든 그 출발점은 여전히 법원이 입법에 영향을 줄 것이다. 만약 편입 입법에 대한 다른 대체적 해석에 가능하다면, -그러나 다소의 애매성이 있으면-법원의 관행은 그 조약이 관련 입법에 명확히 언급되어 있지 않아도, 수동적 해석원칙을 적용하려는 의도를 보여준다.[367)]

그러나 그 조약이 입법을 통해 전혀 편입되지 않았다면 조약은 법원이나 행정당국에 의해 개인에게 영향을 미칠 수 있는가 하는 의문이 생긴다. 결론은 그렇지 않다는 것이다. 어떤 학자들은 유럽인권협약에 관련된 몇 개의 사례법을 근거로 법원들은 이러한 경우들에도 이 협약

366) Ian Brownlie, *op. cit.*, p.47.

367) 이에 대한 사례들 중 하나에서 다음과 같이 주장되었다. "만약 입법의 의미가 분명치 않고 한 가지 이상의 것이 될 수 있다면, 의회는 그 안에 특별한 조약의무를 포함하는 국제법의 가지 속에서 입법하려 들지 않을 것이라는 명백한 추정이 있기 때문에, 조약 자체가 관련된다. 그리고 만약 입법에 속해질 수 있는 의미 중 하나가 조약의무에 일치하고 다른 것들은 그렇지 않다면, 일치하는 의미가 선호된다." Salomon v. Commissioners of Customs and Excise, D.J. Harris, *Cases and Materials on International Law 5th ed.*, Sweet & Maxwell, 1998, pp.92-94 참조.

의 저변을 형성하고 있는 관련 조약들을 고려할 수 있다고 주장한다.[368] 만약 이것이 옳다면, 영국조차도 국제규범과 국내규범 간의 구별을 지속적으로 지지하지 않을 것이다. 행정적 재량의 수행과 관련하여, 편입되지 않은 조약들은 행정부에 어떠한 제한도 과하지 못하는 것으로 보인다. 수행되지 않은 조약들에 설득력 있는 효력을 부여하는 넓은 접근방법과 수행된 조약만을 다루는 제한적 접근법 모두를 위한 사법적 원조는 법원에 의해 언급될 수 있다.[369]

3. 國際環境法과 國內環境法의 規範的 統合과 合致性의 概念

1) 贊反兩論

국제 및 국내환경법의 합치성 이론의 주요 측면은 국제법에 의해 표현되는, 오염유발행위와 관련되거나 수범인의 상태와 관련되는 실제적인 상황이 국내법적 상황에 반영되어야 한다는 것이다.[370] 즉, 국내 실제상황이 부합하는 것만으로는 불충분하다는 것이다. 개인들은 또한 국내재판소 앞에서 직접적으로든 간접적으로든 특별입법을 통해 국제규범을 호소할 수 있는 능력을 가져야 한다. 이에 대한 다양한 이유를 다음과 같이 설명할 수 있다.

---

368) Michael Akehurst, *Modern Introduction to International Law*, 6th ed., 1987, p.44, Ian Brownlie, *Principles of Public Internationa Law*, 4th ed., 1990, p.50, D.J. Harris, *Cases and Materials on International Law*, 4th ed., 1991, p.92 note 2에서 Harris는 "비록 본 문제에 관한 법원의 판결이 유럽인권협약의 조건에만 의존한다 해도, 그 판결들이 다른 조약에도 적용될 수 없다는 논리적인 이유는 전혀 없다."고 언급하고 있다.

369) Ian Brownlie, *op. cit.*, pp.37-43 참조.

370) 이에 관한 詳述은 Jonas Ebbesson, *op. cit.*, pp.70-76 참조.

i) 자국의 시민을 반대하는 것을 지지하는 것이 예비되지 않은 국제규칙에 동의함으로 국가의 불일치성을 없앤다.

ii) 국가는 다른 수단이 사용될 때 순응하지 않는 개인들을 강제하기 위해 적절한 법적 조치를 취할 일반 국제의무가 있다.

iii) 국가는 조약을 수행하는 데 있어서 자국의 실패에 대한 정당화로 국내 법규정을 주장할 수 없다.[371)]

iv) 국내기관들 앞에서 국제규칙의 주장가능성은 일반적으로 국제환경법의 수행과 강제를 증진시킨다.

국내법의 적용은 국제협약에 합치하는 일반적 법내용을 담아야 한다는 것이 EC법과 관련하여 유럽사법재판소의 판결에서 주장되었다.[372)] 국제법과 실제적 상황이 국내법에 편입되게 하는 다른 방법들이 있다. 그러나 중점은 실제상황이 국내적으로 승인된 법의 근원, 즉 다른 규율에 의해 지배되지 않는 지위로서의 근원에 반영될 필요가 있다는 것이다.

조약이행의 가능성을 증가시키는 한 방법은 국내법원들과 행정 부서들이 국제 규칙에 보다 주의를 기울이는 것이다. 비록 조약을 고려하

---

371) 1969년 조약법에 관한 비엔나 협약 제27조 [국내법과 조약법의 준수] 어느 당사국도 조약의 불이행에 대한 정당화의 방법으로 그 국내법규정을 원용해서는 아니 된다. 이 규칙은 제46조를 침해하지 아니 한다. 제46조 [조약체결권에 관한 국내법규정] ① 조약 체결권에 관한 국내법규정의 위반이 명백하며, 또한 근본적으로 중요한 국내법규칙에 관련되지 아니하는 한 국가는 조약에 대한 그 기속적 동의를 부적법화 하기 위한 것으로 그 동의가 그 국내법 규정에 위반하여 표시되었다는 사실을 원용할 수 없다. ② 통상의 관행에 의거하고 또한 성실하게 행동하는 어느 국가에 대해서도 위반이 객관적으로 분명한 경우에는 그 위반은 명백한 것이 된다.

372) 이에 관한 사례는 EC Directive 82/884의 이행에 관련된 case c-59/89 EC Commission v. Federal Republic of Germany, 야생조류의 보존에 관한 Directive 79/409의 이행에 따른 case 252/85 EC Commission v. France, case 247/85 EC Commission v. Belgium 그리고 case C-339/87 EC Commission v. the Netherlands 등을 들 수 있다.

는 데 대한 이들 기관들의 거부가 치명적으로 환경보호의 기준을 감소시키고 수행에 영향을 미치더라도, 그들의 수행과 관련하여 핵심문제로서 직접적용의 문제를 제기하는 것은 여전히 너무 성급한 假定이다. 직접 효력은 결코 조화된 조약수행을 위한 증진된 보호나 보장이 아니며, 개별입법이나 적절한 정책조치에 의해 편입하기 위한 기회로서도 기능할 수 없다. 이 문제에 대한 국가들의 다른 접근법들은 실제적으로 국제법과 일치하려는 그들의 의도나 또는 오염을 방지하려는 그들의 의도에 대해 필연적으로 무언가를 밝혀내지는 않는다. 이와 관련하여 반대를 주장할 수도 있다. 그들의 국제적 의무를 수행하는 데 있어 가장 적극적인 국가들은 단순히 조약의 직접적용 가능성에 의존하는 반면에 적극적으로 국제의무를 이행하지 않는 나라들은 개별입법을 통한 편입을 채택한다.

개별입법에 의한, 환경조약이 요구하는 합리적인 분석에 근거한 편입은 일반적으로 그것을 효과적으로 만드는 가장 적절한 수단일 것이다. 환경에 관련된 많은 조약의무들은 개인들에게 어떤 특별한 법적 지위를 규정하지 않으며, 어떤 면에서는 국제법은 국가 간 협정으로 이루어지지만 국내법상의 구체적인 입법상황을 규정하지 않고 국제적 차원에서 달성해야하는 목표만을 규정한다. 따라서 협약상 의무의 각국별 이행은 국내적 수준에서 개별조치나 관련법규정들이 정의될 것을 요구한다.[373)]

많은 경우에서, 환경협약의 국내적 수용을 위한 개별입법은 요구될 것이나, 이러한 입법은 당연히 활동계획들, 교육적 프로그램들 그리고 재정지원의 효율적 안배에 의해 보완되어야 한다. 국제법상 조약이 필

373) 리우선언은 원칙 11에서 각국이 효과적인 환경법칙을 규정하여야 하며 환경기준, 관리목적 그리고 우선순위는 이들이 적용되는 환경과 개발의 정황이 반영되어야 한다고 함으로써 국내제도를 수립함에 있어서 비교적 구체적인 틀을 제시하고 있기도 하다.

요한 활동의 계획을 언급하는 반면, 국내입법의 정확한 내용의 지침은 어디서든 발견된다.

직접적용성 원칙을 활용할 가능성은 국내환경법 체계의 구조에 더욱 의존한다. 조약이 직접적으로 적용될 수 있는 허가, 검증, 감독기관 등과 같은 절차적 기관들이 어느 범위까지 있는가에 대해서는, 호소가능성 문제가 발생하기 전에 개인이 조약에 호소할 수 있는 가능성이 있어야만 한다.[374)]

요컨대, 국제규칙의 적용에 대한 열린 접근을 선호하는 주장은 비록 직접조약적용 원칙이 개별입법으로 국제법을 편입하는 데 실패함으로써 피해를 입은 당사자들을 거의 구제할 수 없어도, 그것이 조약순응성을 증진시킬 것이라는 것이다. 반면에 이런 접근과 반대되는 주장들도 있다.

그중 하나는 중앙정부기구 중 권력의 분배라는 국가지배의 기본이념적 원칙과 관련된다. 한 국가의 통치가 한 기관의 행위로써 독자적으로 수행되는 한, 국제규칙과 국내규칙을 구별하는 데 아무런 논리적 이유가 없다. 따라서 동일한 기관이 국제적 규칙에 국가가 따르는 것과 개인에게 적용 가능한 규칙을 채택하는 것 모두에 책임이 있게 된다.

그러나 현대 민주화와 함께 발전한 권력의 분배와 함께, 국내법을 제정하는 권력과 국제의무에 국가가 따르도록 하는 권력은 다른 기관들 사이에 나누어졌다. 국내법 제정이 의회의 일인 반면, 많은 국가에서 행정부는 국제협약을 제정하는 권력을 부여받았다. 따라서 일원론의 접근방법의 반대는 행정부에 의해서 국내법을 만들기 위해, 입법부의 동의 없이 조약을 통해 직접적으로 개인을 구속하도록 하는 것이 남용될 수 있다는 것이다. 이 주장은 이원론의 입장인 몇몇 국가에 의해 주장되었다.[375)] 따라서 법원들과 행정 부서들은 국내법만 적용해야

374) 대부분의 국가에서 이러한 상황이 발생하며, 또는 적어도 국제적 의무에 기인하여 발생한다. 몇몇 국가들이 일반 대중의 의사결정과정에 참여하여 환경영향평가를 수행하는 체제를 가진 조약의 당사국들이다.

한다고 주장된다.

그러나 이 주장은 입법부의 동의 없이 행정부가 조약을 인준하는 것을 금지하는 수많은 국가들에서 지지되지 않는다. 조약을 승인할 것인지를 결정할 때, 입법부는 그 조약을 마치 그 문제가 입법과 관련되는 것처럼 다소 비슷하게 고려할 필요가 있다. 즉, 입법적 통제는 개인의 법적 지위와 관련하여, 국제규범에의 종속에 의해 확립되었다. 입법부는 대다수의 국민이 국가가 지배받기를 원치 않는 조약의 수용을 거부할 수 있다. 따라서 체계가 다르더라도 이원론적 접근법의 이러한 주장은 무리가 있다. 예를 들어, 스웨덴에서 의회의 결정으로 조약을 승인하는데, 그것은 법률과 동등한 지위를 갖지 못한다. 입법부의 동의가 요구되는 한, 합법성의 원칙 즉 개인의 권리와 의무는 인정된 국내적 법의 근원에 근거가 있어야 하며 또한 조약의 일반적 편입에서도 그래야 한다는 원칙을 지지하는 것은 가능하다.[376]

국가를 구속하기 위해서 국내법상의 동의가 있어야 하는 국가들에서, 조약들이 보통의 입법처럼 동등한 규범적 지위를 얻게 하는 것은 지속될 것이며, 따라서 실질적 조약은 앞선 입법을 폐기한다. 이런 체계 내에서 의회는 규범을 따를 것인지, 국제적 의무가 조화될 수 있는지 그리고 어떤 수행의 조치가 필요할 것인지를 심사할 기회를 가진다.

의회의 통제에도 불구하고 이원론이 유지되는 한 가지 이유는 국가의 국제적 의무를 해석하고 수행하는 데 대한 정치적·사법적 기관들 간의 단순한 권력의 경쟁의식이라고 할 수 있다. 그러나 이 위험은 수많은 국가에서 해석의 이유로 모호한 조약을 조사하도록 법원과 행정부서들에게 차단벽을 여는 일치함은 입법의 채택에 의해 회피되거나 최소화될 수 있다. 물론, 사법부는 여전히 국제기구들의 다른 해석들을

375) 영국에서는, 공식적인 조약협상과 비준이 오직 왕실이 공식적으로 실행가능한지가 문제될 뿐이다. Brownlie, *op. cit.*, p.47.

376) Jonas Ebbesson, *op. cit.*, p.222.

행정부나 입법부보다 더 선호할 것이다.

직접적 조약적용에 반대하는 주장은 법적 확실성의 주장이다. 즉, 관련된 사람들이 특별한 법적 사실에 기하여 법적인 결론을 예견하는 것의 가능성이다. 만약 법원과 환경 부서들이 직접적으로 국제조약들을 적용하는 경향이라면, 오염자회사가 특정 행위가 금지되는지 허용되는지를 예견하거나, 그가 어떤 예방적 조치를 취해야 하는지를 아는 것은 어렵지 않다.

물론 이 논의의 타당성은 국제 협약들에 대한 정보가 국내의 대중들에게 어떻게 전달되는가에 달려있다. 만약 이것이 적절히 이루어지면, 국제법에 대한 접근은 국내입법에의 접근과 같아질 수 있다. 심지어 국제규칙에 접근하는 것이 다소 국내법에 보다 복잡하다 하더라도, 환경법에 대한 통합적 접근은 환경문제의 특수성에 의해 보다 용이하게 정당화될 수 있을 것이다.

먼저, 환경보호의 개념이 그 성격상 국제적이며, 우리는 문제의 국가가 승인이나 수락으로써[377] 국제적으로 인정한 규칙들을 꾸준히 다루고 있기 때문에, 관련된 국제 규범들은 하나 또는 다수의 해결을 선호하는 주장을 제공하는 것이 합리적으로 보인다. 이런 의미에서 다양한 규범적 표현을 따르는 법적 상황을 예견하는 것이 또한 가능하다. 그렇게 되기 위해서는 환경법률가들이 환경보호에 관한 국제규정들에 대

---

377) 협약상의 이러한 승인이나 수락은 주로 협약상의 前文에서 발견된다. 기후변화협약의 경우, "본 협약의 가입국은 기후변화와 그로 인한 부정적 효과는 인류공동의 관심사임을 인식하고 (……) 육지와 해양생태계의 온실가스 흡수원의 중요성을 인식하며 (……) 국제적 대응전략 추진에 모든 국가의 동참이 요구됨을 인식 (……)"으로 당사국들의 승인과 수락여부를 나타내고 있고, 생물다양협약의 경우도 "협약당사국은 (……) 생태학적, 유전적, 사회경제적, 과학적 (……) 가치를 자각하고 (……) 지속가능한 방법으로 이용할 책임이 있음을 재확인하고 (……) 생물다양성의 보전과 지속가능한 이용을 결의하면서 다음과 같이 합의하였다"는 표현으로 당사국들의 수락과 승인을 인정하고 있다.

한 지식을 가질 것이 기대된다.

둘째로, 오염자인 회사의 이익과만 관련하여 법적 비밀성이나 예견가능성의 개념으로 이야기하는 것은 실로 편협한 것이다. 사실상 이미 정부나 의회에 의해 수용된 국제법의 예방적 규범들이 적절히 수행되는 것은 다른 개인들에게는 합법적인 이익인 것이다. 만약 조약이 국내입법에 의해 승인된다면, 합법성의 원칙은 국내기관들에 의한 환경협약의 고려에 대한 반대보다는 찬성을 선호하게 될 것이다.

법적 확실성의 이익을 무시하지 않은 채, 오염자의 이익과 관련한 문제를 과장하지 않는 다른 이유들이 또한 있다. 대단히 많은 국가들에서, 환경법은 일반적으로 기본원칙들이 고려되어야 하고 상호간에 어느 정도 균형이 있어야 한다고 규정하는 법률에 의해 이루어진다.[378] 이들 규칙들은 명확한 포섭논리가 아니라, 오히려 충돌하는 이익들의 균형을 위한 체계를 제공하기를 의도한다. 이들 체계의 근거위에 보다 세분화된 법들은 허가당국에 의해 확립된다.

균형의 원칙들은 심지어 최적기술(Best Available Technology; BAT), 대안, 예방의 사용에 대한 원칙들 안에 실질이 있더라도, 담당기관에 다소간의 재량을 허용한다.[379] 그러나 그러한 원칙들이 적용될 때, 계획, 활동프로그램, 지침, 이익의 주장 등과 같은 다양한 관련된 논점들이 평가작업에서 고려될 것이다. 따라서 국내법이 특별히 위험한 행동에 대해서 부과하는 법적 요건을 자세히 예견하는 것은 어렵다. 따라서 이러한 요건들은 각국 정부에 의한 개별적인 하위규범들로써 보충된다.

---

378) A. Kiss & D. Shelton, *International Environmental Law*, Transnational Publishers, 1993, p.333.

379) 최적기술의 사용에 관한 의무와 관련해서, 1992년 Baltic협약 제3조 3항과 1992년 북동대서양협약 부록 1에서는 최적기술의 사용으로 환경적으로 납득할 만한 결과에 이르지 못하면 체약당사국들은 추가조치를 취하도록 요구하고 있다.

따라서 조약들과 국제기관들의 권고와 같은 남은 규범순위의 다른 국제규범들이 어느 정도 균형을 명확히 언급하는 한, 법적 확실성의 논제는 문제가 되지 않을 것이다. 그리고 환경보호는 오염자에 대한 법적 보호의 보장의 문제만이 아니라 더 나아가 오염된 환경의 문제이다. 장기적 관점에서 환경과 피해를 입은 개인들의 법적 이익을 보장하는 것은 오염회사를 위한 법적 확실성의 기반에서 국제 규칙을 거부하는 것보다 지속가능한 개발을 더욱 촉진하게 될 것이다. 이것은 만약 조약에 의해 만들어진 기준들을 수행하기 위해 필요하다면, 보통 만들어지는 법보다 더 엄격한 국내적 체계의 해석을 찬성하여 말한다.[380]

그러나 조약의 직접적용은 불필요한 방향으로 개별편입을 하지 않는다. 우리는 직접적용이 보충적이라고 간주해야 한다. 조약이 적용될 만한 모든 가능한 경우를 예견하는 것은 정부와 의회에 복잡한 일이다. 완전히 개별적인 흡수입법이 아닌 조약이 적용될 만한 상황이 다가올 가능성은 언제나 있다. 그러한 상황에서 법적 공백은 국내법의 국제적 보호의 수준을 달성하는 데 실패하는 결과를 야기할 수 있다.

몇몇 국가들에서 이것은 적용할 만한 환경적 체계에 이미 고려되어졌다. 또 다른 가능성은 조약을 고려하도록 특정하도록 행정부에 권위를 주는 것이다. 1990년 영국의 환경보호법에 의하면, 특정 오염과정의 권위부여의 한 조건은 "공동체 조약이나 환경보호와 관련된 국제법에 기하여 영국의 어떤 의무의 수행을 위해 부여된 어떤 방향들과의 조화"이다.[381] 어느 정도 비슷한 권위부여조건은 다른 국가들의 환경입법에서도 발견된다. 1991년 덴마크의 환경보호법에 의하면 "국제의무의 수행에서 각료는 공기, 물, 토양과 허용 가능한 소음을 위한 질적 조건에 대한 구속력 있는 규칙을 제정할 수 있다."[382] 이들 규정들은

---

380) Jonas Ebbesson, *op. cit.*, p.224.

381) 1990 Environment Protection Act of the UK, section 7.

382) 1991 Danish Environmental Protection Act, section 14, 1964년 스웨덴

1991년 환경보호법에 기한 사례들과 규칙들의 "검토를 위한 기초로서 사용될 수 있다." 이와 관련한 문제는 어느 범위까지 각료가 국제기관의 요구를 충족시킬 미래의 규칙을 채택할 것인가이다. 아무런 규칙들이 채택되지 않으면 무슨 일이 일어나며 그럼에도 불구하고 조약은 효력을 가질 수 있는가. 앞에서 언급된 것처럼 이 문제는 그 조약이 개별입법이나 조약을 참고하는 하위규칙들에 의해 흡수된다면 부분적으로 해결된다. 미국의 대기청정법은 오염감소환경과 관련하여 다음과 같이 명확히 말한다. "이것은 몬트리올 의정서의 규정들을 완전히 수행하는 미국의 의무나 책임들을 폐기하기 위해 추론되거나, 해석되거나 적용되어서는 안 된다. 몬트리올 의정서의 장이나 어느 규정들의 어떤 규정들 간에 충돌이 있는 경우, 보다 유력한 규정이 지배한다."[383) 적절한 입법의 참고와 제정에 의한 특정한 흡수는 국내 법률가와 정책결정자들에 대한 조약 내용에 쉽고 주목할 만한 접근을 의미한다. 따라서 보다 효과적인 수행의 가능성은 증가한다. 개인과 관련한 실질적인 국내규칙들은 국내의 법적 전통, 입법제도, 그리고 절차적 행정적 구조에 보다 잘 일치할 수 있다. 이것은 한 조약이 개인의 법적 상황에 관련되는지 여부를 결정하기가 어려운 상황에서도 그렇다. 변형은 국제적 실질규칙들의 규범체계를 좀 더 '완성하는'(filling out) 수단으로서 보다 적절할 것이다.[384)]

국내적 범위에서 법의 근원의 넓은 개념을 위한 환경문제의 국제적 분류는, 역시 관련 국제법을 포함한다. 한 국가의 대표로서, 법원과 행정 부서들은 국가의무의 수행을 위해 국제사회를 향하여, 그리고 국가가 국제적으로 채택하는 엄격한 환경보호를 규정하기 위해, 국내 대중

천연자원법 section 14와 14a는 멸종위기의 생물의 보존과 관련된 국제적 의무의 이행을 위한 규율을 채택하기 위한 권한을 정부에 부여하고 있다.

383) Clean Air Act of the USA, Section 614(b).

384) Jonas Ebbesson, *op. cit.*, p.225.

들에 대한 책임이 있다.

국내기관들이 보다 자유롭게 국가가 국제적으로 그 자체로 구속받는 규칙들을 적용하는 것을 허용하는 법적 측면과 달리, 사회학적 관심은 지역적 환경문제를 보다 광범위한 범위 속에서 볼 수 있게 해야 한다는 것이다. 따라서 개별편입이 국내 정책결정자들에게 국제법의 적용을 증가시켜도, 조약의 고려에 대한 보다 개방된 관점은 어떻게 국내적 환경문제들이 국제적 문제들에 연결되는 가의 인식을 증진시킬 것이다. 이것은 만약 NGOs가 법원과 행정 부서들 앞에서 국제법의 제도를 호소하는 능력을 부여받는다면 더욱 그러할 것이다.385)

국제적 관심의 규칙들이 정부 간의 수준에서 정식으로 채택되는 반면, 권력이 분산된 기관들이 국제 규칙들에 대한 그들의 판단과 결정을 지지하도록 허용하는 근거들도 또한 있다. 그래서 다른 정책 결정자들은 다른 법적 근원들을, 예를 들어 그들이 보호해야 하거나 관련된 이익에 의존하여 고려한다. 환경조약들과 관련하여, 국내기관들에 의한 그러한 통합적 접근은 모호한 조약의 고려나 적용 없는 경우에서 보다 엄격한 보호를 이끌어 낸다는 것이 밝혀졌다.386)

언급되었듯, 대다수 조약들은 국가들이 조약 자체에 의해 규정된 것보다 더 엄격한 조치들을 환경보호를 위해 채택하는 것을 금지하지 않고 있다. 환경보호와 자유무역과 자유항행과 관련하여 일어날 때 상황은 다소 다르다.387) 그러한 조약들이 엄격한 국내규칙들을 금지하는

385) Alfred Rest, *op. cit.*, pp.1-3 참조, 이러한 측면에서의 NGOs의 역할은 의제 21에서도 "비정부간기구는 참여민주주의의 형성과 이행에 중대한 역할을 수행하고 있다"고 강조되고 있다.

386) *Ibid.*, p.226.

387) Patricia Birnie, "The Role of International Law in Solving Certain Environmental Conflicts" in *International Environmental Diplomacy*, Cambridge University Press, 1988, p.97, Martti Koskenniemi, "From Apology to Utopia-the Structure of International Legal Argument", 1989, p.20 참조.

범위 내에, 이 문제는 국내기관에 의한 조약적용과 관련하여 법적인 문제이기보다는 정치적인 문제이다. 환경보호와 제한 없는 자유무역간의 충돌을 피하기 원하는 국가는 조약적용에 있어 국내기관들의 무지에 의존하기보다는, 처음의 조약을 승인하려 하지 않을 것이다.

2) 國際環境法上의 規範的 統合과 기타 接近方法

만약 국내기관들이 국제환경법에의 통합적 접근법을 따른다면, 그것이 어떻게 그들의 결정에 영향을 미칠 수 있는가는 국내법과 관련하여 조약들의 규범적 우선순위에 달려있다.

조약들이 우세한 규범적 지위에 근거하여 보통의 제정법을 완전히 압도하는 상황을 자세히 고려할 필요는 없다. 많은 수의 국가들이 그렇게 높은 규범적 지위를 조약들에 부여하지 않는다.

게다가 환경보호가 조약에 우선적 지위를 줌으로써 유익한지는 분명치 않다. 심지어 환경보호의 조약들이 일반적으로 국가들에게 엄격한 조치를 입법하도록 허용하지만, 국내적 법의 근원의 질서 내에서 조약의 높은 지위는 엄격한 내용의 보통법을 금지하는 효과를 가질 것이다. 제정법보다 높은 지위를 조약에 부여하는 것은 환경보호를 새로운 제정법으로 증진하고자 하는 국가를 또한 혼란스럽게 할 것이다. 그러나 부분적으로, 규범적 통합에 대한 다음의 논의는 마찬가지로 그러한 내용에 관계된다.

국내법상 조약의 규범적 지위 외에, 그들의 영향력은 환경보호에 관한 국내법의 구조적 체계뿐만 아니라 문제의 조약에 대한 법적 접근에 의존한다.

만약 통합적 접근법이 취해진다면, 다양한 법적 기술들이 국내법에 미칠 가능성이 있는 영향들을 인식해야만 한다. 당연히, 개인의 법적 지위가 도출될 수 있는 국제적 의무들이 주된 관심사이다. 그러나 환경조약의 다른 접근법들이 또한 국내기관들의 실제에 영향을 미칠 수 있다는 것이 배제될 수는 없다. 이들 조약들은 균형의 성격을 가진 국내 규칙들의 적용에 관련될 수 있는 환경보호에 관한 규범적 언명을 표현한다. 조약들은 규정의 의미를 이행하기 위해 국내입법에 의한 해석에 또한 관련된다. 이러한 측면에서 우선 고려되어야 할 것은 천연자원의 균형적인 사용을 위한 평가기준을 설정하는 것이 중요하다.

국제법 및 국내법상의 문서들은 최적기술(BAT)의 사용을 명령, 지시, 규정하고 있다. 용어자체가 암시하듯이, 출발점은 사람들이 오염행위를 행하고 있거나 또는 오염행위를 할 것을 의도하고 있는 어느 장소에서 요구되는 최선의 통제기술이라는 것이다. 이 개념이 사용되는 많은 국가에서 요구된 통제수단의 결정은 경제적 실현가능성에 대한 고려를 포함하는 것이다.[388] 이것은 그 기술을 획득하기 위한 개별기업과 그 기업의 능력에 관련된 것일 수도 있다. 그것은 또한 그 기술을 사용함으로써 수반되는 이윤과 관련된 기술비용에 관한 것일 수도 있다. 만약 환경이 값비싼 기술비용을 지불하고 큰 이익을 얻는다면, 그러한 기술은 아마도 선호되지 않을 것이다. 이것은 비례성의 원칙을 반영한다.

다음 비슷한 출발점은 최적기술의 국제적인 정의에서 나오는 규정이다. 즉, 관련된 국가들은 환경보호의 관점에서 현존하는 최고의 기술을 사용할 것을 요구할 것이다. 평가의 진행과정에서 그 기술들이 환경적으로 적합한가, 즉 결과가 비용을 넘어서서 뛰어난가 하는 것이 우선적으로 고려되어야 한다.[389] 그러나 그 외에도, 국제적 정의들은 국내기관들에게 경제적 실현가능성의 문제를 어떻게 고려해야 하는지에 대

388) 하지만 영국의 경우는 편입되지 않은 조약이 국내제도의 행정결정권의 수단을 제한할 수 있다는 것을 받아들이지 않는 것으로 보인다.

389) Jonas Ebbesson, *op. cit.*, pp.128-130 참조.

한 많은 지침을 제공하지는 않고 있다. 그러나 최적기술이 국제적으로 규정된 꽤 많은 경우에 있어서 최적기술의 최소한의 기준을 규정한 확립된 규범들에 의해 보충된다.

허가기관들이 허가에 부여되는 조건을 결정할 광범위한 재량을 가지는 나라들에서, 최적기술에 대한 국제 규칙의 영향은 환경의 관점에서 최선으로 존재하는 기술이 최소한 고려되어야 한다는 것이 될 것이다. 이것은 상대적으로 결정하기 단순한 문제이다. 국제적 의미에서, 비용에 대항하는 환경적 보호를 어떻게 평가하는가는 보다 불명확하다. 이것은 행위자에게 오염을 최소화하거나, 최선의 실용성 있는 수단을 사용하거나, 본체를 대체하는 것을 요구하는 경우에 그러하다. 최적기술의 사용가능성의 문제는 관련된 국가들에 대한 재량의 정도를 함축한다. 그럼에도 불구하고, 어떤 협약들은 최적기술의 사용이 합당한 결과를 이끌어내지 못할 때 추가적인 조치들을 규정함으로써 한 단계 더 발전된 조치를 두고 있다.[390]

이러한 추가적 조치들의 요구는 국제법상의 기준이 국내법상의 기준에 관련되어 있는 경우도 있다. 첫째는, 국내환경법은 각각의 경우에 의사결정자들에 의해서 개별적으로 적용될 수 있는 기준에 근거를 두고 있다. 이들 경우에 있어서 국제적으로 확립된 기준을 고려하는 것은 그다지 어려운 일이 아니다. 만약 그런 기준들이 국제수준에서 규정되면, 규정된 수준에 도달하기 위한 기술을 따르게 된다. 따라서 그러한 기준들과 일치하게 국내법을 해석하고 적용하는 것은 전혀 논쟁의 여지가 없는 것이다. 즉, 국제법에 의해 규정된 확립된 자원기준은 오염자에게 부과해야 할 의무의 최소한의 요건을 구성한다. 이것은 또한 확립된 자원기준들이 최적기술상 국제적 요구 또는 국제환경법상 다른 평가규칙들과 어떻게 상호 작용하는가 하는 것이다. 그러나 국내

390) *supra note* 368 참조.

기관은 아마도 국제적으로 확립된 기준이 환경적 이익보다 경제적으로 실현가능성이 없기 때문에 적용될 수 없다고 주장할 것이다.

두 번째 경우에서, 국제규칙들과 국내규칙들을 일치시키는 것은 더욱 어렵다. 이것은 국제기준보다 덜 엄격한 국내 기준들에 의해 규율되는 경우이다. 따라서 그러한 국내 기준들이 최소한의 조건만을 규정하지 않는다면, 규범적 통합을 위한 여지는 없는 것이다. 그러나 어떤 종류의 평가기준과 결합되지 않으면, 이것은 성립되지 않을 것이다. 국내법이 확립된 기준들에만 근거하는 범위에서, 국제규칙과 국내규칙들의 양립가능성은 국내법의 새롭고, 부합되는 규칙들의 채택을 요구할 것이다.

최적기술에 비하여, 한 국가가 국제법에 규정된 완전금지를 따르는지를 결정하는 것은 보다 쉽다. 그러나 만약, 입법으로 엄격히 편입되지 않는다면, 국제적 금지는 아마도 그 엄격성 때문에 국내법과 충돌하고, 따라서 어떠한 해석적 일치도 불가능한 규칙의 예가 될 것이다. 그러나 중대하고 장기적인 환경피해를 일으키는 물질[391]에 대한 국제법의 완전한 금지는 오히려 드물다.

그러므로 환경·경제관련 평가를 할 때, 이러한 피해물질들의 배출을 계속하기 위한 경제적 실현가능성은 고려될 수 없다. 따라서 그 활동이 국내법체계에 의해 통제되는 한도에서, 완벽한 금지나 또는 최소한도 평가의 기준 내에서 허용하는 매우 엄격한 기준을 설정하는 것은 가능하다. 국제적 금지와 국제규범과 일치하고자 하는 노력은 그러한 결론을 위한 충분한 규범적 근거가 될 수 있다.

각 국가들이 오염을 제거하는 데 동의함에 있어서, 국가는 제거의 속도와 관련하여 결정권을 가진다는 것이 주장되더라도, 다소 유사한 의문들이 그들 내용 속에서 충분히 발생할 수 있다.

국제법이 환경의 여건들과 質에 초점을 두는 반면, 국내법이 오염

---

391) 할로겐 유기물질, 수은, 카드뮴, CFCs 등이 그러한 물질들이다.

근원에 관계된 기준에만 의존할 때 규범적 통합을 위한 복잡한 상황이 발생한다. 이러한 규범적 기술은 국제법의 한정된 범위에서만 적용되어 왔다. 그럼에도 불구하고, 만약 그러한 접근이 국제적으로 더욱 촉진된다면, 국내법에서의 영향을 상세히 설명하는 것이 가치가 있다.

수용기준(recipient standards)의 이행은 주로 관련된 오염자들에게 의무를 부과하기 위한 포괄적인 계획들을 통한 규칙들을 요구한다. 이 기준을 적용하는 데 있어서의 문제는 이 기준의 남용이 일종의 법적 문제를 일으킨다는 것이다. 그 영향 중 하나는 기준이 적용되지 않는 지역에서 새로운 활동들이 금지된다는 것이다. 또 다른 영향은 지방정부나 중앙 행정당국이 그 기준과 일치하는 충분한 조치들을 취할 것이 요구된다는 것이다.

만약 국내법이 최적기술의 사용을 요구하는 체계에 의해 운영된다면, 국제적 수용기준은 (즉, 특정 기술이 경제적으로 실현가능한가 여부의 평가)비례성의 원칙의 적용에 영향을 주는 범위와 관련될 수 있다. 그러나 국제적 수용의 기준은 문제들이 경우에 따른 근거에서 각 행위들에 맞게 평가되어져야 하는 곳에서 국내입법체계만으로는 수행될 수 없다. 따라서 이러한 경우들에서 국내기관에 의한 통합적 접근이 국내법에서의 양립 가능한 법적 상황을 의미한다고 가정하는 것은 어렵다. 그러나 직접적으로 그들의 정부, 환경부서 또는 특정 오염자에 대한 소송에서 국제적 수용의 기준에 호소할 수 있는 개인들의 권능도 동시에 중요한 측면이다. 국제적 기준은 책임에 대한 소송과 만약 오염자가 규정된 수준 이상으로 피해를 일으켰을 때 배상소송에서 다뤄질 수 있다.[392]

---

392) 리우선언도 원칙 2에서 모든 국가는 UN헌장과 국제법의 원칙에 입각하여 자국의 환경 및 개발정책에 따라 자국의 자원을 개발할 수 있는 주권적 권리를 갖고 있으며 자국의 관할구역 또는 통제범위 내에서의 활동이 다른 국가나 자국관할권의 범위를 벗어난 다른 지역의 환경에 피해를 끼치지 않도록 해야 할 책임을 진다고 선언하고 있다. UN국제법위원회

특정지역에서 오염정도를 감소시키도록 활동하도록 감독기관을 강제하기 위해 이것이 또한 사용될 수 있다. 게다가 국제적 수용기준을 보건법률 등의 국내 법률적 기준의 해석에도 영향을 줄 수 있다. 이것은 적절한 환경에 대한 인간 권리의 개념에 가깝다.[393)]

제정법과의 조화에서 절차적 문제에 관련된 조약의 고려와 적용이 규범적 결과에서 몇 가지 변화를 일으킬 수 있다. 몇몇 산업화된 국가들은 환경영향평가의 사용에 대한 입법을 채택하였으며, 한편 1991년 환경영향평가협약(Environmental Impact Assessment Convention)은 그들 문서의 세부내용을 풍부하게 규정하고 있다. 조약으로부터 주장들을 활용하는 국내기관의 가능성에 의존하여 국제기준의 규정된 최소한의 요소는 또한 국내환경영향평가의 절차에서도 요구된다.[394)]

대중참여에 대한 국제적 규칙들도 국내법에서 종종 사례법을 통해 행정부서와 법원 앞에서 다양한 정책결정과정에서 법적 지위가 부여된 개인의 정체성을 개발해온 문제와 관련된다. 법익에 대한 너무 좁은 개념이 적용될 때, 다양한 이해들이 보다 산만해지고 적절히 고려되지 않을 위험이 있다. 그런 이해들은 승인된 지위를 위해 지리적으로 불명확한 곳의 개인들의 것만이 아니다. 이는 또한 환경자체와 미래세대를 위해 대중이익을 위해 말할 수 있는 권능을 포함한다. 대중참여는

(International Law Commission: ILC)도 국가책임에 관한 초안 제1조에서 국제불법행위로부터 국가의 국제책임이 발생한다고 규정하고 있다. 하지만 환경오염으로 인하여 타국에 피해를 주는 경우에도 예외가 될 수는 없을 것이다. ILC가 현재 심의 중인 국제법이 금지하지 않는 행위로 인한 손해에 대한 국제책임에 관한 협약초안도 환경오염으로 인하여 타국에 손해를 끼친 경우 손해를 보상하여야 한다고 규정하고 있다. 노명준, 국제환경법, pp.234-236 참조.

393) 리우선언에서도 원칙 11에서 각국이 효과적인 환경법칙을 규정하여 환경기준, 관리목적 그리고 우선순위는 이들이 적용되는 환경과 개발의 정황이 반영되어야 한다고 언급하고 있다.

394) 1991 EIA Convention, article 4 and appendix Ⅱ.

국가기관들만이 보장할 문제가 아니며, 다양한 조약들에서 대중참여의 요구는 이점에 대해 법적으로 활동할 수 있는 개인들과 NGOs의 역할과 활동범위를 넓히는 주장으로 이해될 수 있다.

개인의 법적 지위가 도출될 수 있는 조약들 외에, 그러한 의무를 규정하지 않는 조약들로부터 발생하는 각종 주장들이 국내 제도상 문제가 될 수 있다. 예를 들어, 비율감축의 의미에서 정의된 국제적 의무들은 개별 오염자와 관련하여 국내법의 특별한 내용을 포함하지 않는다.[395]

그러나 정치적 계획들과 프로그램들 또는 환경적 상황들이 국내적 평가기준에 따르는 요소들로 간주되는 범위에서, 조약들은 그런 문제들의 표현으로서 관계될 수 있다. 이것은 의무들이 보다 정밀한 규칙만이 아니라 일반원칙들로서 정의되는 경우이다. 따라서 자격부여기관은 예를 들어 한 조약이 오염을 방지하기 위해 모든 필요한 조치나 모든 가능한 방법을 취하도록 규정할 때와 같이 충분한 노력을 규정하는 다양한 조약들 속에서, 그 실행 상 그 요건들을 고려할 수 있다.

4. 小 結

합치성의 문제는 특별히 편입되지 않는 조약들에 대한 국내적 접근이 국내적, 국제적 환경법의 합치성에 영향을 미치는가의 여부였다. 국제환경법과 국내환경법의 통합에 관한 문제는 한 국가의 "외부적"(국제적), "내부적"(국내적) 규칙들 간의 구별을 완화하는 데 근거가 있음을 이론적, 실제적으로 밝히는 것이다.[396] 대부분의 조약들이 홀로

395) 국가는 개별 오염회사에 의해 합의된 오염감축 요구에 의한 이러한 의무를 이행하기 위한 선택을 할 수 있다. 이것은 1987년 몬트리올 의정서의 규정과 관련해서 미국과 캐나다에서 행해진 적이 있다.

396) 국제적인 환경목적의 달성여부는 국내적인 이행에 의존하게 된다. 국제법은 개별 국가로 하여금 국내입법 또는 다른 수단을 통해서 국제적 임무

직접 효력에 의존하여 준수될 수는 없다. 실제적 이유로서, 개별입법에 의한 흡수는 보다 적절한 수행을 보장한다. 그러나 국내 법원들과 기관들이 그들의 정책결정에서 다양한 범위근원 중 하나로서 조약을 생각하는 통합적 접근법은 일반적으로 그들의 환경제도의 효력을 증진시켰다. 이는 또한 환경조약과 환경문제에 대한 국제적 분담에 대한 인식도 증진시켰다.

일원론과 이원론 간의 이분법은 지나친 단순화이다. 추정적으로 이원론적인 국가들에서도, 조약들은 법의 한 근원을 구성한다. 보다 정확한 관심은 따라서 조약들이 국내적 체계에서 법의 다른 근원들 사이에서 어떤 규범적 지위를 얻는가 하는 것이다. 몇몇 국가들에서 직접 적용이 국내 입법을 통제하는 의회와 충돌하는 반면, 많은 국가들에서 이 논의는 적절하지 않다고 보인다. 보다 국제화된 환경에 일치하여, 국가가 더 이상 계속되는 단위를 형성하지 않을 때, 법적 확실성의 개념은 부분적으로 재편성될 것이다. 환경법의 영역에서, 법적 확실성은 그 의미를 오염자로 하여금 조약의 비준에 있어서 입법자에 의해 동의되는 것보다 덜 엄격한 제한을 가하는 것에 대한 정당화의 개념으로 여기기보다는 오히려 국제적으로 인정된 규범들을 실제적으로 효력을 갖게 하는 필요성과 관련된다.

를 수행할 것을 요구하며 조약상 의무이행의 실패를 국내법에 호소할 수 없는 것이다. 1969년 조약법협약 제27조 참조. 이에 관련된 사례의 관점은 Free Zones Case(Ian Brownlie, *op. cit.*, p.36) 참조.

第6章 結 論

지속가능한 발전이라는 개념은 궁극적으로 전 인류의 共榮에 그 목적이 있는 것이다. 인간의 삶의 수준이 향상된다는 의미는 경제적으로 풍족한 것만을 의미하지는 않는다. 최저 빈곤상태를 벗어나는 것도 중요하지만 일정 수준의 삶의 여건을 그대로 유지하는 것이 더욱 중요하다. 그러한 삶의 수준을 유지하기 위해서는 인간의 주위를 둘러싼 자연환경의 질을 지속적으로 건강한 상태로 유지할 수 있어야만 한다. 환경이 파괴된 곳에서는 인간정주를 기대할 수 없다. 일단 환경이 파괴되면 인간을 비롯한 모든 생명체들이 그 공간에서는 생명을 유지할 수 없고, 그 파괴의 범위가 넓어지면 우리들의 후손의 안전도 결코 보장할 수 없다.

지속가능한 개발원칙은 국제환경법 분야에서 하나의 대원칙으로서 기능하고 있다. 이미 기후변화협약이나 생물다양성협약과 같은 보편적인 환경협약에서 세부적으로 개별원칙들이 명시됨으로써 지구상의 환경과 개발의 조화를 도모하는 데 있어서 근거가 되고 있다. 리우선언이나 의제 21에서 인류가 어떠한 방식으로 개발을 추진해야 하는지에 대해서 구체적으로 그 실천방향을 제시함으로써 환경과 개발의 통합을 위한 하나의 큰 틀을 제공하고 있는 것만은 분명하다. 그 방향성에 있어서는 아직 부분적으로 異見이 없는 것은 아니지만 인류보편의 합의에는 도달했다고 보인다. 전통적인 국제법적 관점에서 볼 때, 지속가능한 개발원칙이 일정기간의 반복된 관행이 다소 부족하고 법적 확신만이 존재한다는 측면에서 법적 구속력이 완전하다고 할 수 없고, 동시에 원칙의 위반으로 야기되는 국가책임을 지속가능한 개발원칙에 근거해서 물을 수 없다는 약점으로 국제관습법으로 확립되었다고는 할 수 없지만, 이는 앞으로의 지속적인 관행이 이어짐으로써 자연스럽게 해결될 문제이다. 게다가 그간의 원칙의 준수에 관한 문제는 보편적인 법적 확신에 근거한 구속력이 있는 것만은 분명한 만큼 지속가능한 개발의 목표를 달성해 나가는 데는 별다른 문제가 없을 것이다. 단지 중요한 것은 국제관습법으로 확립되기까지 국제공동체 상호간에 얼마나 협력체제가 잘 유지되느냐 하는 것과 UN 및 환경관련 기구를 비롯한 각국 정부 그리고 전 세계 NGOs들이 공동의 노력으로 지속가능한 개발원칙을 名實相符한 法으로 만들어 내야 한다는 것이다. 여기에는 물론 지속가능한 개발의 진정한 의미를 항상 잃지 않는 것이 중요하다. 지속가능한 개발은 법적인 의미와 더불어 전 인류의 차원에 부여되는 또 다른 의미가 있다. 그것은 지속가능한 개발의 달성여부가 인류의 지속적인 생존의 여부에 결정적인 영향을 미치게 된다는 것이다. 지속가능한 개발개념에서 비롯된 원칙의 존재형태와 그 구속력의 강약의 여부에도 불구하고 그 속에 담긴 의미가 전 인류에게 얼마나 심대한 비중이 있는 것인지 먼저 생각해볼 필요가 여기에 있는 것이다.

지속가능한 개발이라는 원칙의 확립과 그 원칙에 대한 확고한 인식은 지속가능한 개발 분야에 있어서 국제법상 다른 원칙들과 마찬가지로 그 중요한 지위를 밝혀주게 된다. 원칙에 따른 명백하고 본질적인 국제적 의무가 결여된 상태에서 지속가능한 개발 분야의 원칙들은 국제적 환경보호에 있어서 비록 차선이지만 핵심적인 역할을 수행하게 된다. 이러한 의무가 존재하면 원칙들은 모든 국가들, 국제기구들과 각급 법원에 의한 더 나은 발전을 제공하게 되고, 그 원칙들의 적용을 위한 근거를 자연스럽게 제공하게 된다.

지속가능한 개발의 법적인 암시를 논의함에 있어서, 그 원칙에 관한 핵심개념을 명확하게 인식하고 국제적 공공정책의 패러다임으로서 지속가능한 개발을 승화시키는 것은 제도적 요소임을 분명히 해줌으로써 그 해결의 실마리를 제공할 수 있을 것이다. 그리하여 단순히 프로그램적인 방안보다는 법적인 대안으로서 그 성질을 파악함이 필수적이다. 이와 동시에 인권관련 문제와 지속가능한 개발은 반드시 연계성을 갖고 연구되어야 한다. 그에 대한 데이터를 충분히 확보하여 인간활동이 자연환경에 미치는 영향을 가능한 한 정확하게 측정해야 하며, 또한 그 영향 이후에 자연환경이 다시 인간활동에 어떠한 영향을 미치게 되는지도 정확하게 측정이 될 수 있어야만 한다. 이렇게 도출된 결과를 거시경제학적 결정에 제시함으로써 개인적인 생활의 모습뿐만 아니라 공공정책에 있어서 지속될 수 없는 많은 속성들을 변화시키도록 유도할 수 있다. 이와 밀접하게 관련된 조약의 부준수의 많은 유인들은 전통적인 국제법 절차 내지는 국제 정치적 절차에 의해 관리되어질 수 있다는 사실에 주목해야만 한다. 조약의 투명성과 준수 및 부준수와 관련된 모든 검증된 절차들은 국내 및 국제 정책들이 합의된 국제적인 수준에 점진적으로 근접하게 될 것이라는 확신을 증가시키게 된다.

상기 활동들과 관련된 NGOs의 활동은, 법적인 지위가 명확하지 않음에도 불구하고 그 활동이 확실히 보장되어야 한다. NGOs가 국제적으로나 국내적으로 법적인 지위를 굳이 부여받지 않더라도 최소한 그들의 활동만 보장이 된다면 스스로 그 지위를 충분히 확보할 수 있을 것으로 보인다. 인식의 전환이 선행되는 각국 정부 또는 국제기구를 확신한다면, 이들은 NGOs를 그들의 동반자로 받아들이게 될 것이며 최종적인 감시기구로서 인정을 함으로써 상호보완적인 관계를 충분히 유지할 수 있을 것이다. 이러한 관계는 곧바로 법적인 지위의 획득으로 자연스럽게 연결될 것이다.

지속가능한 개발이라는 개념은 더 이상 개념의 수준에 머무르지 않고 이미 다수의 국제환경협약에 法原則으로서 반영됨으로써 국제환경법상 하나의 규범으로서의 역할을 수행하고 있다. 그러나 '지속가능한 개발'이 미래세대에게는 양질의 환경을 향유할 수 있고, 현세대에게는 현재 처해 있는 심각한 환경위기를 벗어날 수 있는 유일한 대안임을 확신하지 못하고 있는 인식들이, 전 인류를 지속시키는 데 가장 큰 걸림돌이 되고 있다. 앞에서 언급한 원칙성의 확립과 각종 국제환경협약의 철저한 준수도 시급하고 중요한 문제이지만, 그 무엇보다 가장 시급하고 절실한 문제는 환경에 속해서 환경과 더불어 삶을 영위하고 있는 인간들의 인식의 전환이다. 생각이 바뀌지 않고서는 심각한 위기에 빠진 지구의 자연환경을 구해낼 순 없기 때문이다. 궁극적으로 지속가능한 개발은 '지속가능한 환경의 보존'이 되어야 한다. 일단 기능을 상실한 자연환경은 더 이상 우리가 원하는 환경이 아니며, 되살리고 싶어도 되살릴 대상이 없는 상황이 되고 만 것이다. 우리 모두는 그러한 최악의 상황을 기대하는 것은 결코 아님을 확신하고 있다.

현재 지구과학자들의 연구결과에 의하면 지구의 기후가 지난 수천년간 현 상태로 유지되어 온 것은 거의 기적에 가까운 현상이라고 한다. 그러나 그 평온함에 위기가 다가온 시점이 바로 21세기가 시작되는 현시점이라는 것이다. 각종 환경파괴의 결과가 결국엔 인류 전체에게 위기로 다가온 것이다. 따라서 전 세계의 인류공동체는 이제 그 위기를 극복해야 할 유일한 주체가 되었다. 지구의 환경을 보존해야만 하는 이유는 어느 누구를 위한 것이 아닌 바로 현세대와 미래세대 모두를 포함하는 우리 모두를 위한 것이다. 그리고 그 사명은 바로 지금 이 시대를 살아가는 우리에게 주어져 있다.

附 錄

(APPENDIX)

Ⅰ. 環境과 開發에 관한 리우선언

(The Rio Declaration on Environment and Development, 1992)

Ⅱ. 議題 21 (Agenda 21 발췌본)

(Agenda 21 of the Earth Summit in Rio, 1992)

Ⅲ. WCED 環境法 專門家集團이 採擇하고 提案한 環境保護와 持續可能한 發展을 위한 法的 原理 要約

(Summary of Proposed Legal Principles for Environmental Protection and Sustainable Development Adopted by the WCED Experts Group on Environmental Law, 1986)

APPENDIX Ⅰ

환경과 개발에 관한 리우선언

(The Rio Declaration on Environment and Development)

전문

유엔환경개발회의가 1992년 6월 3일-14일간 리우데자네이로에서 개최되었음. 스톡홀름선언을 재확인하고 이를 더욱 확고히 할 것을 추구하여; 모든 국가와 사회의 주요 분야, 그리고 모든 사람들 사이의 새로운 차원의 협력을 창조함으로써 새롭고 공평한 범세계적 동반자 관계를 수립할 목적으로; 모두의 이익을 존중하고 또한 지구의 환경 및 개발체제의 통합성을 보호하기 위한 국제협정체결을 위하여 노력하며; 우리들의 삶의 터전인 지구의 통합적이며 상호의존적인 성격을 인식하면서; 다음과 같이 선언한다.

원칙 1

인간을 중심으로 지속가능한 개발이 논의되어야 함. 인간은 자연과 조화를 이룬 건강하고 생산적인 삶을 향유하여야 함.

원칙 2

각 국가는 유엔헌장과 국제법 원칙에 조화를 이루면서 자국의 환경 및 개발정책에 따라 자국의 자원을 개발할 수 있는 주권적 권리를 갖고 있으며 자국의 관리구역 또한 통제범위 내에서의 활동이 다른 국가나 관할범위 외부지역의 환경에 피해를 끼치지 않도록 할 책임을 갖고 있음.

원칙 3

개발의 권리는 개발과 환경에 대한 현세대와 차세대의 요구를 공평하게 충족할 수 있도록 실현되어야 함.

원칙 4

지속가능한 개발의 성취하기 위하여 환경보호는 개발과정의 중요한 일부를 구성하며 개발과정과 분리시켜 고려되어서는 아니 됨.

원칙 5

모든 국가와 국민은 생활수준의 격차를 줄이고 세계 대다수의 사람들의 기본수요를 충족시키기 위하여 지속가능한 개발의 필수요건인 빈곤의 퇴치라는 중차대한 과업을 위한 협력하여야 함.

원칙 6

개발도상국, 특히 극빈개도국과 환경적으로 침해받기 쉬운 개도국의 특수상황과 환경보전의 필요성은 특별히 우선적으로 고려의 대상이 되어야 함. 또한 환경과 개발 분야에 있어서의 국제적 활동은 모든 나라의 이익과 요구를 반영하여야 함.

원칙 7

각 국가는 지구생태계의 건강과 안전성을 보존, 보호 및 회복시키기 위하여 범세계적 동반자의 정신으로 협력하여야 함. 지구의 환경악화에 대한 제각기 다른 책임을 고려하여, 각 국가는 공통된 그러나 차별적인 책임을 가짐. 선진국들은 그들이 지구환경에 끼친 영향과 그들이 소유하고 있는 기술 및 재정적 자원을 고려하여 지속가능한 개발을 추구하기 위한 국제적 노력에 있어서 분담하여야 할 책임을 인식함.

원칙 8

지속가능한 개발과 모든 사람의 보다 나은 생활의 질을 추구하기 위하여 각 국가는 지속불가능한 생산과 소비 패턴을 줄이고 제거하여야 하며 적절한 인구정책을 촉진하여야 함.

원칙 9

각 국가는 과학적, 기술적 지식의 교환을 통하여 과학적 이해를 향상시키고 새롭고 혁신적인 기술을 포함한 기술의 개발, 적용, 존속, 전파, 그리고 이전을 증진시킴으로써 지속가능한 개발을 위한 내재적 능력을 형성, 강화하도록 협력하여야 함.

원칙 10

환경문제는 적절한 수준의 모든 관계 시민들의 참여가 있을 때 가장 효과적으로 다루어짐. 국가 차원에서 각 개인은 지역사회에서의 유해물질과 처리에 관한 정보를 포함하여 공공기관이 가지고 있는 환경정보에 적절히 접근하고 의사결정과정에 참여할 수 있는 기회를 부여받아야 함. 각 국가는 정보를 광범위하게 제공함으로써 공동의 인식과 참여를 촉진하고 증진시켜야 함. 피해의 구제와 배상 등 사법 및 행정적 절차에 효과적으로 접근할 수 있어야 함.

원칙 11

각 국가는 효과적인 환경법칙을 규정하여야 함. 환경기준, 관리목적,

그리고 우선순위는 이들이 적용되는 환경과 개발의 정황이 반영되어야 함. 어느 한 국가에서 채택된 기준은 다른 국가, 특히 개도국에게 부적당하거나 지나치게 경제, 사회적 비용을 초래할 수도 있음.

원칙 12

각 국가는 환경악화문제에 적절히 대처하기 위하여, 모든 국가의 경제성장과 지속가능한 개발을 도모함에 있어 도움이 되고 개방적인 국제경제체제를 증진시키도록 협력하여야 함. 환경적 목적을 위한 무역정책수단은 국제무역에 대하여 자의적 또는 부당한 차별적 조치나 위장된 제한을 포함해서는 아니 됨. 수입국의 관할지역 밖의 환경적 문제에 대응하기 위한 일방적 조치는 회피되어야 함. 국경을 초월하거나 지구적 차원의 환경문제에 대처하는 환경적 조치는 가능한 한 국제적 합의에 기초하여야 함.

원칙 13

각 국가는 환경오염이나 기타 환경위해의 피해자에 대한 책임과 배상에 관한 국제법을 발전시켜야 함. 각 국가는 자국의 관할권 또는 통제지역 내에서의 활동이 자국의 관리범위 이외 지역에 초래한 악영향에 대한 책임과 배상에 관한 국제법을 보다 발전시키기 위하여 신속하고 확실한 방법으로 협력하여야 함.

원칙 14

각 국가는 환경악화를 심각하게 초래하거나 인간의 건강에 위해한 것으로 밝혀진 활동이나 물질을 다른 국가로 재배치 또는 이전하는 것을 억제하거나 예방하기 위하여 효율적으로 협력하여야 함.

원칙 15

환경을 보호하기 이하여 각 국가의 능력에 따라 예방적 조치가 널리 실시되어야 함. 심각한 또는 회복 불가능한 피해의 우려가 있을 경우, 과학적 불확실성이 환경악화를 지양하기 위한 비용/효과적인 조치를 지연시키는 구실로 이용되어서는 아니 됨.

원칙 16

국가 당국은 오염자가 원칙적으로 오염의 비용을 부담하여야 한다는 원칙을 고려하여 환경비용의 내부화와 경제적 수단의 이용을 증진시키도록 노력하여야 함. 이에 있어서 공공이익을 적절히 고려하여야 하며 국제무역과 투자를 왜곡시키지 않아야 함.

원칙 17

환경에 심각한 악영향을 초래할 가능성이 있으며 관할 국가당국의 의사결정을 필요로 하는 사업계획에 대하여 환경영향평가가 국가적 제도로서 실시되어야 함.

원칙 18

각 국가는 다른 국가의 환경에 급격한 위해를 초래할 수 있는 어떠한 자연재해나 기타의 긴급사태를 상대방 국가에 즉시 통고해야 함. 국제사회는 이러한 피해를 입은 국가를 돕기 위하여 모든 노력을 기울여야 함.

원칙 19

각 국가는 국경을 넘어서 환경에 심각한 악영향을 초래할 수 있는 활동에 대하여 피해가 예상되는 국가에게 사전에 적시적인 통고 및 관련 정보를 제공하여야 하며 초기단계에서 성실하게 이들 국가와 협의하여야 함.

원칙 20

여성은 환경관리 및 개발에 있어서 중대한 역할을 수행함. 따라서 지속가능한 개발을 달성하기 위해서는 그들의 적극적인 참여가 필수적임.

원칙 21

지속가능한 개발을 성취하고 모두의 밝은 미래를 보장하기 위하여 전 세계 청년들의 독창성, 이상, 그리고 용기가 결집되어 범세계적 동반자 관계가 구축되어야 함.

원칙 22

토착민과 그들의 사회, 그리고 기타의 지역사회는 그들의 지식과 전통적 관행으로 인하여 환경관리와 개발에 있어서 중요한 역할을 수행함. 각 국가는 그들의 존재와 문화 및 이익을 인정하고 적절히 지지하여야 하며, 또한 지속가능한 개발을 성취하기 위하여 그들의 효과적인 참여가 가능하도록 하여야 함.

원칙 23

압제, 지배 및 점령하에 있는 국민의 환경과 자연자원은 보호되어야 함.

원칙 24

전쟁은 본질적으로 지속가능한 개발을 파괴함. 따라서 각 국가는 무력분쟁 시 환경의 보호를 규정하는 국제법을 존중하여야 하며 필요한 경우에는 이의 발전을 위하여 협력하여야 함.

원칙 25

평화, 발전, 환경보호는 상호의존적이며 불가분의 관계에 있음.

원칙 26

국가는 그들의 환경분쟁을 유엔헌장에 따라 평화적으로 또한 적절한 방법으로 해결하여야 함.

원칙 27

각 국가와 국민들은 이 선언에 구현된 원칙을 준수하고 지속가능한 개발 분야에 있어서의 관련 국제법을 한층 발전시키기 위하여 성실하고 동반자적 정신으로 협력하여야 함.

APPENDIX Ⅱ

Agenda 21

전문

(Agenda 21, chapter 1)

1.1. 인류는 역사의 전환점에 처하여 있음. 당면 문제들은 국가 간, 국가 내의 불균형, 빈곤문제의 악화, 기아, 질병, 문맹 등과 지속적인 생태계 파괴 등임. 그러나 환경과 개발의 통합이 이루어지고 환경-개발문제에 대한 관심이 증대되게 되면 기초수요(basic needs)의 충족, 생활수준의 향상, 생태계 보호, 운영의 개선, 그리고 보다 안전하고 번영된 미래의 구현 등을 이룩할 수 있을 것임. 이는 한나라 단독으로는 불가능하며, 지속가능한 개발을 위한 범세계적 협력을 통하여 달성이 가능함.

1.2. 이 범세계적 협력은 UNCED개최 촉구와 동시에 결의된 1989년 12월 22일의 UN총회 결의 44/228 및 환경-개발 문제에 관한 균형적이고 통합된 접근의 필요성을 인식하는 것에 기초를 두어야 함.

1.3. 아젠다 21은 현재와 과거의 문제를 동시에 포괄, 아젠다 21은 개발 및 환경협력에 관한 범세계적인 합의와 최고 수준의 정치적 참여(commitment)를 반영. 그 이행은 일차적으로 정부의 책임이며 그 목적 수행을 위하여서는 국가적 전략, 계획, 정책 및 과정이 긴요함. 이러한 국가적 노력을 보완하기 위하여 국제협력이 있어야 함. 이러한 맥락에서 UN의 역할은 핵심적임. 여타의 국제적, 지역적, 소지역적 기구 역시 이러한 노력에 기여해야 할 것임. 또한 최대한 광범위한 대중

의 참여와 비정부기구 및 기타 그룹의 적극적 참여가 장려되어야 함.

1.4. 아젠다 21의 개발-환경목표에 부응하여 개도국이 지구환경문제에 대처하고 지속가능한 개발을 위해서는 상당한 수준의 신규 및 추가 재원을 필요로 할 것임. 또한 아젠다 21의 이행을 위한 국제기구의 능력 배양에도 재원이 필요함. 각 계획 분야마다 상응하는 내용이 예시적으로 추계되어 있음.

1.5. 아젠다 21의 각 계획 분야의 수행에는 과도기 국가(economies in transition)의 특수상황에 대한 특별고려가 있어야 함. 이들 국가들은 유례없는 경제변환기의 도전에 직면하여 사회, 정치적 위기상황에 처해 있음.

1.6. 아젠다 21의 계획 분야들은 정책방향, 목표, 수단 및 실행방법 등으로 구분되어 설명. 아젠다 21의 역동적 계획임. 아젠다 21은 각국이 상이한 상황, 능력 그리고 우선순위에 따라 상이한 주체들에 의하여 수행될 것이며, 리우선언에 담긴 모든 원칙들은 십분 존중될 것이다.

1.7. 아젠다 21의 전반에 걸쳐서 "환경적으로 건전한(environmentally sound)"은 "환경적으로 안전하고 건전한(environmentally safe and sound)"의 뜻으로 사용됨(특히 '에너지원', '에너지 공급원', '에너지 체계', 또는 '기술' 등과 결부되어 사용될 경우)

민간단체의 역할 강화
(Agenda 21, Chapter 27)

계획 분야

〈정책방향〉

27.1 민간단체는 참여적 민주주의의 형성과 실행에 중요한 역할을 함. 민간단체에 대한 신뢰는 사회에서의 그들의 책임 있고 건설적인 역할에 달려 있음. 지방자치운동뿐만 아니라 공식, 비공식 조직들이 의제 21을 이행하는 데 협조자로 인식되어야 함. 사회 내에서 민간단체에 의해서 수행되어지는 독립적인 역할의 특징은 진정한 참여요구이며 그 결과 독립성은 민간단체의 중요한 특성이며 진정한 참여의 선결조건임.

27.2 지속불가능한 개발을 환경적으로 건전하고 지속가능한 개발로 전환하는 데 있어 국제사회가 직면한 중요한 도전의 하나는 사회각계 각층이 공동의 목표의식을 갖는 것임. 공동의 목표의식을 지속적으로 유지하는 것은 각각의 독립적인 역할과 책임, 각각의 특별한 능력을 인식하고 진정한 사회의 협력과 대화자로서 참여하려는 사회 각계각층의 의지에 달려 있음.

27.3 Agenda 21의 각 부분에 참여하여 의견을 제시했던 공익단체를 포함한 민간단체는 환경적으로 건전하고 사회적으로 책임 있는 지속가능한 개발의 실행에 중요한 다양한 경험, 전문지식 및 능력을 보유하고 있음. 민간단체는 공동의 목표달성을 지원하거나 강화할 수 있는 세계적인 정보망을 제공함.

27.4 민간단체의 기여가 실현되도록 하기 위해서는 의제 21을 이행하기 위하여 수립된 각종 제도나 계획에 서 국제기구, 중앙, 지방정부와 민간단체와의 의사전달 및 협력이 증진되어야 함. 또한 민간단체는

지속가능한 개발의 이행에 있어서의 효율성을 제고하기 위하여 그들 사이의 협력과 의사전달도 강화해야 함.

〈목 표〉

27.5 사회, 정부, 국제기구는 민간단체가 환경적으로 건전하고 지속가능한 개발과정에 그들의 협조자로서의 역할을 책임 있고 효율적으로 수행하도록 하기 위하여 메커니즘을 개발해야 함.

27.6 UN기구와 정부는 사회의 협조자로서의 민간단체 역할을 강화하기 위하여 그들과의 협의하에 정책결정과 집행의 모든 과정에 참여시킬 수 있는 공식적인 절차와 메커니즘을 개발해야 함.

27.7 1995년까지 모든 정부와 민간단체, 그들이 자체적으로 조직한 정보망 간에 환경적으로 건전하고 지속가능한 개발을 이행하는 데 있어서 그들 각자의 역할을 인식하고 강화하기 위한 상호 건설적인 대화가 이루어져야 함.

27.8 정부와 국제기구는 의제 21의 이행여부를 감시하기 위하여 마련된 공식적인 메커니즘과 절차의 개념정립, 수립, 평가과정에 민간단체의 참여를 허용하고 증진해야 함.

〈정책수단〉

27.9 국제 개정 및 개발기구, 모든 국가 간 조직 및 Forum을 포함한 UN기구는 민간단체와의 협의하에 다음 조치를 강구할 것임.

(a) 민간단체가 정책(안)작성, 정책결정, 집행 및 평가과정에 기여할 수 있도록 기존 절차나 메커니즘 효율성 제고방안을 조사, 보고.

(b) (a)항에 근거하여 기존 제도의 효율성을 제고하거나 정책이나 계획 작성, 집행 및 평가과정에 민간단체의 생각이나 경험을 반영할 수 있는 새로운 절차나 메커니즘을 마련.

(c) 사회적 협조자로서의 민간단체의 역할을 증대시키기 위하여 계획이나 프로그램의 이행과정에서의 그들의 관여정도나 효율성, 그들에 대한 재정, 행정적 지원의 정도를 조사.

(d) Agenda 21의 이행을 감시하고 평가하기 위하여 설립된 과정에 민간단체를 참여하도록 하기 위한 효과적인 수단 마련.

(e) 민간단체나 그들이 자체적으로 설립한 정보망이 개도국의 민간단체 그리고 그들이 자체적으로 설립한 정보망에 대한 지원을 포함하여 의제 21을 이행하기 위하여 마련된 정책이나 계획의 감시평가에 기여할 수 있도록 추진.

(f) 의제 21의 이행감시과정에 따라 의제 21 이행에 관한 유엔사무총장의 유엔 총회 보고서 모든 정부간기구나 포럼의 보고서에서 민간단체의 감시체계나 평가과정이 발견한 것을 고려.

(g) 민간단체가 그들의 계획이나 활동 및 지속가능한 개발을 지원하는 그들 역할의 효과를 증진시킬 수 있도록 정확하고 적절한 자료의 정보를 입수할 수 있도록 지원.

27.10 정부는 다음과 같은 조치를 강구하여야 함.

(a) 민간단체 및 여러 분야를 대표라는 그들 자체 정보망과의 대화창구를 마련 또는 기존 대화창구를 개선하여 다음 사항을 증진.

i) 이러한 조직의 권한과 책임에 대한 고려.
ii) 정부정책발달과정에 통합된 민간단체의 의견을 반영할 수 있는 효율적인 채널 마련.
iii) 국가정책의 집행과정에 민간단체의 참여촉진.

(b) 지속가능한 개발을 목표로 하는 활동에 있어서 지방민간단체와 지방정부와의 협력 및 대화의 장려.

(c) 의제 21을 이행하기 위하여 설립된 국가적 메카시즘이나 절차에 민간단체를 참여시킴. 특히 교육, 빈곤구제, 환경보호 및 환경회복분야에서 그들의 특별한 능력을 최대한 이용.

(d) 의제 21의 이행에 관한 정책의 작성 및 평가에서 민간단체의 조사, 감시결과 고려.

(e) 공식, 비공식 교육 및 홍보분야에 민간단체를 포함시키거나 그들의 관여정도를 확대시킬 수 있는 방법을 찾아낼 수 있도록 정부교육체계에 대하여 조사.

(f) 민간단체가 프로그램의 조사, 작성, 이행, 평가에 효과적으로 기여하기 위하여 필요한 자료 및 정보를 이용할 수 있도록 조치.

〈실행방법〉

a) 재정 및 비용평가

27.11 상당히 제한적이고 예측하기 어려우나 공식적인 조직과 민간단체 간에 협력과 대화가 가장 잘 이루어지고 있는 조사과정이나 평가결과에 근거하여 협의절차나 메커니즘의 효율을 제고하는 데 필요한 비용을 산출할 것임. 또한 민간단체는 의제 21의 이행감시체계 설립, 효율제고 지원 및 그들의 기여에 대한 추가적인 자금을 요구할 것임. 이러한 비용은 중요하긴 하나 기존 정보에 근거하여 산출할 수는 없음.

b) 환경관리능력제고

27.12 UN기구조직이나 정부간기구 포럼은 의제 21의 이행감시나 평가에 기여하는 민간단체나 그들이 자체적으로 조직한 정보망이 프로그램의 작성이나 이행에 협력자로서의 역할을 제고하기 위하여 추가의 재정적, 행정적 지원 및 교육기회를 제공함.

27.13 정부는 지역여건에 따라 민간단체에 의한 협의체의 설립을 가능토록 하고 법적 활동을 통하여 공공이익을 보호하기 위한 민간단체의 권한을 보장하기 위하여 필요한 법적 조치를 공표하고 강화할 필요성이 없음.

지속가능한 개발능력 확충을 위한 국내체제와 국제협력
(Agenda 21, Chapter 37)

〈정책방향〉

37.1 일국의 지속가능한 수행 능력은 생태적, 지리적 조건뿐만 아니라 국민과 제도의 능력에 의존하는 바가 큼. 구체적으로 보자면 능력구축은 일국의 인적, 과학적, 기술적, 조직적, 제도적 그리고 자원적인 능력을 포괄, 능력구축의 기본적 목표는 환경적 잠재력 및 한계와 국민들이 인식하는 필요성에 대한 이해에 바탕을 두고 개발문제에서의 정책과 수행방식의 선택과 관련된 핵심적인 문제들을 평가하고 답을 줄 수 있는 능력의 향상임. 따라서 국가적 능력강화는 모든 국가에 필요한 것임.

37.2 아젠다 21을 수행하기 위한 자생적 능력을 구축하기 위해서는 선진국 및 UN기구들과 협의하여 각국이 스스로 노력해야 함. 각 개별 국가는 환경적, 경제적 필요를 감안하여 아젠다 21 수행능력구축의 우선순위와 방법을 결정하는 것이 긴요함. 기구설립, 정책분석, 그리고 기술이전 촉진과 경제개발 촉진의 관점에서 여러 대체적인 안들의 평가 등을 포함하는 견제개발 운영을 위해서는 개인적 차원과 조직적 차원에서의 기능, 지식 및 기술 노하우 등이 필요함. 기술이전 및 노하우 관련협력 등의 기술협력에는 개인적, 집단적 능력을 개발, 강화하기 위한 모든 노력이 포함. 이는 장기적 능력구축 목적과 각국자체의 운영, 조정 등의 수요에 부응하여야 함. 기술협력은 그것이 한 나라의 환경개발에 관한 자체적인 전략과 우선순위에 바탕을 두고 개발기구와 각국 정부가 개선되고 일관된 정책과 절차로써 지원을 행할 경우에만 효과적으로 수행됨.

〈목표〉

37.3 본 계획 분야에서의 자생적 능력구축이라는 전반적 목표는 비정부 부문의 참여하에 지속가능 개발을 위한 국가적 능력 및 그와 관련된 소지역 및 지역적 능력을 개발, 향상시키기 위한 것임. 동 지원계획의 내용은 다음과 같음.

(a) 진행 중인 참여적 과정을 촉진함으로써 아젠다 21 추진상의 국별 수요와 우선순위를 정의하고 기술 및 전문인력의 양성, 그리고 제도적 능력의 개발을 국가적 과제로서 강조함. 여기에는 기존의 과학기술기관을 포함한 비정부기관의 효율성 제고뿐 아니라 기존의 인적자원의 최적한 이용에 대한 응분의 고려가 수반되어야 할 것임.

(b) 수혜국의 특수한 조건과 개별적 수요를 감안하여 기술이전과 노하우 과정 등과 관련된 기술협력의 방향과 우선순위를 재정립하는 한편 기술공여국들 간의 협조체계를 개선. 이 협조체계는 비정부기구와 과학기술기관 및 민간 기업도 포괄해야 함.

(c) 계획입안과 수행상의 장기적 관점을 확립함으로써 현안문제위주의 대응에서 벗어나 새롭고 장기적인 문제들에 대한 대응력을 제고하기 위한 제도적 구조의 개발-강화를 도모함.

(d) 기존의 환경개발 관련 국제 다자간 기구들을 개선, 재정립하여 동 기구들이 환경과 개발을 통합할 수 있는 능력을 갖도록 보장.

(e) 모든 개발 프로젝트의 환경영향을 평가하기 위하여 공공 및 민간의 제도적 능력을 개선.

37.4 구체적 목표는 다음과 같음.

(a) 각국은 실제적으로 가능한 한 조속히(가능하다면 1994년까지), 각국이 독자적인 아젠다 21 실행계획의 입안, 실행 등 국가적인 지속가능개발전략을 마련하기 위한 능력구축에 필요한 사항에 대한 검토를 완결하도록 하여야 함.

(b) 1997년까지 UN사무총장은 총회에 지속가능개발을 위한 기술협력강화를 위한 정책, 협력체계 및 절차의 개선 결과와 개선방안에 대한 보고서를 제출해야 함.

〈정책수단〉

아젠다 21의 수행을 위한 국가적 합의와 능력구축전략의 정립.

37.5 각국은 아젠다 21의 수행을 위해서 사회의 각 수준에서 내부적 합의를 추구해야 함. UNDP와 전문기구와 공동으로, 그리고 국제적 정부 간 및 비정부기구는 각국정부의 요청이 있을 경우 아젠다 21의 수행을 위한 기술이전 및 노하우와 개발원조 등 기술협력에 필요한 사항들을 파악하는 데 조력할 수 있을 것임. 국가적 계획과정은 국가적 지속가능 개발실행계획 또는 전략과 연계하여 그와 같은 협력 및 원조의 골간을 제공해야 함. UNDP는 국가적 지역적 수준의 능력구축을 위한 기술협력 분야에서의 경험을 이용하고 다른 기관, 특히 UNEP, 세계은행과 지역위원회 및 개발은행, 그리고 기타 국제적 정부 간 및 비정부기구의 전문지식을 십분 활용하여 UNDP의 현장사무소망과 광범위한 원조관련 권한 사항을 이용하고 나아가서 개선해야 함.

기술협력을 위한 국내원천과 현재의 수요를 파악(부문별 전략체계에 의거한 기술이전 및 노하우와 관련된 사항 포함).

37.6 기술이전 및 노하우 등 기술협력을 원하는 국가는 국제기구 및 기술공여기관과 공동으로 장기적인 부문별 또는 소문분별 능력구축능력의 체계에 의거하여 요청사항을 공식화하여야 함. 동 전략들은 정책조정, 예산사항, 기구 간 협력, 필요 인적자원 및 기술, 과학장비 등을 기술해야 함. 여기에는 공공 및 민간부문의 필요가 포괄되고 과학 훈련 및 교육, 내부 프로그램의 강화가 고려돼야 하는데, 선진국에서의 훈련과 개도국의 우수 기관지원 등이 포함.

기술이전 및 노하우와 관련된 기술협력을 평가하는 제도 수립

37.7 기술공여국과 기술도입국, UN 산하의 기구 및 기관, 그리고 국제적인 공공 및 민간기구들은 지속가능개발과 관련된 기술이전 및 노하우 활동 등을 포함한 기술협력의 과정을 평가해야 함. 이를 촉진하기 위하여 UN사무총장은 UNDP 등 기구가 UNCED준비를 위하여 수행한 업무를 참조하여 개도국, 지역기구, UN 산하의 기구, 기관(지역위원회 포함), 및 다자간 ,양자간 원조, 환경기구들에 대한 자문을 행할 수 있음. 이는 각국의 자생적 능력을 더욱 강화하고 기술이전 및 노하우 과정 등 기술협력을 개선하기 위한 것임.

이를 위해 검토되어야 할 사항들은 다음과 같음:

(a) 기술 및 제도적 능력, 개발 프로젝트의 환경영향평가를 위한 여건 등 환경-개발의 통합된 운영을 위한 기존 능력의 평가; 기술이전 및 노하우 등 기술협력에의 대응능력 평가 및 아젠다 21과 기술변화

및 생물다양성 협약의 평가;

(b) 기존의 기술협력활동이 환경-개발의 통합된 운영을 위해 국가적 능력을 구축-강화하는 데 기여한 내용의 평가 및 국제기술협력의 질을 개선하는 수단에 대한 평가;

(c) 보다 장기적 시각에서 환경과 개발을 통합하는 실제적 수단의 필요성에 대한 인식에 바탕을 둔 능력구축작업으로의 전략전환, 이는 참여적 과정을 통하여 각국에 의하여 수립된 국가 프로그램들에 기초를 두고 있는 것임.

(d) 지방정부, NGO, 대학, 훈련-연구 센터 및 기업, 공공 및 민간기구 등이 외국, 국내, 지역 내의 유사기관들과 함께 행하는 장기적 협력관계의 확대 고려, UNDP의 지속가능개발 네트워크(Sustainable Development NETWORK) 와 같은 프로그램은 이 같은 측면에서 평가되어야 함.

(e) 개발 프로젝트의 계획에 처음부터 운영 및 유지에 필요한 재무적, 조직적 필요사항뿐 아니라 환경영향, 제도적 비용, 인적자원개발 및 기술수요에 대한 고려를 포함시킴으로써 프로젝트의 지속가능성을 제고.

(f) 환경-개발 프로그램의 지속가능한 개발전략의 필수적 요소로서의 능력구축에 역점을 둔 기술협력체계의 개선. 이는 국가단위의 협력과정 및 부문별 협조기구 모두에 관련된 것임.

UN 주도의 능력구축사업 추진을 위한 전문지식과 협조체계의 개선

37.8 UN 산하의 각급기구, 기관 등은 여타의 국제적 지역적 기구와

공공 및 민간부문과 합동으로 환경-개발이 연관된 이슈를 다루고 각종 사업의 통일성과 일관성을 촉진하기 위하여 공동 기술협력사업을 강화할 수 있음.

37.9 UNDP, 세계은행 및 다자간 개발은행들은 국가적 지역적 조정기구에 대한 참여의 일환으로서 국가수준의 능력구축사업을 지원해야 함. 이는 환경 분야에서 UNEP과 각종 전문기관, UN 산하기구 및 지역 및 소지역 기구의 특수한 전문지식과 운영능력을 활용. 이를 위하여 UNDP는 그 현장사무소망과 기술협력에 관련된 광범위한 권한과 경험을 활용하여 능력구축을 위한 재원조성에 임하여야 함. 동시에 UNDP는 국제기구와 연대하여 적절한 데이터베이스 구축 등 능력구축사업에 필요한 재원의 조달 및 조정의 원활한 수행을 위한 자문기구의 개발에 계속 노력해야 함. 이를 위해서는 UNDP자체의 능력제고가 필요할 수 있을 것임.

37.10 기술협력을 수행할 국가들은 UNDP상주대표와 UNEP대표의 지원하에 각국 고유의 전략과 우선순위를 우선적으로 고려하여 기술협력과정을 진행하기 위한 소수의 핵심요원 그룹을 결성해야 함. UNCED에 제출되는 국별 보고서, 각국의 환경보전전략 및 환경실행계획 등 기존의 계획입안과정에서 습득된 경험은 십분 활용되어 각국이 주문하는 참여적이고 지속가능한 개발전략에 반영돼야 함.

지역수준에서의 지원사업의 조화

37.11 지역수준에서 기존 기구들은 아젠다 21의 수행상의 자료, 정보 및 경험의 교환을 촉진하기 위한 지역 및 소지역 자문기구와 토론회의 이용을 제고하는 방안을 긍정적으로 검토해야 함. UNDP는 지역기구

들이 UNCED의 주도하에 행한 능력구축에 대한 지역적 조사결과에 기초하여 기존의 지역, 소지역 또는 국가별 기구와의 협력하에 정기적인 평가기구가 설정되어야 하며 이는 적절한 지역기구의 지원과 개발은행 양자간 원조기구 및 NGO의 참여하에 이루어져야 함.

〈실행방법〉

a) 재원조달 및 비용

37.12 기술협력 목적으로 개도국에 양자간 방식으로 공여되는 금액은 약150억 달러이며 이는 총 ODA액수의 25%에 해당. 아젠다 21의 실행에는 기금의 보다 효율적 사용과 핵심적 분야에서의 추가적 자금조성이 요청됨.

37.13 UNCED사무국의 잠정 추계에 따르면 본 장의 사업수행을 위한 1993-2000기간 중의 총연간 비용은 3억-10억 달러임.

국제제도장치
(Agenda 21, Chapter 38)

〈정책방향〉

38.1 UNCED는 지속가능하고 환경적으로 건전한 개발을 촉진시키기 위한 국내 및 국제적 노력이 증가된 상황에 UNCED가 환경파괴의 효과를 증진시키는 전략 및 조치를 마련해야 하며, 개도국 경제성장 촉진이 환경파괴 문제를 다루는 데 긴요함을 지적한 유엔총회결의 44/228에 따라 권한을 위임받음. UNCED정부 간 후속조치는 UN체제

틀 내에서 이루어지고, UN총회가 정부, UN체제 및 유관 조약기구에 전반적 지침을 제공하는 최고 정책결정기구가 됨. 동시에, 지역견제, 기술협력기구와 각 정부는 UNCED.

후속조치에서 중요한 역할을 수행할 책임을 지며, UN체제와 다자간 재정제도는 이들의 활동을 충분히 지원해야 함. 따라서 국가적 및 국제적 노력이 호혜관계에 있게 됨.

38.2 UNCED 위임사항 수행을 위해서는 UN체제 내의 제도적 장치가 필요함. 이러한 제도적 장치는 경제, 사회 및 관련 제 분야에서의 UN재편, 재활성화 및 UN사무국의 현재 진행 중인 변화를 포함한 UN의 전반적 개혁과 일치하고 이에 일조해야 함. UN체제의 개혁과 재활성화 정신에 따라, 의제 21 및 여타 UNCED결과의 이행은 행동 및 결과지향적 접근방식에 기초하고, 보편성, 민주성, 명료성, 효과성 및 책임성과 조화를 이루어야 함.

38.3 UN체제는 제반 분야에서의 능력과 수많은 전문기구들이 가지는 환경 및 개발관련 국제협력 제 분야에서의 광범한 경험을 통해, 각 정부가 의제 21과 지속가능한 개발의 목표를 달성하기 위해 보다 효과적인 경제사회개발패턴을 설정하도록 지원할 수 있는 특수한 위치에 있음.

38.4 UN체제 내 모든 기구는 각자의 권능 내에서의 의제 21 이행을 위해 핵심적 역할을 수행함. 의제 21의 이행 시 적절한 조정을 하고 중복을 피하기 위하여 위임사항과 상대적 장점에 기초한 UN체제 내 각 기관 간의 효과적 분업이 필요함. 회원국들은 유관고위기구를 통해 이러한 임무가 적절히 수행되도록 해야 함. 각기구의 실적 평가를 촉진하고 그 활동에 대한 지식을 증진시키기 위해 모든 UN기구는 의제

21 이행활동 보고서를 정기적으로 작성, 발간해야 하고, 그 정책, 프로그램, 예산 및 활동을 심도 있게 정기 검토해야 함.

38.5 지역단체 및 지역사회, NGO, 과학단체, 민간부문 등의 적극적 효과적인 계속 참여가 의제 21 이행에 중요함.

38.6 아래에 서술하는 제도적 구조는 재원 및 재정장치, 기술이전, 리오선언 및 의제 21에 관한 합의에 기초함. 실질적 행동과 재정지원 간의 효과적 연계가 있어야 하며, 이를 위해서는 제도장치 내에서의 의제 21 후속조치를 위한 UN체제와 다자간 금융기구 간의 긴밀하고 효과적인 협력과 정보교환이 필요함.

〈목표〉

38.7 전반적 목표는 UN체제 내 제도장치를 포함하는 국내, 지역 및 국제적 차원에서 환경과 개발문제를 통합하는 것임.

38.8 구체적 목표는 다음과 같음.

(a) 모든 국가가 지속가능한 개발을 달성하기 위해 의제 21의 이행을 보장, 검토.

(b) 환경과 개발 분야에서 UN체제의 역할과 기능을 증진. UN체제의 모든 유관 기구, 조직 및 프로그램은 의제 21의 이행을 위한 구체적 프로그램을 채택해야 하고, 그 권한 범위 내에서 UN활동에 정책지침을 제공하거나 요청에 따라 각 정부에 조언해야 함.

(c) UN체제 내에서 환경과 개발에 관한 협력 및 조정을 강화.

(d) 환경 및 개발 분야에서 UN체제와 여타 정부 간, 비정부 간 지

역 및 국제 제도, 비정부 기구 등과의 상호 작용 및 협력을 장려.

(e) 환경 및 개발 분야에서 UN체제와 여타 정부 간, 비정부 간 지역 및 국제제도, 장치를 강화.

(f) 환경 및 개발 분야에서 국가, 소지역 및 지역의 능력과 활동을 강화, 조정하는 데 지원.

(g) 의제 21의 후속조치를 위한 제도장치 내에서 UN기관, 조직, 프로그램과 다자간 금융기구간의 효과적 협력과 정보교환을 증진.

(h) 환경과 개발에 관해 지속되거나 새로운 문제에 대응.

(i) 새로운 제도장치가 UN체제 내에서 재활성화, 명확한 책임분단 및 중복의 회피를 지원하고, 현존 자원에 최대한 활용하도록 보장.

〈제도구조〉

A. 총회

38.9 최고 정부 간 메커니즘인 유엔총회는 UNCED후속조치와 관련한 문제에 대한 최고 정책결정 및 평가 기관임. 총회의 의제 21의 이행을 정기적으로 검토함. 이러한 임무 수행에서 총회는 검토의 시기, 방법 및 조직측면을 고려함. 특히, 총회는 의제 21의 종합적 검토 및 평가를 위해 1997년 이전에 고위급 특별총회는 개최를 검토함.

B. 경제이사회(ECOSOC)

38.10 ECOSOC은 유엔총회에 대한 헌정 상 역할과 경제사회 및 관련 분야에서 진행 중인 UN의 재편 및 권고를 통해 총회를 지원함. 또한, ECOSOC은 UN정책 및 프로그램에서의 환경 및 개발 측면에 대한 체제적 조정 및 통합을 지도하고, 총회, 유관 전문기구 및 회원국에게

적절히 권고함. UN헌장 제64조에 따라 의제 21 이행 관련 계획 및 프로그램에 대한 전문기구의 정기보고 접수를 위해 적절한 조치가 취해져야 함. ECOSOC은 고위 및 조정 부서를 충분히 이용하여 환경과 개발의 통합을 위한 체제적 활동과 제38-11절의 지속개발위원회의 작업에 대해서 주기적으로 검토함.

C. 지속개발위원회(CSD)

38.11 환경과 개발문제의 통합을 위한 국제협력을 증진시키고, 정부간 의사 결정능력을 합리화하며, 국내, 지역 및 국제적 차원에서 의제 21의 이행상황을 검토하고 UNCED의 효과적 후속조치 보장을 위하여, UN헌장 제68조에 따라 고위급 지속개발위원회(CSD)를 설립함. CSD는 유엔총회에 대한 ECOSOC의 헌장상 역할과 관련하여 ECOSOC에 보고함. CSD는 공정한 지리적 배분을 고려한 각국 대표로 구성되고, 비회원국 대표는 옵서버 지위를 가짐. CSD는 UN체제 내 기구, 프로그램 및 조직과 국제 금융기구 및 여타 유관 정부간기구의 참여기회를 부여하고, 업계 및 상업, 과학계를 포함하는 NGO의 참여를 장려함. CSD1차 회의는 1993년 이전에 개최됨. 제38-19절의 사무국은 CSD를 지원하며 CSD사무국 설치 이전까지 UN사무총장은 충분한 임시 행정사무국 장치를 보장함.

38.12 제47차 UN총회는 회원국, 환경, 개발 관련 정부 간 UN 기구와의 관계, 회의 개최의 빈도, 기간 및 장소 등 CSD의 업무를 위한 구체적 조직방안을 결정함. 이러한 방안은 경제, 사회 및 관련 분야에서 진행 중인 UN업무의 재활성화 및 재편성과정(특히, 총회가 결의 45/264(91. 5. 13), 결의 46/235(92. 4. 13)들을 통해 권고한 조치)를 고려해야 함. UN사무총장은 UNCED 사무총장의 협조하에 총회에 대해

적절한 권고와 제안을 담은 보고서 제출함.

38.13 CSD의 기능은 다음과 같음.

(a) 각 기구 및 기관의 보고서를 분석, 검토함으로서 의제 21의 이행 및 환경과 개발의 통합 관련 활동의 진전사항을 감시함.

(b) 의제 21 이행을 위한 활동, 재원 등 당면 문제 및 기타 유관 문제에 대한 각국 정부의 국별보고 또는 주기적 통보를 고려함.

(c) 재원제공, 기술이전 등 의제 21에 포함된 공약의 이행상황을 검토함.

(d) 의제 21 이행과 관련된 권한 있는 NGO의 정보를 입수, 분석함.

(e) UN체제 내에서 NGO, 및 UN체제 외의 기관 등과 대하를 증진함.

(f) 필요시, 환경협약 이행의 진전사항에 대한 정보를 검토함.

(g) 의제 21 이행과 관련된 보고서와 이슈를 종합적으로 검토하여 ECOSOC을 통해 총회에 적절한 권고를 제출함.

(h) 적절한 시기에 능력형성 프로그램, 정보망, 작업잔 및 기타 환경과 개발의 통합 메커니즘에 관한 모든 UNCED 권고에 관한 UN사무총장 조사결과를 검토함.

38.14 정부 간 체제 내에서, 의제 21 이행에 참여하는 NGO에 대한 관련 정보 제공이 고려되어야 함.

D. 사무총장

38.15 유엔사무총장의 강력하고 효과적인 리더십이 성공적으로 UNCED 후속조치 및 의제 21 이행에 긴요함.

E. 기구 간 고위급 조정 메커니즘

38.16 의제 21은 UN체제 내 관련활동의 조정을 위한 핵심적인 체제를 제공해야 함. UNCED 후속조치에서 UN체제의 참여를 효과적으로 감시, 조정, 감독하기 위하여 유엔 사무총장의 직접적 지도하에 조정 메커니즘을 설치할 필요가 있음.

38.17 이러한 임무는 유엔사무총장이 총괄하는 행정조정위원회ACC가 담당함. ACC는 최고 관리 수준에서 다자간 금융기구와 기타 UN기구를 연계시킴. 사무총장은 ACC기능을 계속 활성화시킴. UN체제 내 각 기구의장은 ACC의 효율적 활동을 위해 사무총장과 협력함. ACC는 UNEP 및 UNDP의 역할과 환경문제에 관한 지명 직원(DOEM), 검토하고, 동 보고서를 유관 정부간기구에 제출함.

F. 고위자문기구

38.18 정부간기구, 사무총장 및 UN체제 전체는 사무총장이 임명하는 환경과 개발에 관한 지식을 갖춘 저명인사들로 구성되는 고위자문기구로부터 전문지식을 조력 받을 수 있음. 이와 관련, 사무총장은 제47차 총회에 적절히 권고함.

G. 사무국 지원구조

38.19 특히 UNCED준비과정에서 습득한 전문성을 기초한 UN사무국 내의 고도의 권능 있는 사무국 지원구조는 UNCED후속조치 및 의제 21이행에 필수적임. 이 구조는 정부 간 및 기관 간 조정 메커니즘의 업무를 지원함. 구체적 조직결정은 사무총장의 권한하에서 이루어짐.

H. UN체제 내 기구

38.20 UNCED 후속조치 시, UN체제 내 각 기구는 각 전문 영역 및 위임사항의 범위 내에서 각국의 노력을 지원, 보완하는 데 있어서 중요한 역할을 수행함. 환경 및 개발의 통합을 촉진하기 위한 노력의 조정, 상호보완은 각 관리기구가 각국의 일관된 입장을 유지하도록 장려함으로써 증진됨.

1. 유엔 환경 계획(UNEP)

38.21 UNCED 후속조치 시, UNEP 및 그 집행이사회 기능의 증진, 강화가 필요함. 집행이사회는 그 위임의 범위 내에서 개발 측면을 고려하여 환경 분야의 정책지도 및 조정 역할을 계속함.

38.22 UNEP의 우선 업무분야는 다음과 같음.

(a) UN체제 내에서 환경활동 및 고려를 촉진시키는 촉매기능을 강화
(b) 환경 분야 국제협력 및 적절한 정책 권고 촉진
(c) 자연자원회계 및 환경경제학 등의 기술이용 촉진
(d) UN기관의 지구관측 프로그램 참가 촉진 및 민간 연구기관의 연계확대를 통한 환경감시 및 평가
(e) 의사결정 기반 제공을 위해 관련 과학적 연구를 조정, 촉진
(f) 국제환경법 개발, 이행촉진 및 기능조정, 환경협약의 사무국 역할 수행
(g) 환경 영향 평가의 광범한 이용 촉진
(h) 환경적으로 건전한 기술에 관한 정보교류 촉진
(i) 지역 차원의 협력증진 및 환경보호를 위한 유관조치 지원

(j) UNDP의 능력형성 노력과 연계하여 각국 정부에서 기술적, 법적, 제도적 조언제공

(k) 정부, 개발기관이 개발정책에 환경측면을 통합시키는 데 지원 환경적 위기 발생시 평가 및 지원

(l) 환경적 위기 발생시 평가 및 지원

38.23 UNEP의 이러한 기능수행을 위해서는 폭넓은 전문성에 대한 접근과 충분한 재원제공이 필요하고, UN체제의 개발 및 기타 유관기관들과의 보다 긴밀한 협력이 요구됨. 그리고 UNEP 지역사무소의 역할이 강조되어야 하고, UNEP는 UNDP 및 세계은행과의 연계 및 상호작용을 강화하는 조치를 취해야 함.

2. 유엔 개발 계획(UNDP)

38.24 UNDP역시 UNCED 후속조치에서 중요한 역할을 수행함. UNDP는 현지사무소망을 통해 UN체제의 의제 21 이행 지원활동을 강화함. UN의 현지활동을 조정하기 위해서는 UNDP 상주 대표 및 조정자의 역할 강화가 필요함.

38.25 UNDP의 역할은 다음과 같음.

(a) 지방, 국가 및 지역 차원의 능력형성을 위한 UN의 노력을 조직하는 지도적 기관으로 역할

(b) UNDP 원탁회의 메커니즘 등을 통해 수원국의 능력형성을 위한 공여재원을 확보

(c) UNCED 후속조치 지원 프로그램 강화

(d) 수원국의 요청에 따라 UNCED 후속조치를 위한 활동과 관련된

국내 조정 메커니즘 설립을 지원

(e) 수원국 요청에 따라 국내재원 확보 조정을 지원

(f) 의제 21 이행에서 수원국의 여성, 청소년 및 기타 주요그룹의 역할 및 참여 촉진

3. 유엔 무역개발회의(UNCTAD)

38.26 UNCTAD는 개발, 국제무역과 환경 간 상호관계의 중요성을 감안하여 의제 21이행에서 중요한 역할을 수행함.

4. 유엔 수다노-사헬 사무소

38.27 한발 및 사막화 대응과 토지자원 관리와 의제 21 규정의 이행에 있어 자문 역할을 하고, 의제 21 이행에 효과적으로 참여하기 위해 동사무소 역할이 강화되어야 함. 동사무소의 경험은 한발 및 사막화의 피해국(특히 아프리카 국가)들이 이용 가능함

5. 유엔 전문기구, 관련 기구 및 기타 유관 정부간기구

38.28 기타 관련 UN 기구는 각 권한 영역 내에서 의제 21의 관련 부문 및 기타 UNCED결정 사항 이행에서 중요한 역할을 수행함. 각 관리조직은 그 활동 및 프로그램이 의제 21과 조화되도록 하는 방안을 검토함.

I. 지역협력 및 이행

38.29 지역 및 소지역 협력은 UNCED 결과의 중요한 부분임. 유엔

의 지역경제위원회, 지역개발은행 및 지역, 경제 기술협력 기구는 다음을 통해 UNCED이행에 기여할 수 있음.

(a) 지역 능력 형성 촉진
(b) 지역수준의 개발정책에 환경적 관심 통합을 촉진
(c) 필요시 지속가능한 개발과 초국경적 문제에 대한 지역협력을 촉진

38.30 지역경제위원회는 필요시 분야별 및 여타 UN기구 지역활동을 조정하는 데 주도적 역할을 수행하고, 지속가능한 개발달성을 위한. 각국의 노력을 지원함. 지역 경제위원회, UN체제 내 지역 프로그램 및 기타 지역 기구는 의제 21에 따라 진행 중인 활동의 수정고려와 개발목표를 통합하기 위해 보다 노력해야 하고, 이러한 과정을 촉진하고 환경과 개발의 통합을 위한 국가적 노력을 지원하기 위해 회원제도 및 운용의 적절한 조정을 검토해야 함.

38.31 지역위원회, 기타 유관기구, 지역개발은행, NGO 및 지역 차원의 기타 기구 간에 적극적인 협력이 필요함. UNEP 및 UNDP는 지역위원회와 협력하여 회원국의 국가능력 형성 및 강화에 중점을 두어 특히 필요한 지원을 제공하는 데 있어서 주요 역할을 수행함.

38.32 UNEP 및 UNDP는 기타 유관기관과 함께 환경악화 및 그 악영향의 중지를 위한 사업이행에서 협력하고, 지역수준에서의 지속가능한 개발을 위한 환경계획 및 관리 분야 훈련 계획 지원에서도 긴밀히 협력해야 함.

38.33 지역수준의 정부간 기술, 경제기구는 각 정부가 지역적으로 중요한 환경문제 해결을 위한 조정된 행정을 지원하는 중요한 역할을 수행함.

38.34 지역기구는 한발 및 사막화 대응관련 의제 21 규정의 이행에서 주요 역할을 수행함. UNEP, UNDP 및 UNSO는 이러한 기구들을 지원, 협조해야 함.

38.35 필요시 여타 분야에서 지역기구 및 UN 유관기구 간의 협력이 촉진되어야 함.

J. 국가적 이행

38.36 각국은 UNCED 후속조치 및 의제 21 이행에서 중요한 역할을 수행함. 국가수준의 노력은 환경과 개발의 관심이 종합적으로 다루어질 수 있도록 통합적으로 이루어져야 함.

38.37 의제 21 지원 및 이행을 위한 국가수준의 정책결정 및 활동은 요청에 따라 UN체제의 지원을 받음.

38.38 각국은 국가보고서 준비를 검토함. 이와 관련 UN체제의 각 기관은 요청에 따라 각국(특히 개도국)을 지원함. 각국은 의제 21 이행을 위한 국내행동계획 준비를 검토함.

38.39 기존의 원조 컨소시움, 협의그룹 및 원탁회의 등은 개발원조전략에서 환경적 고려와 개발목표를 통합하기 위해 보다 노력해야 하고, 이러한 과정을 촉진하고 환경과 개발의 통합을 위한 국가적 노력을 지원하기 위해 회원제도 및 운용의 적절한 조정을 검토해야 함.

38.40 각국은 의제 21 후속조치를 책임지고 국가 조정기구 설치를 검토할 수 있음. 동 구조 내에서 UN에 대한 정보제공이 가능함.

K. UN기구와 국제 금융기구 간의 협력

38.41 UNCED 후속조치의 성공여부는 실질행동과 재정지원 간의 효과적 연계에 달려 있으며, 이런 점에서 UN기구와 다자간 금융기구 간의 긴밀하고 효율적인 협력이 필요함. 사무총장과 UN각 프로그램의 장은 이러한 협력을 전개할 특별한 책임을 짐. 특히, 다자간 금융기구와 메커니즘 및 국제 농업개발기금 대표 (IFAD) 들은 의제 21 후속조치를 책임지는 정부 간 구조의 심의, 검토 시 밀접히 연계되어야 함.

L. 비정부간기구(NGO)

38.42 NGO 및 주요그룹은 의제 21 이행의 주요 협력자임. 유관 NGO는 UN체제와 적절한 관계를 가지고 기여할 기호를 가짐. 개도국 NGO 및 그 자체조직망에는 지원이 제공되어야 함.

38.43 UN체제와 모든 정부간기구는 NGO와 협의하여 다음의 조치를 취함.

(a) 의제 21의 이행을 검토, 평가하는 과정에 NGO가 참여하도록 하는 효과적 방안을 마련.

(b) NGO 검토체제와 평가과정의 결과를 사무총장이 유엔총회, 관련유엔기구, 정부간기구 등에 하는 보고에 고려함.

38.44 UNCED에 등록된 NGO의 역할 확대를 위한 절차의 설치가 필요함. 그러한 조직은 UN체제의 보고 및 기타 정보에 접근할 수 있음. 총회는 UNCED후속과정에 관해 UN체제 내에서 NGO의 참여를

증진하는 방안을 조속히 검토해야 함.

38.45 UNCED는 비정부 간 지구이사회(Earth Council), 미래세대를 위한 관리인 임명 제안 등 의제 21 이행을 위한 기타 제도적 조치에 유의함.

국제법적 장치 및 체제
(Agenda 21, Chapter 39)

〈정책방향〉

39.1 세계적, 다자간 및 양자간 조약 성안 시 다음 사항을 고려해야 함.

a) 환경과 개발문제의 균형에 유의하며 지속가능한 개발에 관한 국제법의 추가개발.
b) 개도국의 특수한 필요를 고려하여 환경 분야의 국제협력과 관련 경제, 사회분야 협력 간의 관계를 강화해야 되는 필요성
c) 지속가능한 개발에 관한 국제법의 성안과정에서 모든 국가의 참여와 기여의 중요성.
d) 다수의 기존 환경 분야 법장치 및 협력이 개도국의 적절한 참여 없이 개발되어온 점에 비추어, 개도국의 관심과 이익을 반영하고, 그러한 협력의 균형 잡힌 운영을 위하여 기존 협약의 재검토 필요.
e) 지속가능한 개발 분야에서 개도국의 자체입법 역량 증진을 위한 기술적 조력의 제공.
f) 지속가능한 개발에 관한 국제법의 코드화는 [국제법위원회]의 진행 중인 작업을 고려.
g) 지속가능한 개발과 관련한 국제법의 발전적 개발 및 코드화 교섭

은 지역 특수사정을 고려한 전 세계적 차원에서 추진..

목표 39.2 국제환경법의 검토, 개발을 위한 전반적인 목표는 보편성의 원칙과 모든 국가의 차등적 필요 및 관심은 공히 고려하여. 그러한 국제법의 평가, 실효성 증진과 효과적인 국제조약을 통한 환경과 개발의 통합을 증진하는 데 있음.

39.3 특정 목표는 다음과 같음

a) 특정 국가가. 특히 개도국이 국제협약에 참여하거나 적절히 이행하는 데 있어 발생하는 요인을 파악, 대처하고 환경과 개발의 통합과 협약이행의 기반확보를 위하여 필요한 경우, 그러한 협약을 검토 또는 개정함.

b) 환경과 개발의 통합을 통한 국제협약의 효율성 증진을 위하여 지속가능한 개방에 관한 국제입법의 우선순위를 설정함.

c) 국제협약의 교섭, 이행, 검토 및 운영에 모든 국가의 효율적 참여를 증진하고 지원함. 그러한 지원에는 기술 및 재정지원과 필요한 경우 차등적인 의무규정 등을 포함함.

d) 전 세계적 다자간 교섭된 협약의 점진적 개발을 통하여 국별 다른 사정과 능력을 고려한 국제적 환경보호기준을 증진함. 환경정책은 환경악화의 근본적인 원인을 다룸으로서, 환경규제조치가 불필요한 교역규제 수단이 되는 것을 방지해야 됨. 환경을 목적으로 한 무역정책 조치는 국제무역의 중재적, 불공정한 차별 또는 위장된 규제수단이 되어서는 안 됨. 수입국가의 관할권 이외 지역의 환경문제를 취급하기 위한 일방적 조치를 지양함.

諸 환경목표를 달성하기 위한 국내조치의 효과적 이행을 위하여 무역조치가 필요할 수 있음. 무역정책조치가 환경정책의 강화를 위해 필요한 경우에도 일정한 원칙과 규칙이 적용되어야 하며, 이러한 규칙에는 특히 다음 원칙이 포함됨: 무차별의 원칙, 취해진 무역조치가 목표 달성을 위해 필요한 한의 규제, 환경 관련 무역조치의 사용의 명료성 보장과 국내규정의 적정 통고 의무, 개도국의 특수여건과 개발요건의 고려 필요.

e) 모든 국가, 특히 개도국의 특수사정을 고려하여 법적으로 구속력 있는 법장치의 효과적 완전한 신속한 이행 보장과 국제협약의 적시의 검토 및 조정을 촉진함.

f) 협약관리를 위한 제도, 체계 및 절차의 효과성을 제고함.

g) 환경분양 협력과 사회 경제 분야 협약 간의 충돌을 확인 방지하고 충돌이 야기될 경우 적절히 해결함.

h) 분쟁해결에 관한 기존의 각종 협약을 고려, 지속가능한 개발 분야의 국제 분쟁의 확인, 회피 및 해결을 촉진하기 위한 체제, 특히 유엔 체제에서의 능력 확대 강화를 연구 심의함.

〈정책수단〉

39.4 활동사항과 이행방안은 상기 실천기반과 목표에 비추어 고려되어야 하며, 이는 유엔 총회에 관련제안을 제출할 수 있는 모든 국가의 권리와는 별개의 문제임. 이러한 제안은 지속가능한 개발에 관한 별도의 편집물에 재작성 될 수 있음.

A. 지속가능한 개발을 위한 국제법의 검토 평가 및 행동 분야

39.5 모든 관련 국가의 효과적 참석하에 당사국은 기존협약의 운영실적, 효율성과 지속가능한 개발에 관한 향후 입법의 우선순위를 주기적으로 검토, 평가함. 이러한 조치는 유엔총회결의 44/228에 규정된 대로 지속가능한 개발 분야에서 국가의 일반적인 권리 의무를 상술한 타당성에 대한 검토를 포함함. 특정한 경우, 차등적인 의무와 점진적인 적용을 통하여 특별한 상황의 고려가능성에 유의함. 이러한 책무 이행을 위한 선택으로서 각국 정부가 지정한 법률전문가가 환경과 개발에 관한 한 전반적인 식견을 가지고 적절한 주기로 회동하는 UNEP의 관행을 따를 수도 있음.

39.6 무력충돌이 있는 경우, 국제법상 정당화될 수 있는 대규모 환경파괴를 대처하기 위하여 국제법에 따른 조치가 고려되어야 함. 유엔총회과 제6위원회는 이러한 문제를 다루는 적절한 장이며, 국제적십자위원회의 특정 권능과 역할도 고려되어야 함.

안전하고 환경적으로 건전한 원자력을 보장하고, 이 분야에서의 국제협력을 증진할 필요에 비추어 국제원자력 기구 체제하의 핵안전협정에 관한 진행 중인 교섭 타결을 위하여 노력함.

B. 이행체제

39.7 국제 협약의 당사국은 협약의 효과적 완전한 신속한 이행을 증진, 검토하기 위한 절차와 장치를 고려하고, 이를 위한 특히 다음과 같은 조치를 취함.

a) 국제법 장치의 효과적 환전한 신속한 이행에 관한 효율적이고 실질적인 보고제도 설치

b) UNEP와 같은 관련 국제기구가 그러한 체제를 개발하는 데 기여할 수 있는 적절한 방법을 고려

C. 국제 입법에의 효과적 참여

39.8 실천기반과 목표에 따라 장차 추진될 모든 활동에서 모든 국가, 특히 개도국의 효과적 참여를 보장하기 위하여 적절한 기술지원 및 재정지원이 제공되어야 함. 개도국이 국제협약을 이행하고 새로운 또는 개정협약의 교섭과정과 그러한 협약의 구체적 운영에 효과적으로 참여하기 위한 국내적 노력에 있어서 개도국에 관한 우선적 지원을 제공함. 그러나 지원에는 지속가능한 개발과 관련된 국제법적인 전문지식의 배양과 관련정보 및 과학기술처 전문지식에 접근 보장이 포함됨.

D. 지속가능한 개발 분야의 분쟁

39.9 분쟁의 회피 및 해결에 있어서 국가는 기존의 법제도 및 장치하에서의 경험과 분쟁회피, 해결을 위한 방법 등 이행체제를 고려하여 이용 가능한 기술의 범위를 넓히고 효율화시키는 방법을 연구, 검토해야 함. 이러한 방법에는 자료 및 정부의 교환, 지속가능한 개발 분야에서 여타 국가와의 분쟁을 야기 시킬 수 있는 사항에 관한 통고 및 협의, 필요한 경우 국제사재판소에의 제소를 포함한 유엔헌장에 따른 분쟁을 위한 효과적이고 평화적인 방법, 그러한 방법을 지속가능한 개발과 관련한 조약에 포함하는 것 등을 위한 체제와 절차를 포함함.

APPENDIX Ⅲ

WCED의 환경법 전문가 집단이 채택하고 제안한 「환경보호와 지속가능한 발전을 위한 법적 원리 요약」

Ⅰ. 일반원리, 권리 그리고 책임

인간의 기본권

1. 모든 인간은 건강과 복지에 적합한 환경을 누릴 기본권을 지닌다.

세대 간 공평성

2. 각국은 현세대와 미래세대 모두의 이익을 위해 환경과 자연자원을 보존하고 이용해야 한다.

보존과 지속가능한 이용

3. 각국은 생물권의 기능에 필수적인 생태계와 생태학적 과정을 유지하고 생물다양성을 보존해야 하며, 생물 자연자원과 생태계를 이용할 때는 지속가능한 최적산출의 원리를 준수해야 한다.

환경기준과 감시

4. 각국은 적절한 환경보호기준을 설정하고, 환경의 질과 자원이용에서 나타나는 변화를 감시하고 관련 자료를 출간해야 한다.

사전 환경평가

5. 각국은 환경이나 자연자원의 이용에 중대한 영향을 미칠 수 있는 계획이나 활동에 대해 사전에 환경영향평가를 행하거나 요구해야 한다.

사전 통지, 접근, 적절한 절차

6. 각국은 앞으로 행할 활동으로 인해 중대한 영향을 받을 수 있는 모든 사람에게 적시에 통보함으로써 행정절차와 법적 절차에 평등하게 접근하고 적절한 절차를 밟을 수 있도록 한다.

지속가능한 발전과 지원

7. 각국은 보존을 발전활동의 계획과 집행과정의 통합적인 요소로 취급해야 하며, 환경보호와 지속가능한 발전을 위해 다른 국가, 특히 개발도상국을 지원해야 한다.

협력에 대한 일반의무

8. 각국은 전항의 권리와 의무를 실행하는 과정에서 다른 국가에 대해 굳은 믿음을 갖고 상호 협력해야 한다.

Ⅱ. 초국경적 자연자원과 환경침해에 관한 원리, 권리 그리고 의무

합리적이고 공평한 이용

9. 각국은 초국경적 자연자원을 합리적이고 공평하게 이용해야 한다.

방지와 경감

10. 각국은 중대한 피해를 입힐 수 있거나 입히고 있는 초국경적 환경침해를 방지하거나 경감시켜야 한다(몇 가지 예외적인 경우에 대해서는 아래의11항과 12항을 참조하라).

엄격한 책임

11. 각국은 자국의 이익을 목적으로 위험한 활동을 행하거나 허용할 때 위험 방지에 필요한 모든 예방조처를 취하고, 특정한 활동이 행해지던 시점에서는 유해성 여부가 알려지지 않았더라도 사후에 상당한 초국적 피해가 발생할 경우에는 보상해야 한다.

방지비용이 피해를 크게 초과할 경우의 사전합의

12. 각국은 국경을 이동해 커다란 손실을 미치기 때문에 방지하려면 엄청난 비용이 요구되는 활동을 수행하거나 허용하기 위한 계획을 수립할 때에는 반드시 해당당사국과 동등한 입장에서 그러한 활동의 수행 조건에 관한 협정을 체결해야 한다(어떤 합의도 도출할 수 없는 경우에 대해서는 22항을 보라).

비차별

13. 각국은 초국경적 자연자원과 환경침해에 관해 적어도 자국에서 적용되는 기준과 동일한 수준의 기준을 최소기준으로서 적용해야 한다(즉 자국민에게 적용하려 하지 않는 기준을 다른 나라에 적용해서는 안 된다).

초국경적 환경문제에 관해 협력해야 할 일반의무

14. 각국은 초국경적 자원의 최적이용과 초국경적 환경침해의 효율적인지 또는 경감을 달성하기 위해 다른 나라에 대한 굳은 믿음을 갖고 상호 협력해야 한다.

정보교환

15. 처음 문제가 발생한 국가는 초국경적 자연자원 또는 환경침해에 관해 다른 관련국에게 적시에 관련 정보를 제공해야 한다.

사전평가와 통지

16. 오염원을 배출한 국가는 다른 관련 국가에게 즉시 통보하고 관련 정보를 제공해야 하며, 중대한 초국경적 영향을 미칠 계획이나 활동에 관한 환경영향평가를 행하거나 요구해야 한다.

사전 상의

17. 처음 문제가 발생한 국가는 자연자원이나 환경의 이용에서 발생

하는 위험이나 잠재적인 초국경적 침해와 관련하여 다른 관련국과 처음부터 굳은 믿음을 갖고 상의해야 한다.

환경평가와 보호를 위한 협력

18. 각국은 초국경적 자연자원 및 환경침해와 관련한 감시, 과학연구, 기준설정 과정에서 관련국들과 협력해야 한다.

19. 각국은 초국경적 환경침해를 유발하기 쉬운 긴급상황과 관련하여 사고대책을 수립하고, 긴급사태가 발생했을 경우에는 즉각 경고를 발하고, 관련국에게 정보를 제공하고 협력해야 한다.

공평한 접근과 처리

20. 각국은 자연자원 또는 환경의 이용에서 초국경적 침해를 받거나 받을 수 있는 모든 사람들이 행정 절차와 법적 절차에 평등하게 접근하고, 적절한 절차를 밟는 등 평등한 권리를 누릴 수 있도록 해야 한다.

Ⅲ. 국가의 책임

21. 각국은 환경과 관련한 국제의무를 위반하는 활동을 중단하고 자국이 유발한 피해에 대해 보상해야 한다.

Ⅳ. 분쟁의 평화적 해결

22. 각국은 환경분쟁을 평화적으로 해결해야 한다. 만일 18개월 이내에 해결책이나 다른 합의안에 상호 합의하지 못한다면 조정 조치를 취해야 한다. 그래도 해결되지 않으면 관련국 중 일방의 요구에 따른 중재 또는 법적 해결책을 취해야 한다.

參考文獻

Ⅰ. 單行本

1. 國內文獻

金奇順 · 崔鐘範, 自然環境과 國際法, 범양사, 1994.

盧明濬, 國際環境法, 博英社, 1997.

李相翰, 環境法의 經濟學的 分析, 韓國經濟研究院, 1997.

李英峻, 國際環境法論, 法文社, 1995.

李長熙, 環境保護와 國際法秩序, 아시아사회과학연구원 법 · 언론 연구총서 제6권, 도서출판 아사연, 1997.

______, 21世紀를 對備한 韓國의 當面課題: 改革, 環境 그리고 統一, 아시아사회과학연구원 법 · 언론 연구총서 제4권, 도서출판 아사연, 1995.

李正典 編, 持續可能한 社會와 環境, 博英社, 1995.

李燦基 · 安泰奭, 環境保全과 人間, 韓國經濟新聞社, 1994.

李漢基, 國際法講義(新訂版), 博英社, 1997.

李鎬生, UN 持續開發委員會의 論議現況 및 政策課題, 對外經濟政策研究院, 政策資料 94-12, 1994.

韓宅煥, 議題 21과 우리나라의 持續可能開發戰略, 對外經濟政策研究院, 政策研究 94-04, 1994. 2.

허남오, 환경의 법이념을 찾아서, (주)넥서스, 1996.

홍준형, 환경법, 한울 아카데미, 1994.

광주대학교 사회과학 연구소 編, 환경문제와 사회과학적 접근, 광주대 출판부, 98. 6.

〈飜譯書〉

Archer, Clive(김강녕 譯), International Organizations(국제기구론), 문우사, 1992.

Attfield, Robin(구승회 譯), The Ethics of Environmental Concern(환경윤리학의 제 문제), 도서출판 따님, 1997.

Larenz, Karl(梁彰洙 譯), Richtiges Recht-Grundzüge einer Rechtsethik(正當한 法의 原理), 博英社, 1995.

Pepper, David(이명우 外 譯), The Roots of Modern Environmentalism(현대환경론), 도서출판 한길사, 1997.

World Commission on Environment and Development(조형준·홍성태 譯), Our Common Future(우리공동의 미래), 새물결, 1997.

2. 外國文獻

Akehurst, Micheal, *A Modern Introduction to International Law* 6th ed.(George Allen & Unwin Publishers Ltd., 1987).

Birnie, P. W. and A. E. Boyle, *International Law and Environment*(Clarendon Press, Oxford, 1992).

Boyle, A. E.(ed.), *Environmental Regulation and Economic Growth*(Clarendon Press: Oxford, New York, 1994).

Brownlie, Ian, *Public International Law* 4th ed.(Clarendon Press, 1990).

Dommen, Edward(ed.), *Fair Principles for Sustainable Development*(UNCTAD 1993).

Ebbesson, Jonas, *Compatibility of International and National Environmental Law*(Kluwer Law International, 1996).

Ginther, Konrad, Erik Denters, Paul J. I. M. de Waart(ed.), *Sustainable*

Development and Good Governance(Martinus Nijhoff Publishers, Netherlands, 1995).

Harris, D. J., *Cases and Materials on International Law* 4th and 5th ed.(Sweet & Maxwell, London, 1991, 1998).

Hohmann, Harald, *Precautionary Legal Duties and Principles of Modern International Environmental Law*(Graham & Trotman/Martinus Nijhoff, London/Dortrecht/Boston, 1994).

Hohmann, Harald(ed.), *Basic Documents of International Environmental Law* Vol. 1, 2, 3(Graham & Trotman Ltd., 1995).

Hunter, David, James Salzman, and Durwood Zaelke, *International Environmental Law and Policy*(Foundation Press, New York, 1998).

Hurrell, Andrew and Benedict Kingsbury(ed.), *The International Politics of the Environment*(Clarendon Press: Oxford, New York, 1992).

Jennings, Robert & Arthur Watts(ed.), Oppenheim's *International Law*, 9th ed., Vol. Ⅰ(Longman, 1992).

Kiss, A. and D. Shelton, *International Environmental Law*(Transnational Publishers, Inc., 1991).

Lang, Winfried(ed.), *Sustainable Development and International Law*(Kluwer Law International, 1996).

Molitor, Michael R.(ed.), *International Environmental Law-Primary Materials*(Kluwer Law and Taxation Publishers, Deventer, The Netherlands, 1991).

Sands, Philippe, *Principles of International Environmental Law Ⅰ* (Manchester University Press, 1995)

Sands, Philippe(ed.), *Greening International Law*(The New Press, New York, 1994).

Seidl-Hohenveldern, Ignaz, *International Economic Law*(Martinus Nijhoff

Publishers, 1989).

Teclaff, Ludwik A. and Albert E. Utton(ed.), *International Environmental Law*(Praeger Publishers, New York, 1974).

Turner, R. Kerry(ed.), *Sustainable Environmental Economics and Management-Principles and Practice*(Belhaven Press, 1993).

Wallace, Rebecca M. M., *International Law*(Sweet & Maxwell, LONDON, 1986).

World Commission on Environment and Development, *Our Common Future*(Oxford University Press, 1987).

Ⅱ. 論 文

1. 國內論文

金奭賢, "國際法에 있어서 soft law", 국제법평론 제8호 1997-Ⅰ.

김승우, "녹색 GNP의 의의와 우리나라에서의 개발방향", 환경리포트 1994. 5-6월호, 통권 제8호, http:\\www.KSDN.or.kr

金楨鍵·李載坤, "持續可能한 開發原則과 韓國環境法規", 大韓國際法學會 論叢, 第42卷, 第1號, 1997. 6.

______, "國際環境法原則의 韓國環境法規에의 受容에 관한 硏究", 大韓國際 法學會論叢 第42卷 第2號, 1997. 12.

김종순, "民間環境團體의 運營實態와 活性化 方案", 建國大學校 行政問題 硏究所, 行政硏究 第18集, 1994.

金晩善, "非政府民間環境團體의 現況과 活動", 立法調査月報, 1992. 10.

金泰川, "國際環境法의 現在와 未來", 衡平과 正義 第8卷, 1993. 12.

盧明濬, "環境保全을 위한 國際機構", 環境法硏究 第14卷, 1992. 12.

______, "環境保護와 汚染防止를 위한 國際法에 관한 硏究", 大韓國際法學會論叢 第27卷 第1號, 1982. 6.

______, "國際環境法의 形成", 大韓國際法學會論叢 第38卷 第1號, 1993. 6.

柳在馨, "國際環境法에 관한 小考", 淸州大學校 法學論集 第8卷, 1994. 2.

朴炳度, "持續可能한 開發槪念의 統合的 構造에 관한 硏究", 大韓國際法學會論叢 第43卷 第2號, 1998. 12.

成宰豪, "環境保護를 위한 事前注意原則", 大韓國際法學會論叢 第43卷 第2號, 1998. 12.

______, "環境汚染의 豫防과 事前注意的 接近", 세계국제법협회 추계학술세미나 자료집, 1999. 10. 23.

신현덕, "國際環境法의 淵源", 環境法硏究 第18卷, 1996. 12.

李淳福, "國際環境法의 生成과 發展에 관한 硏究", 慶南法學 第9卷, 1993. 12.

李長熙, "滅種危機에 처한 野生動植物의 國際去來에 관한 協約(CITES)과 韓國의 法的 對應", 아시아 사회과학 연구원 법·언론 연구총서 제4권, 「21世紀를 對備한 韓國의 當面課題: 改革·環境 그리고 統一」 1995. 3.

______, "國際協約을 통한 環境保護", 아시아사회과학연구원 법 · 언론 연구총서 제6권, 「環境保護와 國際法 秩序」1997. 9.

______, "普遍的 國際環境法의 發展方向", 아시아사회과학연구원 법 · 언론 연구총서 제6권, 「環境保護와 國際法 秩序」1997. 9.

______, "國際法의 國內法的 導入에 관한 理論", 立法調査月報 통권 제234호, 1995. 8.

______, "國際開發法의 槪念과 法的基準", 大韓國際法學會論叢 第30卷 第2號, 1985. 12.

______, "人權으로서의 開發에 대한 權利", 大韓國際法學會論叢 第33卷 第1號, 1988. 6.

李載坤, "國際環境法과 非政府間機構", 忠北大學校 法學研究所 法學研究 제7권 제1호, 1996.

______, "國際法上 環境汚染의 概念", 大韓國際法學會論叢 第41卷 第1號, 1996. 6.

李正典, "持續可能發展의 理念을 實踐하기 위한 原則들", 서울대 환경대학원, 環境論叢 第36卷, 1998.

李仲範·全京一, "國際環境法의 立法에 있어서의 科學的 不確實性에 관한 研究", 大韓國際法學會論叢 第39卷 第2號, 1994. 12.

張東熙, "國際環境法의 最近 論議動向", 環境法研究 第18卷, 1996. 12.

張 信, "國際法上 事前注意原則의 法的 性格과 그 適用", 大韓國際法學會論叢 第44卷 第1號, 1999. 6.

崔容瑱, "環境權의 基本理念으로서의 持續可能發展", 李仲範敎授 華甲紀念論文集, 신양사, 1998. 5.

韓三寅, "環境汚染과 持續可能發展의 問題", 濟州道 社會發展研究 12輯, 1996. 8.

2. 外國論文

Annez, Patricia and Alfred Friendly, "Cities in the Developing World: Agenda for Action Following Habitat Ⅱ", *Finance & Development*, Vol. 33, Issue 4, 1996. 12.

Atkinson, G. and K. Hamilton, "Accounting for Progress: Indicators for Sustainable Development", *Environment-Saint Louis then Washington*, Vol. 38, Issue 7.

Baram, Michael, "Multinational Corporations, Private Codes, and Technology Transfer for Sustainable Development", *Environmental Law* 24, 1(1994).

Barrow, C.J., "Sustainable Development: Concept, Value and Practice", *Third World Planning Review*, Vol. 17 Issue 4, 1993.

Boer, Ben, "Implementation of international sustainability imperatives at a national level", *Sustainable Development and Good Governance*, Edited by Konrad Ginther & Erik Denters, 1995.

Blowers, Andrew, "Environmental Policy: the Quest for Sustainable Development", *Urban studies*, 30, 4-5, 1993. 5.

Campbell, S., "Green Cities, Growing Cities, Just Cities? Urban Planning and the contributions of Sustainable Development", *Journal-American Planning Association*, Vol. 62, Issue 3.

Dixon, John A. and Kirk Hamilton, "Expanding the Measure of Wealth", *Finance & Development*, Vol.33, Issue 4, 1996. 12.

Dugan, Sloane, "Reflection on Helping Ⅰ: Sustainable Development, Capacity building and Participation", *International Journal of Public Administration*, 16, 11, 1993. 11.

El-Ashry and T. Mohamed, "Development Assistance institutions and Sustainable Development", *Washington Quarterly*, 16, 2, 1993 Spring.

Gaines, Sanford E., "International Principles for Transnational Environmental Liability", *Harvard International Law Journal*, Vol.30 No.2, Spring 1989.

Palmer, Geoffrey, "New Ways to Make International Environmental Law", *AJIL* Vol.86 No.2, 1992.

______, "The Earth Summit: What Went Wrong at Rio?", *Washington University Law Quarterly*, Vol. 70 No.4, 1992.

Grindle, M. S. and Hilderbrand, M. E., "Building sustainable capacity in the public sector: What can be done?", *Public Administration and Development*, Vol. 15, Issue 5.

Helman, U., "Sustainable Development: Strateges for Reconciling

Environment and Economy in the Developing World", *Washington Quarterly*, 1995, Autumn 18: 4L.

Hope, K. R., "Promoting Sustainable Community Development in Developing Countries: the role of technology transfer", *Community Development Journal*, Vol. 31, Issue 3, 1996.

Howarth, Richard B. and Richard B. Norgaard, "Environmental Valuation under Sustainable Development", *American Economic Review*, 82, 2(1992. 5).

Howells, C. and Hollins, M. and Percy, S., "Reading's Neighborhood Agenda 21-a unique Approach to Sustainable Development", *Local Government Policy Making*, Vol. 22, Issue 2.

Jacob, Merle, "Toward a Methodological Critique of Sustainable Development", *Journal of Developing Areas*, 28, 2, 1994. 1.

Nagpal, T., "Voices from the Developing World: Progress Toward Sustainable Development", *Environment-Saint Louis then Washington*, Vol. 37, Issue 8.

Nanda, Ved P., "Trends in International Environmental Law", *California Western International Law Journal*, Vol.20 No.2, 1989-1990.

Palmer, Geoffrey, "New Ways to Make International Environmental Law", *AJIL* Vol.86 No.2, 1992.

Rest, Alfred, "An International Court for the Environment" -The Role of the Permanent Court of Arbitration-, 한국환경법학회, '99 국제학술세미나 자료집, 1999. 11. 22.

Sands, Philippe, "International Law in the Field of Sustainable Development", *BYIL* 1994.

Plewes, B. and G. Streenivasan and T. Drimin, "Sustainable Human Development as a global framework", *International Journal -Toronto-* Vol. 51, Issue 2, 1996, Spring.

Serageldin, Ismail, "Sustainable Development: From Theory to Practice", *Finance & Development*, Vol. 33, Issue 4, 1996. 12.

Shavachchandra, M., "Sustainable Development: a critical review", *World Development*, 19, 6(1991. 6).

Singer, S. Fred, "Sustainable Development vs. global environment: resolving the conflict", *Columbia Journal of World Business*, 27, 3-4(1992).

Steer, Andrew, "Ten Principles of the New Environmentalism", *Finance & Development*, Vol. 33, Issue 4, 1996. 12.

Swallow, B., "The Economics of Sustainable Development", *American Journal of Agricultural Economics*, Vol. 78, Issue 2, 1996.

Taconni, Luca and Clem Tisdell, "Holistic Sustainable Development: implications for planning process, foreign aid and support for research", *Third World Plannig Review*, 1993. 11.

Van den Bergh, J. C. J. M. and Nijkamp, P., "Aggregate dynamic economic-ecological models for Sustainable Development", *Environment and Planning*-Part A, 23, 10, 1991. 10.

Von Hagen, B., "Institutional Incentives and Sustainable Development: Infra-structure Policies in Perspective", *Journal-American Planning Association*, Vol. 61, Issue 4.

Weiss, Edith B., "Our Rights and Obligations to Future Generations for the Environment", *AJIL*, Vol. 84 No.1, 1990.

Wendy, S. Ayres and Alex F. Mccalla, "Rural Development, Agriculture, and Food Security", *Finance & Development*, Vol. 33, Issue 4, 1996. 12.

Yap, Nonita, "NGOs and Sustainable Development", *International Journal*, vol. 45, No.1, 1989, Winter.

Ⅲ. 國際文書資料

The Rio Declaration on Environment and Development, 1992.

AGENDA 21 in Rio Conference 1992.

IBRD/WORLD Bank, Five Years after Rio-Innovations in Environmental Policy, 1997.

CSD 1st Session Report 1993.

CSD 2nd Session Report 1994.

CSD 3rd Session Report 1995.

CSD 4th Session Report 1996.

CSD 5th Session Report 1997.

CSD 6th Session Report 1998.

CSD 7th Session Report 1999.

Doc. UNEP/GC 15/L 37, ANNEX Ⅱ, 1989.

International Legal Materials vol. 29 No.4, 1990.
African, Caribbean and Pacific States-European Economic Community:
Final Act, Minutes and Fourth ACP-EEC Convenrion of Lomé.

International Legal Materials vol. 29 No.5, 1990.
European Bank for Reconstruction and Development:
Agreement Establishing.

International Legal Materials vol. 30 No.3, 1991.
International Maritime Organization:

International Convention on Oil Pollution Preparedness, Response and. Co-operation, 1990 and Final Act of the Conference.

International Legal Materials vol. 31 No.4, 1992.
United Nations Conference on Environment and Development: Convention on Biological Diversity.

International Legal Materials vol. 31 No.4, 1992.
United Nations Conference on Environment and Development: Framework Convention on Climate Change.

International Legal Materials vol. 31 No.6, 1992.
United Nations: Convention on the Protection and Use of Transboundary. Watercourses and International Lakes.

International Legal Materials vol. 31 No.6, 1992.
United Nations: Convention on the Transbounday Effects of Industrial Accidents.

International Legal Materials vol. 37 No.1, 1998.
International Court of Justice: Judgement In Case Concerning the. Gabcikovo-Nagymaros Project.

Ⅳ. 定期刊行物 및 條約集

국제법평론, 국제법평론회.

大韓國際法學會論叢.

環境法硏究, 韓國環境法學會.

環境白書, 環境部, 1997, 1998, 1999.

國際環境條約集(上·下), 국가안전기획부, 1994.

國際條約集, 김정건 외 4인 共編, 연세대학교 출판부, 1986.

主要 國際環境協約 및 國家間 環境紛爭 事例集, 환경부 국제협력관실, 1996.

• 저자 •

김진현 • 약 력 •

한국외국어대학교 대학원 졸업(박사, 국제법)
한국외국어대학교 법학과 대우교수
단국대, 동국대, 경기대 강사
대한국제법학회 평의원
(사)아시아사회과학연구원 연구위원
現 독일 TRIER 대학교 환경법 및 기술법 연구소(IUTR) 초빙연구원

지속가능한 발전의 원리와 적용

• 초판 인쇄 2006년 7월 30일
• 초판 발행 2006년 7월 30일

• 지 은 이 김진현
• 펴 낸 이 채종준
• 펴 낸 곳 한국학술정보(주)
경기도 파주시 교하읍 문발리 526-2
파주출판문화정보산업단지
전화 031) 908-3181(대표) · 팩스 031) 908-3189
홈페이지 http://www.kstudy.com
e-mail(e-Book사업부) ebook@kstudy.com
• 등 록 제일산-115호(2000. 6. 19)
• 가 격 29,000원

ISBN 89-534-5458-1 93360 (Paper Book)
89-534-5459-X 98360 (e-Book)